Manual DE Billy Graham PARA Obreros Cristianos

Guia para LAICOS SOBRE COMO GANAR ALMAS Y DAR CONSEJOS PERSONALES

EDITORIAL UNILIT

MIAMI, FL. 33172

Publicado por Editorial **Unilit**
Miami, Fl. 33172

Coedición 1995

Los materiales para este libro se seleccionaron de entre una
gran cantidad de sermones, artículos, cartas y libros del
Dr. Billy Graham. Asimismo, se utilizaron las fuentes siguientes:

Blow, Wind of God © 1975 Baker Book House
The Challenge (El reto) © 1969 Billy Graham
The Holy Spirit (El Espíritu Santo) © 1978 Billy Graham
How to Be Born Again (Cómo nacer de nuevo) © 1977 Billy Graham
The Jesus Generation (La generación de Jesús) © 1971 Billy Graham
My Answer (Mi respuesta) © 1960 Doubleday
The Quotable Billy Graham © 1966 Droke House
Till Armageddon (Hasta Armagedón) © 1981 Billy Graham
World Aflame (El mundo en llamas) © 1965 Billy Graham

Citas bíblicas La Santa Biblia, Antigua versión de Casiodoro de Reina
(1569) revisada por Cipriano de Valera (1602), con otras revisiones en
1862, 1909 y 1960. Copyright © 1960 por Sociedades Bíblicas Unidas.

Producto 497658
ISBN 0-7899-0040-8
Impreso en Colombia
Printed in Colombia

INDICE

PREFACIO

La necesidad es evidente. Miren en torno de ustedes, lean los periódicos o escuchen las noticias de la tarde por televisión. Asimismo, observen las tristezas, las zozobras y las dudas de sus amigos y los miembros de sus familias.

Se sentirán profundamente conmovidos por las personas perdidas, indefensas y desesperadas que hay en todas las partes del mundo. Las necesidades espirituales son abrumadoras; pero, gracias a Dios, existe una respuesta en la persona de Jesucristo. Sólo El puede satisfacer todas las necesidades del hombre. El evangelio es las "buenas nuevas" para que todos las escuchen y entiendan. La palabra de Dios es la verdad y libera al hombre.

Nosotros, en la Asociación Billy Graham, creemos en el poder del Espíritu Santo para transformar vidas. Con el paso de los años, millones de personas de todo el mundo nos han escrito en busca de respuestas y un sentido para sus vidas. Debido a la enorme necesidad de soluciones bíblicas para los problemas humanos que hemos observado, les presentamos este libro; no como un volumen de consulta exhaustiva, sino como una ayuda para su labor cristiana con los demás.

EL MANUAL DE BILLY GRAHAM PARA OBREROS CRISTIANOS se compiló y diseñó originalmente para utilizarse en un ministerio de consejos por teléfono, durante las cruzadas del Dr. Graham por televisión. En diversas ciudades de los Estados Unidos se han desarrollado centros de asesoramiento, con la finalidad expresa de satisfacer las necesidades de las personas que ven por televisión las cruzadas de Billy Graham. Algunas de ellas desean entregarse a Cristo; otras tienen dudas respecto a su salvación. Por otra parte, hay siempre otras personas que tienen problemas graves y desean obtener consejos específicos.

Se necesitaba urgentemente un instrumento para los consejeros voluntarios. Los temas escogidos son los que ha tenido que afrontar una y otra vez nuestro Departamento de Asesoramiento Cristiano en el curso de los años de este ministerio.

El Dr. Graham y todos los que trabajamos con él estamos convencidos de que el Espíritu Santo obra en forma muy eficaz y poderosa por medio de la palabra de Dios escrita. Hemos buscado cuidadosamente versículos bíblicos que se apliquen específicamente a cada uno de los temas. Estamos convencidos de que lo último que se le debe dejar a cualquiera que reciba nuestros consejos es la palabra de Dios. La verdad es un instrumento poderoso y ningún discurso humano puede cambiar los corazones como lo hace la palabra de Dios.

Oramos para que, mientras usen EL MANUAL DE BILLY GRAHAM PARA OBREROS CRISTIANOS, el amor de Dios toque muchas vidas.

—Carlos Riggs, Director de Asesoramiento

INTRODUCCION

Nos damos cuenta de que no todos los problemas de la vida son de naturaleza espiritual. Sin una relación personal con Cristo, no podemos esperar ninguna solución real en nuestro deseo de reconciliarnos con Dios. No obstante, cuando experimentamos la nueva vida en Cristo—el perdón, la libertad del sentimiento de culpa y del temor, una sensación de satisfacción e integridad, una nueva motivación para perseguir lo que es justo, etc.— recibimos poder y una nueva perspectiva que nos permite afrontar las circunstancias de esta vida de modo realista y positivo.

Al ser testigos del poder transformador que tiene una relación con Jesucristo, debemos recordar que la *actitud* puede constituir la diferencia crucial entre un efecto positivo o negativo. Es posible que no siempre logremos obtener una entrega al Señor; pero debemos mostrarnos amables y llenos de simpatía, con el fin de animar y reconfortar a nuestros interlocutores. Esto puede dejar las puertas abiertas para otra ocasión, cuando es posible que dicha persona tome una decisión positiva. Y esto tendrá más probabilidades de producirse, si recuerda que antes habló con una persona bondadosa y muy interesada que no le rechazó, sino que le dejó con sentimientos cálidos y una actitud favorable hacia Dios.

Como parte de ese acondicionamiento de la actitud, el testigo cristiano debe cultivar el arte de saber escuchar con simpatía. Hay muchas personas que están clamando: "Mírenme. Estoy sufriendo. ¿No hay nadie dispuesto a escucharme? ¡Necesito ayuda!" Las preguntas apropiadas ayudarán a que salgan a la superficie los problemas y las dificultades de las personas que se nos acercan. Muchos intentos hechos para dar el mensaje del Señor resultan infructuosos debido a los esfuerzos que se hacen para ofrecer soluciones que no son pertinentes para las verdaderas necesidades de las personas de que se trata.

La sección de ANTECEDENTES de cada uno de los capítulos de este libro contiene una descripción breve de las personas y los problemas que es preciso afrontar. Por supuesto, esperamos que quienes utilicen este libro se familiarizarán a fondo con esos antecedentes con el fin de ampliar su comprensión de la naturaleza humana. Estos conocimientos impulsarán a esa persona a tratar de ampliar sus capacidades para dar el testimonio cristiano y el resultado será una mayor eficiencia al ofrecer soluciones pertinentes.

La estrategia de asesoramiento ofrece ciertos lineamientos para proporcionar soluciones. Aun cuando la conducta humana puede parecer que sigue ciertos patrones discernibles, el apego rígido a un conjunto de soluciones inflexibles y estereotipadas sólo producirá frustraciones. ¡Cada individuo es único! Por consiguiente, sólo se deberá depender de las estrategias hasta donde resulten útiles. El testigo cristiano debe confiar en todos los casos en que recibirá la dirección del Espíritu Santo, puesto que es el Unico en quien se puede confiar para la aplicación eficaz de la palabra de Dios a todas las necesidades específicas.

El testimonio continuo (que se conoce también como "seguimiento") tiene un valor enorme. La práctica del Apóstol Pablo no era sólo la de "amonestar a todo hombre" sino también "enseñarles a todos", con el fin de "presentar perfecto en Cristo Jesús a todo hombre" (véase Colosenses 1:28).

Nuestro testimonio no será verdaderamente completo en tanto no hayamos sometido a las personas que buscan la emoción de encontrar raíces fundamentales en la palabra de Dios, a la disciplina y el gozo de la oración y a la responsabilidad de identificarse con el cuerpo de Cristo–una iglesia local que enseñe a partir de la Biblia–con fines de adoración, compañerismo y testimonio.

Finalmente, debemos entender que los problemas conductuales profundamente enraizados requieren a menudo una atención especial. El recomendar la búsqueda de un asesoramiento profesional, cuando resulte evidente su necesidad, no constituye una negación del poder del evangelio y Dios para actuar en las vidas humanas. En esos casos se podrá recomendar un pastor competente, un psicólogo, un psiquiatra o algún otro tipo de servicio asesor cristiano. Y hacemos hincapié en los profesionales "cristianos" con la convicción firme de que las soluciones para los problemas conductuales sólo se encontrarán cuando se aborden estos últimos a la luz de la palabra de Dios. Un profesional cristiano puede ser también un instrumento de Dios para efectuar un cambio espiritual.

Si una persona comienza a recibir la ayuda de un profesional cristiano, esto no significará que su propia responsabilidad hacia ella ha concluido. Su respaldo, como amigo interesado, deberá proseguir durante tanto tiempo como sea posible y, desde luego, hasta que haya obtenido suficiente madurez y estabilidad para poder seguir adelante sin ayuda (véase Efesios 4:14 a 5:21).

Observarán que la "Estrategia de asesoramiento" se refiere con frecuencia a un librito intitulado *Living in Christ (Cómo vivir en Cristo)*. La Billy Graham Evangelistic Association (Asociación Evangelística Billy Graham) utiliza en todos sus ministerios este librito de seguimiento para adultos. El folleto correspondiente para los niños lleva el título de *Following Jesus (Cómo seguir a Jesús)*. Los dos libritos se pueden adquirir en su librería cristiana local o de Grason, Box 1240, Minneapolis, MN 55440 U.S.A.

La primera edición de este libro se compiló a partir de los recursos del Departamento de Asesoramiento Espiritual de Billy Graham, para su uso en el ministerio de asesoramiento telefónico. Gran parte del material original se volvió a redactar, además de que se añadieron porciones importantes. Estoy muy agradecido hacia los miembros del personal por su tiempo, sus recursos, sus opiniones y los ánimos que me dieron mientras estaba trabajando en este proyecto.

Este libro se escribió para uso en los ministerios de extensión de la Asociación Evangelística Billy Graham y para animar a los creyentes, en todas partes, para que den testimonio de Jesucristo como el Señor y Salvador que da vida.

—Carlos G. Ward

ETAPAS PARA OBTENER LA PAZ CON DIOS

NOTA: *Si el individuo de que se trate está dispuesto a recibir inmediatamente a Cristo, sáltense las cuatro etapas y pasen directamente a la sección entre asteriscos.*

1. EL PLAN DE DIOS–PAZ Y VIDA

Dios le ama y quiere que experimente Su paz y Su vida.

La BIBLIA dice: "Porque de tal manera amó Dios al mundo, que ha dado a su Hijo unigénito, para que todo aquel que en él cree, no se pierda, mas tenga vida eterna" (Juan 3:16).

2. EL PROBLEMA DEL HOMBRE–LA SEPARACION

El estar en paz con Dios no es algo automático, puesto que, por naturaleza, está usted separado de Dios.

La BIBLIA dice: "Por cuanto todos pecaron y han sido destituidos de la gloria de Dios" (Romanos 3:23)

El hombre ha tratado de salvar este abismo de separación, sin lograrlo.

3. EL REMEDIO DE DIOS–LA CRUZ

El amor del Señor sirve como puente sobre el abismo que separa al hombre de Dios. Cuando Jesucristo murió en la cruz y se levantó de entre los muertos, pagó la pena por nuestros pecados.

La BIBLIA dice: "Quien llevó él mismo nuestros pecados sobre el madero..." (1 Pedro 2:24).

4. LA RESPUESTA DEL HOMBRE–ACEPTACION DE CRISTO

Cruza el puente que le hace ingresar a la familia de Dios cuando acepta a Cristo por invitación personal.

La BIBLIA dice: "Mas a todos los que le recibieron, a los que creen en su nombre, les dio potestad de ser hechos hijos de Dios" (Juan 1:12)

*Para recibir a Cristo tiene que hacer cuatro cosas:
1) ADMITIR su necesidad espiritual. "Soy pecador".
2) ARREPENTIRSE y tener el propósito de abandonar su pecado.
3) CREER que Jesucristo murió en la cruz *por usted.*
4) RECIBIR a Jesucristo en su corazón y su vida, por medio de la oración.

La Biblia dice (habla el mismo Cristo): "He aquí, yo estoy a la puerta y llamo; si alguno oye mi voz y abre la puerta, entraré a él, y cenaré con él, y él conmigo" (Apocalipsis 3:20).

"Porque todo aquel que invocare el nombre del Señor, será salvo" (Romanos 10:13).

MODELO DE ORACION:

Amado Señor Jesucristo:
Sé que soy pecador y creo que moriste en la cruz por mis pecados. Ahora mismo abandono mis pecados y te abro las puertas de mi corazón y mi vida. Te acepto como mi Señor y Salvador personal. Gracias por haberme salvado. Amén.

Después de dirigir a la persona de que se trate en la oración anterior, confirme su decisión, compartiendo con ella la página que sigue.

LOS RESULTADOS DE RECIBIR A CRISTO

Acaba de orar y de entregarle su vida a Cristo. ¿Qué dice la Biblia que sucedió en ese momento?

1. Está salvo.
Jesús dijo: *"Yo soy la puerta; el que por mí entrare, será salvo"* (Juan 10:9).

¿Qué fue lo que dijo Jesús sobre sí mismo?

Yo soy _____ _____
(a la vida eterna).

¿Qué sucederá cuando una persona entre (reciba a Cristo)?

Será _____.

La BIBLIA dice: "He aquí, yo estoy a la puerta y llamo; si alguno oye mi voz y abre la puerta, entraré a él, y cenaré con él, y él conmigo" (Apocalipsis 3:20).

La BIBLIA dice: "Porque todo aquel que invocare el nombre del Señor, será salvo" (Romanos 10:13).

2. Es hijo (hija) de Dios.
La BIBLIA dice: "Mas a todos los que le recibieron, a los que creen en su nombre, les dio potestad de ser hechos hijos de Dios" (Juan 1:12).

¿Qué sucedió cuando recibió al Señor?

Recibí la _____.

3. Ahora tiene la vida eterna.
La BIBLIA dice: "Porque de tal manera amó Dios al mundo, que ha dado a su Hijo unigénito, para que todo aquel que en él cree, no se pierda, mas tenga vida eterna" (Juan 3:16).

Ahora que cree en Jesucristo, ¿qué puede decir con absoluta seguridad?

Tengo _____.

En resumen, haga hincapié en las preguntas y respuestas que siguen:

¿Cómo sabe que:
    está salvo?
    es hijo (hija) de Dios?
    tiene vida eterna?

Lo sé, porque:
    Dios lo dice…en Su Palabra.
    Lo creo…en mi corazón.
    Esto lo afirma…en mi mente.

Después de compartir a Cristo y confirmar la decisión, indique las etapas de seguimiento que se dan a continuación:

1. Adopte una posición firme por Cristo. Comuníquele a alguien su decisión.

2. Lea y estudie la Palabra de Dios.

3. Ore todos los días.

4. Identifíquese con una iglesia bíblica con fines de adoración, compañerismo y servicio.

5. Nos gustaría mucho enviarle nuestro folleto de estudio bíblico *Living in Christ (Cómo vivir en Cristo),* que le ayudará en su vida cristiana. ¿Puede darme su nombre y su dirección?

COMO OBTENER SEGURIDAD EN LA SALVACION

(Para una persona que ha recibido a Cristo; pero tiene dudas).

ACOJASE A ESTAS PROMESAS

1. *La BIBLIA dice:* "*Porque de tal manera amó Dios al mundo que ha dado a su Hijo unigénito, para que todo aquel que en él cree, no se pierda, mas tenga vida eterna*" (Juan 3:16).

¿Qué dio Dios para hacer que la vida eterna fuera posible? _____

_____ .

¿Qué debe hacer usted para tener la vida eterna?

_____ _____ .

¿Qué le promete Dios? _____ _____ .

2. *La BIBLIA dice:* "*El que tiene al Hijo, tiene la vida. Estas cosas os he escrito a vosotros que creéis en el nombre del Hijo de Dios, para que sepáis que tenéis vida eterna*" (1 Juan 5:12-13).

Si cree en Cristo, ¿qué sabe que tiene con seguridad? Tengo _____

_____ .

3. *La BIBLIA dice:* "*Mis ovejas oyen mi voz, y yo las conozco, y me siguen; y yo les doy vida eterna y no perecerán jamás, ni nadie las arrebatará de mi mano. Mi Padre que me las dio mayor que todos es, y nadie podrá arrebatarlas de la mano de mi Padre*" (Juan 10:27-29).

¿Qué se le promete en este pasaje?

a. Y yo les doy _____ _____ .

b. Y no _____ _____ .

c. Ni nadie las _____ de mi _____ .

d. Nadie podrá _____ de la _____ de mi Padre.

Como resumen, haga hincapié en las siguientes preguntas y respuestas:

¿Cómo sabe que:
tiene vida eterna?
nunca perecerá?
está a salvo en las manos
de Dios?

Lo sé porque:
Dios lo dice...en Su Palabra
lo creo...en mi corazón
y esto lo afirma...en mi mente.

Después de compartir lo anterior respecto a la seguridad, indique las etapas de seguimiento que se dan a continuación:

1. Tome una posición firme por Jesucristo; haga que su vida sea valiosa. Háblele a alguien de su propia decisión.

2. Lea y estudie la Palabra de Dios.

3. Ore todos los días.

4. Identifíquese con una iglesia cuyas enseñanzas sean bíblicas, con fines de adoración, compañerismo y servicio.

5. Nos gustaría poder enviarle nuestro folleto de estudio bíblico *Cómo vivir en Cristo.* ¿Puede darme su nombre y su dirección?

BUSQUEDA DEL PERDON Y LA RESTAURACION

(Para una persona que ha recibido a Cristo; pero, posteriormente, le falló al Señor y busca su restauración).

1. ARREPIENTASE Y CONFIESE SU PECADO A DIOS

La BIBLIA dice: "Si confesamos nuestros pecados, él es fiel y justo para perdonar nuestros pecados, y limpiarnos de toda maldad" (1 Juan 1:9)

¿Qué debemos hacer para recibir el perdón? _____ _____

_____ .

¿Qué dice Dios que hará si le confesamos nuestros pecados? _____

_____ _____ .

Confesar significa "Ponerse de acuerdo" con Dios. Mentí, hice trampas, fui poco amable, perdí el control, etc. Ahora, sea específico con Dios; confiésele en silencio todos sus pecados.

Nota: El pecado nos aparta del camino de Dios y el resultado es la enajenación. La confesión nos devuelve al camino de Dios hacia la paz y el gozo.

EL CAMINO DE DIOS

PAZ GOZO PLENITUD DE VIDA

EL CAMINO DEL HOMBRE

EL CAMINO DE LA RESTAURACION

CONFESION

ENAJENACION

FRUSTRACION

CULPABILIDAD

2. DECISION DE ABANDONAR LOS PECADOS RECONOCIDOS

La BIBLIA dice: "El que encubre sus pecados no prosperará; mas el que los confiesa y se aparta alcanzará misericordia" (Proverbios 28:13).

¿Qué sucede cuando encubrimos nuestros pecados?

No _____ _____
Después de confesar nuestros pecados, debemos _____

3. REPARACION DE LOS DAÑOS CAUSADOS

Es importante no sólo confesar y abandonar los pecados, sino también reparar los daños que les hayamos causado a otros.

La BIBLIA dice: "Y por esto procuro tener siempre una conciencia sin ofensa ante Dios y ante los hombres" (Hechos 24:16).

4. EL RESULTADO SERA EL COMPAÑERISMO RENOVADO

La BIBLIA dice: "Pero si andamos en luz, como él está en luz, tenemos comunión unos con otros, y la sangre de Jesucristo su Hijo nos limpia de todo pecado" (1 Juan 1:3).

¿Cómo sabe que:	Lo sé porque:
ha sido perdonado?	Dios lo dice…en Su Palabra
está limpio?	lo creo…en mi corazón
ha recibido la restauración?	y esto lo afirma…en mi mente.

Después de dirigir a la persona de que se trate a la renovación espiritual, comparta con ella las etapas de seguimiento que se dan a continuación:

1. Ahora que ha vuelto a estar en comunión con Cristo, tome una posición firme por El. Háblele a alguien de su decisión.

2. Lea y estudie fielmente la Palabra de Dios.

3. Ore todos los días.

4. Identifíquese con una iglesia que tenga doctrinas bíblicas, con fines de adoración, compañerismo y servicio.

Nos gustaría enviarle nuestro folleto de estudio bíblico *Cómo vivir en Cristo*, que le ayudará en su vida cristiana y en su testimonio futuro. ¿Puede darme su nombre y su dirección?

INSEGURIDAD RESPECTO A LA RELACION PERSONAL CON CRISTO

Para comenzar, haga la pregunta básica: "¿Hubo algún momento en que le confió su vida a Jesucristo, aceptándolo como su Señor y Salvador personal?"

1. Si la respuesta es SI, pídale a esa persona que le cuente esa experiencia, con el fin de determinar exactamente cuál es su situación actual.

    A. Si siente que se entregó verdaderamente al Señor; pero tiene inseguridad, pase a la sección sobre la seguridad, en la página 15.

    B. Si parece estar firme en su entrega al Señor, es posible que necesite ayuda para resolver algún otro tipo de problema espiritual. Pase a la sección de Búsqueda del perdón y la restauración, en la página 17.

2. Si la repuesta es NO, déle las "Etapas para obtener la paz con Dios", página 11.

3. Si la respuesta es vaga: "Tengo dudas", "No estoy seguro (segura)", haga la pregunta: "Si muriera esta noche, ¿iría al cielo?"

    A. Si no lo sabe, déle las "Etapas para obtener la paz con Dios", página 11.

    B. Si cree que iría al cielo, déle la "Seguridad", página 15.

    C. Si la persona se sigue mostrando llena de incertidumbre, con frases tales como: "He asistido siempre a la iglesia", "Hago lo mejor que puedo", o bien, "Trato de vivir con moralidad", etc., dígale:

    1) "Permítame indicarle cómo puede estar absolutamente segura de que, si muriera esta noche, iría al cielo".

    2) Déle las "Etapas para obtener la paz con Dios", página 11.

4. Termine siempre la conversación con una oración. Acuérdese de ofrecer el folleto de estudio bíblico *Cómo vivir en Cristo,* que le ayudará a esa persona en su vida cristiana y su testimonio futuro.

INSEGURIDAD

EL ABORTO

Antecedentes

La mayoría de los cristianos evangélicos consideran que ningún médico ni practicante tiene derecho a tomar el lugar de Dios para poner fin a una vida humana mediante el aborto. Ninguna mujer tiene "derechos" sobre su propio cuerpo hasta el punto de tener libertad para destruir arbitrariamente niños no nacidos. El embrión que se desarrolla en su cuerpo es mucho más que una simple parte de ella. Tiene existencia separada. ¡Es otra vida!

Las Escrituras conceden un valor primordial a la vida humana. Es sagrada y de un valor inestimable para Dios, que nos creó "a su imagen" (Génesis 1:26, 27), que sostiene la vida ("En sus manos está el alma de todo viviente y el hálito de todo el género humano" (Job 12:10)) y nos redimió (2 Corintios 5:19).

El aborto es malo porque la Biblia dice: "No matarás" (Deuteronomio 5:17). Es malo porque cada feto tiene potencial para convertirse en una persona plenamente desarrollada y responsable ante Dios. David escribió hace miles de años: "Mi embrión vieron tus ojos. Y en tu libro estaban escritas todas aquella cosas que fueron luego formadas, sin faltar una de ellas" (Salmo 139:16).

Estrategia de asesoramiento

Este problema tiene muchas facetas. Dos de las que es muy posible que el consejero tenga que abordar son el de una mujer que está planeando tener un aborto, y el de los sentimientos de culpa de alguien que lo haya tenido ya. Será preciso tratar a esas personas de modos distintos. Los consejeros pueden tener también que tratar a los padres de una joven encinta, el padre de un bebé, el personal médico que deberá efectuar abortos o ayudar en ellos, etc.

La persona que planea tener un aborto:

1. Déle ánimo. Dígale que hizo muy bien al decidirse a compartir su ansiedad, que se siente feliz de poder hablar con ella y que espera poder darle cierta información que le ayudará a tomar su decisión final.

2. A continuación, con tacto, hágale comprender que es muy posible que tenga ya sentimientos profundos muy firmes respecto a las implicaciones morales del aborto, porque, de lo contrario, no hubiera llamado.

   Evite emitir juicios sobre su situación. Por ejemplo, si es una joven soltera, su embarazo puede deberse a que buscó el amor, la atención y el afecto que nunca recibió en su hogar. Al mismo tiempo, evite tratar de suavizar la gravedad de su conducta, porque se trata de un pecado.

3. Hágale preguntas respecto a sus sentimientos relativos al aborto. ¿Qué fue lo que le impulsó a llamarnos para hablarnos de su problema?

¿Cuáles son sus verdaderos sentimientos respecto al aborto?

¿Hubo algo en el mensaje del doctor Graham que se dirigió a usted en forma especial?

¿Qué fue?

4. Tanto si la persona de que se trate admite que el aborto es malo como si no es así, preséntele los aspectos bíblicos a ese respecto, con amabilidad; pero de manera firme (véase ANTECEDENTES).

5. Pídale que tome en consideración otras alternativas. Si está pensando en tener un aborto debido al estigma de tener un hijo ilegítimo, complicará su situación todavía más y se sentirá culpable por ello. ¡El quitarle la vida a su hijo no nacido no convertirá un mal sueño en una verdadera pesadilla! Recomiéndele que piense en la posibilidad de tener su bebé, pidiéndole a Dios que la experiencia sea para bien. El Señor podrá hacerlo así, si la dama se entrega a El y le confía su problema. "Y sabemos que a los que aman a Dios, todas las cosas les ayudan a bien" (Romanos 8:28).

   Si le preocupa el no ser capaz de cuidar o sostener a su bebé, recomiéndele que piense en ofrecerlo en adopción. Hay muchas parejas que buscan niños que adoptar, y pueden proporcionar amor y un buen hogar. Existen muchas organizaciones a las que puede acudir en busca de ayuda. Recomiéndele que busque los consejos de un pastor evangélico local, que deberá estar en condiciones de iniciar los trámites para asegurar la adopción del bebé.

6. Pregúntele si ha recibido alguna vez a Jesucristo como su Señor y Salvador. Si es apropiado, use las "Etapas para obtener la paz con Dios", página 11.

7. Aconséjele que comience a leer la Biblia. Para reestructurar su vida según los principios bíblicos, necesita leer y estudiar la Palabra de Dios. Ofrézcale enviarle el folleto *Cómo vivir en Cristo* para ayudarle a comenzar.

8. Pregúntele si tiene una iglesia cerca de ella. Deberá tratar de identificarse con una iglesia que enseñe las doctrinas de la Biblia para encontrar compañerismo, ánimo y crecimiento cristiano.

La persona que ha tenido un aborto y tiene sentimientos de culpabilidad

1. Anímela, asegurándole que ha acudido al lugar correcto. Nos preocupamos y deseamos ayudar en todas las formas que podamos. Dios tiene una solución para cada situación humana y esa persona puede confiar en que el Señor actuará para su bien.

2. No recalque demasiado su pecado; sin embargo, no trate tampoco de quitarle importancia. El hecho de que esté dispuesta a hablar de sus sentimientos de culpabilidad es una indicación de que Dios le está hablando.

3. Háblele del perdón de Dios para quienes están dispuestos a arrepentirse y confesarle sus pecados al Señor.

A la mujer sorprendida en adulterio, Jesús le dijo: "Tampoco yo te condeno; vete, y no peques más" (Juan 8:11).

4. En el caso de que se produzca una confesión, no haga hincapié en el pasado (véase Filipenses 3:13, 14).

5. Pregúntele si ha recibido alguna vez a Jesucristo como su Señor y Salvador *personal*. Si es apropiado, déle las "Etapas para obtener la paz con Dios", página 11.

6. Aconséjele que busque la comunión con Dios por medio de la lectura de la Biblia y la oración.

 El perdón es inmediato; pero el sentimiento de restauración y aceptación se obtendrá en el momento apropiado. Mediante su entrega a esta importante disciplina de oración y lectura de la Biblia, esa persona crecerá en su relación con Dios.

7. Aconséjele que busque o reanude su identificación con una iglesia que enseñe las doctrinas de la Biblia.

 Allí podrá recibir los consejos del pastor, escuchar las enseñanzas sobre la Palabra de Dios y obtener fortaleza mediante el compañerismo con otros cristianos.

8. Ore con ella.

 Pídale a Dios perdón, entrega y fortaleza para el futuro.

Citas bíblicas

La maravilla de la vida

"He aquí, herencia de Jehová son los hijos; cosa de estima el fruto del vientre" (Salmo 127:3).

"Porque tú formaste mis entrañas; tú me hiciste en el vientre de mi madre. Te alabaré, porque formidables, maravillosas son tus obras. Estoy maravillado y mi alma lo sabe muy bien. No fue encubierto de ti mi cuerpo, bien que en oculto fui formado, y entretejido en lo más profundo de la tierra. Mi embrión vieron tus ojos, y en tu libro estaban escritas todas aquellas cosas que fueron luego formadas, sin faltar una de ellas" (Salmo 139:13-16).

El perdón

"Si confesamos nuestros pecados, él es fiel y justo para perdonar nuestros pecados, y limpiarnos de toda maldad" (1 Juan 1:9).

"Deje el impío su camino y el hombre inicuo sus pensamientos, y vuélvase a Jehová, el cual tendrá de él misericordia, y al Dios nuestro, el cual será amplio en perdonar" (Isaías 55:7).

"El es quien perdona todas tus iniquidades, el que sana todas tus dolencias; el que rescata del hoyo tu vida, el que te corona de favores y misericordias"   (Salmo 103:3,4).

Salmo 32:1-5 (Estos versículos los escribió una persona culpable de adulterio y asesinato).

Valor y fortaleza para seguir adelante

"Pero los que esperan a Jehová tendrán nuevas fuerzas; levantarán alas como las águilas; correrán y no se cansarán; caminarán y no se fatigarán"   (Isaías 40:31).

"¿Por qué te abates, oh alma mía, y por qué te abates dentro de mí? Espera en Dios; porque aún he de alabarle, salvación mía y Dios mío"   (Salmo 42:11).

EL ABUSO DE LAS DROGAS

Antecedentes

Droga es cualquier substancia que produzca cambios físicos, mentales o psicológicos en el usuario. Desde los tiempos más antiguos, el hombre ha experimentado con las drogas, tratando de escapar a la realidad. Hoy en día, cientos de millones de personas toman drogas que van de la cafeína que crea un hábito ligero, a las drogas ilegales y muy adictivas, tales como la heroína y la cocaína.

Cualquiera puede adquirir el hábito físico y psicológico de tomar cualquier droga, si ingiere dosis elevadas durante un periodo suficientemente grande.

Los drogadictos proceden de todos los estratos de la vida. Muchas de las raíces de la dependencia se deben buscar en la inseguridad, los sentimientos de culpa, las decepciones, la inmoralidad y las conductas sexuales desviadas, las frustraciones, las tensiones, las presiones ejercidas por los coetáneos, y la competencia intensa, como en los deportes profesionales, etc. A esto se debe añadir el gran vacío espiritual que ha dado como consecuencia el desplome de las normas morales, la desintegración del hogar, cuatro guerras importantes en 50 años, y la tremenda facilidad con la que se pueden conseguir drogas a todas las edades, incluyendo a los niños de las escuelas primarias.

La dependencia de las drogas es un problema de la persona total: espiritual, físico, emocional y social. Una vez con el hábito, la persona dependiente vive en un mundo ilusorio que se caracteriza por sentimientos paralizantes y respuestas emocionales, negativas mentales y alucinaciones, aislamiento social y una especie de limbo espiritual. Para muchos, es un estado de impotencia, una vida sin retorno.

El abandono de las drogas para quienes desean liberarse de ellas puede ser muy doloroso, tanto física como psicológicamente. ¡El retiro sin vigilancia médica puede resultar peligroso! El liberarse de la dependencia y la rehabilitación subsiguiente suelen ser procesos prolongados. Se requiere un firme sistema de respaldo que aborde el nivel espiritual, el emocional, el mental y el físico.

Para recibir ayuda espiritual, el drogadicto debe desear ayuda y dar los primeros pasos para obtenerla. Es aquí donde interviene el consejero cristiano. Debemos fomentar su entrega a Cristo como Señor y Salvador. Este primer paso de fe debe conducir a una nueva perspectiva y a una nueva motivación para el drogadicto, con el fin de llevarlo hacia la rehabilitación y una vida plena.

Sin embargo, incluso después de su entrega a Cristo, suele haber necesidad de seguir trabajando en los temas personales que condujeron a al vicio, tales como una mala autoimagen, inseguridad, incesto, homosexualidad, inmoralidad, temor, sentimientos de culpa, etc.

Estrategia de asesoramiento

Podemos ayudar en tres formas distintas:

- Espiritualmente, fomentando la entrega de esa persona a Cristo.
- Poniéndole en contacto con un grupo o un centro para drogadictos de su zona, donde pueda recibir ayuda para abandonar el hábito y rehabilitarse.
- Permanecer a su lado para ofrecerle respaldo y ánimo, hasta que comprenda con mayor seguridad lo que significa su entrega a Cristo y sus implicaciones.

1. No sermoneen a su interlocutor respecto a lo malo que son las drogas y el vicio de ellas. Utilicen las citas bíblicas sobre el pecado sólo donde surjan en forma natural durante la presentación del evangelio.

2. Sean cordiales y compasivos. Animen a su interlocutor, diciéndole que simpatizan con él y están dispuestos a escucharle y ofrecerle consejos.

3. Escuchen todo lo que tenga que decirles, dándole muchas oportunidades para que exprese sus sentimientos y opiniones. Asegúrenle que Dios le ama. La gracia de Dios es suficiente para satisfacer cualquier necesidad de su vida (una buena definición de la gracia es la de que Dios nos ama sin condiciones).

4. Deberá enfrentarse a la responsabilidad de su hábito. En algún momento, decidió tomar drogas y tiene la responsabilidad moral de la conducta que le llevó a las drogas. Si trata de culpar de su problema a las circunstancias, otras personas, la sociedad, etc., háganlo regresar continuamente, en forma amable, hacia su propia responsabilidad personal y moral. "Sino que cada uno es tentado, cuando de su propia concupiscencia es atraído y seducido" (Santiago 1:14).

5. En el momento oportuno, explíquenle las "Etapas para obtener la paz con Dios" de la página 11.

6. Continúen siguiendo las etapas, si son apropiadas: comenzar a leer y estudiar la Palabra de Dios, aprender a orar e ingresar a una iglesia en la que se enseñen las doctrinas de la Biblia.

7. El drogadicto deberá abandonar a las personas y el ambiente que hicieron que se habituara a las drogas. Deberá dejar de tomar toda clase de drogas. Esto requerirá probablemente que reciba tratamiento en un centro para drogadictos, donde podrán supervisar adecuadamente su retiro del hábito y las primeras etapas de su rehabilitación. Con frecuencia se requiere vigilancia las veinticuatro horas del día.

NOTA: A menudo, el consejero debe tomar la iniciativa de ayudar al drogadicto a encontrar un centro de tratamiento y ayudarle a ingresar a él o, quizá, ayudar a su familia a que lo haga por sí misma. No se podrá confiar en que el drogadicto hará lo necesario por sí solo. Es posible que prometa, sin llevarlo a cabo en absoluto.

Tanto durante el tratamiento como después de él, el consejero deberá dar tanto apoyo como le sea posible, visitarlo con frecuencia, iniciarle en la lectura y el estudio de la Biblia y la oración, ayudarle a encontrar un grupo de cristianos exdrogadictos que le brinden su respaldo, si es posible hallarlo. Hacer que participe en la vida de una iglesia acogedora y basada en la Biblia, y ponerle en contacto con un consejero profesional cristiano o un grupo experimentado en el tratamiento de drogadictos. También requerirá ayuda constante para resolver los problemas personales que lo condujeron a las drogas desde el principio.

8. El consejero puede declarar que tratará de ayudar al asesorado para llegar a un centro de tratamiento de drogadictos y personas que le puedan brindar apoyo en la zona en que vive. CUIDADO: No prometan ayuda, sólo que haran todo lo que puedan. La Billy Graham Evangelistic Association tiene contactos con personas que pueden ayudar a los drogadictos en algunas ciudades.

9. Oren con el drogadicto pidiendo valor, entrega de su parte, y para que el poder del Espíritu Santo se ejerza en su vida. Todo esto es necesario en el proceso de recuperación. "Porque no nos ha dado Dios espíritu de cobardía, sino de poder, de amor y de dominio propio" (2 Timoteo 1:7).

Citas bíblicas

"Así que, si el Hijo os libertare, seréis verdaderamente libres" (Juan 8:36).

"Así también vosotros consideraos muertos al pecado, pero vivos para Dios en Cristo Jesús, Señor nuestro. No reine, pues, el pecado en vuestro cuerpo mortal, de modo que lo obedezcáis en sus concupiscencias, ni tampoco presentéis vuestros miembros al pecado como instrumentos de iniquidad, sino presentaos vosotros mismos a Dios como vivos de entre los muertos, y vuestros miembros a Dios como instrumentos de justicia" (Romanos 6:11-13).

"El Espíritu del Señor está sobre mí, por cuanto me ha ungido para dar buenas nuevas a los pobres; me ha enviado a sanar a los quebrantados de corazón, a pregonar libertad a los cautivos... Y comenzó a decirles: Hoy se ha cumplido esta Escritura delante de vosotros... Y estaban todos maravillados, y hablaban unos a otros, diciendo: ¿Qué palabra es esta que con autoridad y poder manda a los espíritus inmundos, y salen?" (Lucas 4:18,21,36).

"Baste ya el tiempo pasado para haber hecho lo que agrada a los gentiles, andando en lascivias, concupiscencias, embriagueces, orgías, disipación y abominables idolatrías" (1 Pedro 4:3).

"Sino que cada uno es tentado, cuando de su propia concupiscencia es atraído y seducido. Entonces la concupiscencia, después que ha concebido, da a luz el pecado; y el pecado, siendo consumado, da a luz la muerte" (Santiago 1:14,15).

EL ADULTERIO

Antecedentes

La Palabra de Dios establece claramente que el matrimonio es un compromiso para toda la vida con el individuo escogido para ser nuestro cónyuge. Este compromiso significa que "rechazamos a todos los demás".

"Por esto el hombre dejará padre y madre, y se unirá a su mujer, y los dos serán una sola carne" (Mateo 19:5).

Sin embargo, la infidelidad sexual, por parte tanto de los maridos como de las esposas, ha llegado a ser epidémica, según las encuestas y los informes sobre prácticas sexuales. El adulterio está prohibido y condenado por Dios en Su Palabra, que indica con toda claridad que la ira de Dios se descargará sobre todos los que practiquen este pecado.

"Honroso sea en todos el matrimonio, y el lecho sin mancilla; pero a los fornicarios y a los adúlteros los juzgará Dios" (Hebreos 13:4).

"¿No sabéis que los injustos no heredarán el reino de Dios? No erréis; ni los fornicarios, ni los idólatras, ni los adúlteros   heredarán el reino de Dios" (1 Corintios 6:9-10).

"Huid de la fornicación. Cualquier otro pecado que el hombre cometa, está fuera del cuerpo; mas el que fornica, contra su propio cuerpo peca" (1 Corintios 6:18).

Tomemos en consideración algunas de las consecuencias del adulterio:

- Emocionales: sentimientos de culpa, temor, ansiedad, pérdida de estimación propia, personalidad destruida, depresión, etc.
- Físicas: Embarazos y nacimientos ilegítimos, enfermedades venéreas y abortos.
- Espirituales: Pérdidas en esta vida y en la del más allá.

El Doctor Graham escribió: "¡Cuántos hogares se encuentran destrozados por hombres y mujeres infieles! ¡Qué tremendo pecado se comete diariamente en este punto! ¡Dios no los considerará libres de culpa! Hay un día de ajuste de cuentas. "Sabed que vuestro pecado os alcanzará" (Números 32:23). Les alcanzarán en sus propias vidas familiares en la tierra y en sus relaciones con sus cónyuges; y también les alcanzará en la vida por venir".

El adulterio es pecado; pero se trata también de un síntoma de que no todo anda bien en el matrimonio. Hay muchas razones para el adulterio. Algunas de ellas son:

- Nuestros propios deseos egoístas y pecaminosos.

  "Sino que cada uno es tentado, cuando de su propia concupiscencia es atraído y seducido" (Santiago 1:14).

- Falta de madurez.

  El 50% de los matrimonios entre adolescentes se desbaratan en los primeros cinco años; sin embargo, la edad no es el único criterio importante. El egoísmo inmaduro, a cualquier edad, puede conducir a la infidelidad conyugal. Otro signo de inmadurez es la falta de disposición para aceptar la responsabilidad por una familia.

- Cónyuges exigentes, criticones, regañones y punzantes.

- Falta de satisfacción sexual por parte de uno de los cónyuges.

- Transferencia hacia el esposo o la esposa de la hostilidad que se siente contra el padre o la madre.

- Parientes políticos entrometidos que abruman a los cónyuges con críticas y consejos bien intencionados.

- Falta de una educación sexual adecuada.

No se pueden esperar soluciones fáciles al afrontar el problema del adulterio. Sin embargo, Dios puede hacer el milagro del nuevo nacimiento para los no cristianos y el de la renovación espiritual de Sus hijos e hijas que se han enfriado. Si el asesor logra obtener una entrega a Cristo, podrá confiar en que este hecho aportará una nueva perspectiva, facilitando la corrección de las vidas y la aplicación de soluciones permanentes.

Estrategia de asesoramiento

Para el cónyuge que participa en el adulterio

1. Trate de presentarse como una persona preocupada y llena de interés, sin ser dominante. Demuestre su gozo al poder compartir su cristianismo y su esperanza de poder llegar a alguna solución.

2. No exprese juicios ni asuma una actitud de "mayor santidad". No comience a utilizar citas bíblicas condenatorias que, de todos modos, surgirán normalmente cuando dé el testimonio de Cristo, en el momento apropiado.

3. Anime a esa persona a hablar de su situación, con el fin de que pueda obtener un cuadro completo de sus circunstancias. Al mismo tiempo, no asedie a esa persona, tratando de obtener demasiados detalles.

4. Cuando considere que ha obtenido ya suficiente información, indíquele a esa persona que, a continuación, va a tratar de encontrar y desarrollar soluciones. Sin embargo, pasará a esas soluciones al cabo de unos cuantos minutos. Mientras tanto, convendrá que le pregunte a esa persona si ha recibido alguna vez a Jesucristo como su Señor y Salvador personal.

   Si no es así, déle las "Etapas para obtener la paz con Dios", página 11.

   Si esa persona es un cristiano caído, háblele de la "Restauración", página 17. Ore con él o ella en su nueva entrega y, luego, siga adelante.

5. Después de orar con esa persona, pregúntele qué soluciones sugiere para el problema del adulterio.

6. A continuación, acuda a las Escrituras. Señale que Dios no sólo nos exige que confesemos el adulterio como pecado, sino también que lo desechemos de nuestras vidas.

   "El que encubre sus pecados no prosperará; mas el que los confiesa y se aparta alcanzará misericordia" (Proverbios 28:13).

7. Recomiéndele a esa persona que busque en su mente las razones probables para su infidelidad y que se las dé a conocer. Quizá convenga que mencione algunas de las "Razones para el adulterio" de los ANTE-CEDENTES, con el fin de estimular los pensamientos de su interlocutor.

   Sugiérale que comparta esas razones con su cónyuge. Un esfuerzo sincero para establecer una comunicación es el único modo en que se podrán sacar todas las cosas a la luz, llegando a una situación que permita encontrar soluciones. Para comenzar, el cónyuge infiel debe dar pruebas de arrepentimiento y pedir perdón.

8. Aconséjele que comience a leer la Palabra de Dios con su cónyuge. Esto les proporcionará a los dos información respecto a sus responsabilidades y les dará fortaleza para resistir las tentaciones y el pecado. Asimismo, anímelos para que oren juntos.

9. Luego, recomiéndeles que traten de identificarse con una iglesia en la que se enseñe la Biblia. Esto les dará fortaleza, debido al compañerismo, la adoración y el estudio de la Biblia. Su meta deberá ser la de convertirse en cristianos consagrados. El principal factor que contribuye a la existencia de este problema es la falta de una relación vital con Cristo.

10. Anime a esa persona a que entre en contacto con el pastor para recibir ánimo y buenos consejos. Si no obtiene la ayuda necesaria por mediación del pastor, convendrá que se someta a un asesoramiento profesional, consultando a un psicólogo o psiquiatra cristiano.

Para el cónyuge del adúltero

Estas personas se sienten con frecuencia traicionadas, rechazadas y heridas. Aun cuando es posible que sólo uno de los cónyuges cometa adulterio, es frecuente que los dos cónyuges *contribuyan* a ello.

1. Anime a esa persona a que se pregunte:

   A. ¿Cómo he contribuido a la infidelidad?
      ¿Expreso demasiadas críticas?
      ¿Le doy todo el apoyo necesario?

   B. ¿Qué circunstancias de nuestro matrimonio pueden haber contribuido a que surgiera ese problema?

   C. ¿Qué puedo hacer para proporcionar una solución que salve nuestro matrimonio?

2. Ayude a su interlocutor a determinar el mejor modo de actuar.

   A. Perdón. Nunca se podrá resolver esta situación a menos que haya disposición para perdonar. Esto puede resultar muy difícil; pero es posible encontrar algún modo. Los participantes en el problema deben pedirle a Dios Su gracia y Su sabiduría para afrontar su situación correctamente. El amor y la preocupación del consejero se pondrán claramente de manifiesto en este punto. El cónyuge culpable debe tratar de obtener el perdón de Dios y también el de su esposo o esposa.

   B. Comunicación. La pareja deberá esforzarse todo lo que sea necesario para establecer una comunicación entre los dos esposos, con el fin de analizar libremente todas las facetas del problema. La falta de comunicación puede haber sido uno de los factores que contribuyeron a ese pecado. Es preciso corregir esa situación cuanto antes.

   C. Oración. Los esposos deben orar juntos y confiar en que Dios resolverá las cosas, con el fin de salvar y fortalecer el matrimonio.

   D. Asesoramiento. Deben estar dispuestos a tomar en consideración la posibilidad de recibir un asesoramiento profesional serio con un pastor competente, un psicólogo o un psiquiatra cristiano. Puede necesitarse mucho tiempo para que se resuelva la situación.

Citas bíblicas

"Si confesamos nuestros pecados, él es fiel y justo para perdonar nuestros pecados y limpiarnos de toda maldad"   (1 Juan 1:9).

(Jesús le habla a la mujer acusada de adulterio).
"Entonces Jesús le dijo: Ni yo te condeno; vete y no peques más"
        (Juan 8:11).

"Honroso sea en todos el matrimonio y el lecho sin mancilla; pero a los fornicarios y a los adúlteros los juzgará Dios"   (Hebreos 13:4).

"El marido cumpla con la mujer el deber conyugal, y asimismo la mujer con el marido. La mujer no tiene potestad sobre su propio cuerpo, sino el marido; ni tampoco tiene el marido potestad sobre su propio cuerpo, sino la mujer"   (1 Corintios 7:3-4).

"Lavaos y limpiaos; quitad la iniquidad de vuestras obras de delante de mis ojos; dejad de hacer lo malo; aprended a hacer el bien; buscad el juicio, restituid al agraviado, haced justicia al huérfano, amparad a la viuda. Venid luego, dice Jehová, y estemos a cuenta: si vuestros pecados fueren como la grana, como la nieve serán emblanquecidos; si fueren rojos como el carmesí, vendrán a ser como blanca lana" (Isaías 1:16-18).

1 Corintios 6:15-20.

AFLICCION Y LUTO

Antecedentes

La aflicción es un sufrimiento emocional intenso que se debe a una pérdida personal. Hay dolor agudo, tristeza profunda, sufrimiento, malestar y angustia. El luto es un estado triste y solitario por una pérdida importante como, por ejemplo, la de un ser querido.

Se trata de una época difícil. El afligido considerará con frecuencia que su experiencia es única, que nadie antes ha tenido que soportar una pérdida semejante ni ha sufrido como él. Hay ciclos de alivio en el patrón de la aflicción que permiten que la persona entristecida se recupere al cabo de cierto tiempo. Sin embargo, algunos individuos se entregan a la aflicción durante períodos prolongados. En ciertos aspectos, nadie se libera completamente de los sentimientos de pérdida.

El ciclo de alivio que se mencionó antes suele desarrollarse como sigue:

1. *El choque inicial de la muerte:* el golpe emocional intenso que, algunas veces, deja a ciertas personas como paralizadas.
2. *La descarga emocional:* un período de llanto.
3. *La soledad y la depresión:* el sentimiento de pérdida se relaciona a menudo con la dependencia que se tenía de la persona fallecida. Hay muchos síntomas de depresión.
4. *Sentimientos de culpa:* "Hubiera podido hacer algo más", o bien, "Debí hacer algo diferente", etc.
5. *Ira y hostilidad:* "¿Por qué me hizo Dios esto a mí?"
6. *Una etapa de inercia:* indiferencia, "No puedo seguir así"; "No me importa nada".
7. *Un regreso gradual a la esperanza:* "La vida sigue su curso". "Podré salir adelante". "Dios me ayudará a soportarlo".
8. *El regreso a la realidad y la normalidad:* aceptación de la pérdida y ajuste a ella.

Sin embargo, debemos recordar que la aflicción no es previsible ni se puede catalogar. Algunas veces, las etapas de la aflicción parecen fusionarse y superponerse. El afligido puede sentir alivio en cierta fase de su "sufrimiento", tan solo para que su dolor vuelva al poco tiempo.

El asesoramiento a las personas afligidas exige sinceridad, una sensibilidad y una ternura especial, simpatía y empatía. Debemos confiar en la guía del Espíritu Santo. Las respuestas convenientes, elaboradas o hechas suenan falsas. Nuestras palabras deben ser sinceras y significativas, "ajustadas a la situación", porque el verdadero consuelo para el afligido depende de en qué punto de su proceso aflictivo se encuentre.

No pretendan tener una respuesta para todas las cosas. Admitan que no comprenden por qué o cómo hace Dios lo que hace.

No sean del tipo de quienes tratan de llenar a los afligidos de ánimo y buena voluntad.

No ofrezcan frases hechas o trilladas sobre la muerte y el sufrimiento.

No sugieran que si el afligido fuera más espiritual o estuviera más cerca de Dios, el dolor sería menor.

Recuerden que una sesión breve no satisfará todas las necesidades de su interlocutor. No obstante, es preciso hacer todo lo posible para darles a esas personas el mensaje de las Escrituras y presentarles a Cristo. Confiaremos en que Dios hará Su obra.

Estrategia de asesoramiento

1. Indíquenle a su interlocutor que les interesa y quieren ayudarle. Anímenle para que les hable de su pérdida y sus sentimientos al respecto. Sepan escuchar con paciencia. Es una gran ayuda la de poder descargar los sentimientos cuando se está afligido.

2. Díganle que es sano tener dolor y aflicción. Se trata de una experiencia humana universal por la que debemos pasar todos. Alguien dijo que la aflicción es "un don de Dios". Puede que sea Su modo de ayudarnos a reaccionar ante el choque tremendo de la muerte y sus consecuencias emocionales. Jesús lloró ante la tumba de Lázaro (Juan 11:35).

3. Señalenle que es bueno el expresar los sentimientos de culpa, ira, confusión o desesperación. Esos sentimientos no debe reprimirlos el interlocutor ni rechazarlos el consejero. Anímenle para que les hable sobre cómo se siente.

4. Díganle que las cosas que está experimentando son con frecuencia normales en el proceso de la aflicción y que la aceptación y el remedio llegarán, aunque es posible que tarden en hacerlo. Dios quiere llevar nuestras aflicciones y pérdidas y darnos consuelo, esperanza y aliento. La vida puede parecer que no tiene valor en estos momentos; pero recuerden que Cristo es permanente, la roca sólida, la piedra angular sobre la que se puede reconstruir la vida.

5. Pregúntenle si ha recibido alguna vez a Jesucristo como su Señor y Salvador personal. Si es apropiado, explíquenle las "Etapas para obtener la paz con Dios" de la página 11.

Billy Graham dijo: "Nuestra confianza en el futuro se basa firmemente en lo que Dios hizo por nosotros en Cristo. Puesto que Cristo vive, no tenemos que desesperarnos, sea cual sea nuestra situación. 'Y si morimos con Cristo, creemos que también viviremos con él...Porque la paga del pecado es muerte, mas la dádiva de Dios es vida eterna en Cristo Jesús Señor nuestro' (Romanos 6:8,23)."

6. Díganle que, para el cristiano, la muerte no es el final de la vida. Por medio de Su muerte y Su resurrección, Cristo venció al pecado y la muerte, de modo que el creer en El significa, ahora, "que nunca moriremos" (Juan 11:25,26); tenemos vida eterna (Juan 3:16); poseemos un lugar asegurado en el cielo (Juan 14:1-6); tomaremos parte en la resurrección de los muertos (1 Corintios 15:51,52). Asimismo, "Porque si creemos que Jesús murió y resucitó, así también traerá Dios con Jesús a los que durmieron en él" (1 Tesalonicenses 4:14). ¡Así pues, un día habrá una reunión gloriosa entre nosotros y los dormidos en el Señor a los que queremos!

    Animen a su interlocutor para que lea y estudie la Biblia. Es una fuente magnífica de consuelo y fortaleza.

7. Indíquenle que Dios considera nuestra vida terrenal como una preparación para el gozo mayor del cielo (Marcos 8:36). Así, permite que haya en nuestra vida pruebas, sufrimientos y la muerte de nuestros seres queridos, para que entendamos mejor nuestra necesidad de confiar en El. "Pero tuvimos en nosotros mismos sentencia de muerte, para que no confiásemos en nosotros mismos, sino en Dios que resucita a los muertos" (2 Corintios 1:9).

8. Si su interlocutor expresa sentimientos de culpa por algún aspecto de la muerte de su ser querido (esto es muy común en los casos de suicidio), aconséjenle que no se "autosugestione" en estos momentos. No debe sentirse culpable por nada que hubiera debido o no hacer. Eso pertenece al pasado y debe dejarle al Señor todos sus pesares. Si tiene algo que confesarle a Dios, que lo haga; pero que acepte también la realidad del perdón del Señor a la luz de 1 Juan 1:9.

9. Si esa persona parece estar abrumada por sus sentimientos de pérdida, soledad o lo que le depare el futuro, etc., aconséjenle que confíe en sus familiares y amigos y que trate de obtener de ellos aliento y respaldo emocional. La iglesia puede contribuir mucho a llenar los huecos que hayan quedado. El pastor deberá ser capaz de ofrecer una gran cantidad de respaldo emocional. Si su interlocutor no es ya miembro de una iglesia, deberá buscar una congregación cristiana en la que se enseñe la Biblia e identificarse con ella. El aprender a aceptar la voluntad de Dios para lo que haya sucedido, el tener el corazón lleno de agradecimiento por los años de amor compartido mientras el ser querido estuvo vivo y por las promesas para el futuro, y el esforzarse en ayudar a otros que sufren, con amor cristiano, constituyen una magnífica terapia y servirán como factores importantes para aprender a volver a vivir plenamente.

10. Oren con su interlocutor para que pueda tener en su vida comprensión, consuelo y bendiciones.

La muerte de un hijo

La muerte de un hijo (o hija) resulta especialmente dura para los padres y los miembros de la familia que sobrevivan. La muerte después de una vida breve produce con frecuencia sentimientos de culpa, melancolía y una gran cantidad de preguntas. Además de la estrategia de asesoramiento, ofrecemos lo que sigue, para estos casos:

1. Aunque no sabemos por qué murió el niño, sabemos que los niños son especialmente preciosos para Dios. Jesús dijo: "Porque de los tales es el reino de Dios" (Mateo 19:14). Esto quiere decir que los niños que mueren van inmediatamente a Su presencia.

2. Cuando la muerte arrebató un hijo al Rey David, dijo: "¿Podré yo hacerle volver? Yo voy a él, mas él no volverá a mí" (2 Samuel 12:23). Así, si creemos que Jesús murió y resucitó, confiando en El como nuestro Señor y Salvador, tenemos la bendita promesa de volver a ver a nuestros seres queridos.

Citas bíblicas

"Enjugará Dios toda lágrima de los ojos de ellos; y ya no habrá muerte, ni habrá más llanto, ni clamor, ni dolor, porque las primeras cosas pasaron"   (Apocalipsis 21:4).

"Porque para mí el vivir es Cristo, y el morir es ganancia. Porque de ambas cosas estoy puesto en estrecho, teniendo deseo de partir y estar con Cristo, lo cual es muchísimo mejor"   (Filipenses 1:21,23).

"No se turbe vuestro corazón; creéis en Dios, creed también en mí. En la casa de mi Padre muchas moradas hay; si así no fuera, yo os lo hubiera dicho; voy, pues, a preparar lugar para vosotros. Y si me fuere y os preparare lugar, vendré otra vez, y os tomaré a mí mismo, para que donde yo estoy, vosotros también estéis"   (Juan 14:1-3).

"Bendito el Dios y padre de nuestro Señor Jesucristo, que según su grande misericordia nos hizo renacer para una esperanza viva, por la resurrección de Jesucristo de los muertos, para una herencia incorruptible, incontaminada e inmarcesible, reservada en los cielos para vosotros, que sois guardados por el poder de Dios mediante la fe, para alcanzar la salvación que está preparada para ser manifestada en el tiempo postrero"   (1 Pedro 1:3-5).

"Porque sabemos que si nuestra morada terrestre, este tabernáculo, se deshiciere, tenemos de Dios un edificio, una casa no hecha de manos, eterna, en los cielos"   (2 Corintios 5:1).

Salmo 23:4-6.

Véase también LA MUERTE

EL ALCOHOLISMO

Antecedentes

Con frecuencia, el uso habitual del alcohol puede formar hábito. Se intensifican las deficiencias, las fallas y las dificultades del bebedor y, a menudo, se producen cambios de la personalidad. Aunque se sienta lleno de confianza bajo la influencia del alcohol, frecuentemente presenta una personalidad inmadura, insegura, deprimida y llena de sentimientos de culpa. No se siente satisfecho consigo mismo. No se puede permitir afrontar sinceramente su mal hábito y los problemas que lleva aparejados, por lo que niega su problema. Es deshonesto al tratar de encubrir su alcoholismo y culpará de ello a los miembros de su familia, sus jefes, sus padres o "las malas pasadas" que le ha jugado la vida. Las desviaciones y las excusas conducen a una mascarada que, algunas veces, adopta aspectos casi cómicos; aunque en realidad son trágicos.

Los alcohólicos necesitan ayuda desesperadamente. La organización de Alcohólicos Anónimos sostiene que en tanto los alcohólicos no tocan el fondo, aceptando que sus vidas se encuentran fuera de control, hay pocas esperanzas de que se produzca un cambio. El admitir la existencia del problema es la primera etapa en el camino hacia la recuperación. ¡Hay esperanza! Dios tiene poder para liberar a los hombres del vicio del alcohol.

Billy Graham escribió: "La Biblia enseña que hay una liberación para los hombres de las cosas del mundo…no por medio de productos químicos, sino de Cristo, haciendo que la mente y el corazón se armonicen con Dios mediante el sometimiento a Su voluntad y la aceptación de Su perdón….Sólo en Cristo hay una liberación de los pensamientos tortuosos del hombre y de los hábitos sórdidos que están destruyendo a tantas personas. ¿Por qué denuncia tan claramente la Biblia las borracheras? Porque el alcohol es un enemigo de la vida humana. Y Dios está contra todo lo que perjudica al hombre y su bienestar."

Estrategia de asesoramiento

1. Si el interlocutor está ebrio o "alegre", cualquier consejo que se le trate de dar será una pérdida de tiempo —una conversación con el alcohol y no con la persona— e incluso puede resultar contraproducente para el individuo. Organice una reunión (o pídale que vuelva a telefonear al día siguiente) cuando esté sobrio. Si parece estar fuera de control, recomiéndele que vaya a un centro de desintoxicación (si está telefoneando, pídale que pase el teléfono a otra persona y, luego, pídale a quien responda que lleve a esa persona a un centro de desintoxicación).

2. Puesto que los alcohólicos suelen ser deshonestos y engañadores, el consejero debe dar muestras de un "amor firme" al tener tratos con ellos. Pregúntenle si desea ayuda verdaderamente. ¿O se comunicó simplemente para "tratar de conmoverme" (para dar excusas, echar la culpa de todo a otras personas y cosas, ocultando su verdadera personalidad y su problema)?

   Al adoptar una postura firme, eviten emitir juicios y censurar su conducta con la ayuda de textos bíblicos (esos versículos se presentarán en forma natural cuando le hablen del evangelio). Asegúrenle que se ha puesto en contacto con la persona apropiada, porque les interesa y se sienten contentos de poder hablar con él o ella (excepto si se encuentra en estado de ebriedad).

3. Hagan hincapié en que es preciso que acepte que tiene un problema que no puede resolver por sí solo. El alcohol es mucho mayor que él y no puede derrotarlo por sus propios medios.

   ¿Está dispuesto a comprometerse a dejar la bebida para siempre? ¡Nada distinto a eso servirá para nada! Debe poner fin a la mascarada de una vez y para siempre. Es personalmente responsable de su situación y sus problemas.

4. Este puede ser el momento apropiado para preguntarle si ha recibido alguna vez a Jesucristo como su Señor y Salvador. Cristo murió en la cruz específicamente por él, con el fin de salvarlo y cambiarlo. Dénle las "Etapas para obtener la paz con Dios", página 11.

5. Regresen al razonamiento del punto 3.

   A. No debe volver a usar nunca el alcohol. Tratando de vivir de día en día, debe aprender a confiar en las promesas de Dios respecto a las tentaciones (1 Corintios 10:13 —véase en CITAS BIBLICAS).

   B. Deberá dar por terminadas todas las relaciones que lo mantengan esclavizado en su patrón de conducta. "No erréis; las malas conversaciones corrompen las buenas costumbres" (1 Corintios 15:33).

   C. Debe establecer nuevas relaciones.

   Buscar un grupo local de Alcohólicos Anónimos u otras organizaciones de apoyo. Podrá encontrarlas en el directorio telefónico.

   Identificarse con una iglesia local que enseñe las doctrinas de la Biblia, donde podrá adorar al Señor, estudiar las Escrituras y tener compañerismo con otros cristianos, de modo que reciba también respaldo espiritual.

   D. Sean sinceros con esa persona, indicándole que es posible que tenga recaídas; pero que no todo está perdido. Puede buscar la renovación sobre la base de 1 Juan 1:9, y las etapas del punto 5 se deberán practicar de día en día.

   E. Oren con esa persona para que se vea liberada de su compulsión y la esclavitud en que se encuentra, con el fin de que pueda experimentar una transformación en su mente y su vida, por medio del poder de Dios (véase Romanos 12:1-2). Anímenle para que cultive una vida de oración.

6. Si su interlocutor es un cristiano que se ha convertido en víctima del alcohol, utilice las etapas anteriores. Luego, háblele sobre la "Restauración", página 17, haciendo hincapié en 1 Juan 1:9 y 2:1.

7. En ambos casos, recomiéndele firmemente a esa persona que busque el asesoramiento de un pastor o un psicólogo que comprenda lo que es el alcoholismo o la drogadicción. Muchas vecas es necesario resolver las causas subyacentes del vicio, tales como inseguridad, sentimientos de culpa y fracaso, tensiones, conductas sexuales desviadas, etc.

Citas bíblicas

"De modo que si alguno está en Cristo, nueva criatura es; las cosas viejas pasaron; he aquí todas son hechas nuevas"   (2 Corintios 5:17).

"Así que, si el Hijo os libertare, seréis verdaderamente libres"
(Juan 8:36).

"No os ha sobrevenido ninguna tentación que no sea humana; pero fiel es Dios que no os dejará ser tentados mas de lo que podéis resistir, sino que dará también juntamente con la tentación la salida, para que podáis soportar"   (1 Corintios 10:13).

"El que encubre sus pecados no prosperará; mas el que los confiesa y se aparta alcanzará misericordia"   (Proverbios 28:13).

"Si decimos que no tenemos pecado, nos engañamos a nosotros mismos, y la verdad no está en nosotros. Si confesamos nuestros pecados, él es fiel y justo para perdonar nuestros pecados y limpiarnos de toda maldad"   (1 Juan 1:8,9).

"Tú guardarás en completa paz a aquel cuyo pensamiento en ti persevera; porque en ti ha confiado"   (Isaías 26:3).

Mateo 11:28.
2 Corintios 2:14.
Juan 3:16.
Gálatas 5:22,23.
Romanos 12:1,2.
Romanos 14:11,12.

AMARGURA Y RESENTIMIENTO

Antecedentes

La amargura es el producto de una intensa animosidad, caracterizada por el cinismo y la mala voluntad. El resentimiento es un desagrado lleno de indignación y mala voluntad como resultado de algún daño, insulto o injuria, ya sea real, imaginario o no intencional. Esas cosas van juntas con frecuencia y son el resultado de la ira no resuelta.

Billy Graham dijo: "La Biblia no prohíbe el desagrado; pero establece dos límites…El primero es que se mantenga la ira libre de amargura, desprecio y odio. El segundo es el de examinarnos a nosotros mismos cada día, para ver si hemos resuelto los sentimientos maliciosos. Hay un antiguo proverbio latino que dice: 'El que se acuesta con ira tiene al diablo como compañero de lecho'. Por supuesto, la vida está llena de motivos de irritación que se convierten en muy buenas oportunidades para Satanás para conducirnos a las malas pasiones".

Los consejeros profesionales revelan que un gran porcentaje de quienes reciben asesoramiento en la actualidad son seres amargados, airados y resentidos. Los sentimientos retenidos corroen al individuo, hasta que algunas personas se transforman en incapacitados emocionales y enfermos físicos. Su capacidad para actuar se reduce, disminuyendo su eficiencia. Con frecuencia tienen dificultades para dormir y sus relaciones personales, tanto en el seno de sus familias como fuera de ellas, sufren una especie de erosión. Algunos pueden obsesionarse tanto con el deseo de "ajustar cuentas" que pueden llegar a matar a alguien. El individuo que tiene ira no resuelta y profundamente enraizada no será una persona en su plenitud.

Un caso clásico del síndrome de "resentimiento y ajuste de cuentas" se encuentra en la historia de Caín y Abel (Génesis 4:1-16). Caín estaba furioso porque sus ofrendas se vieron rechazadas por Dios que aceptó las de su hermano. En realidad, no era una diferencia entre Caín y Abel en absoluto, sino entre Dios y Caín. Fue Dios el que rechazó su ofrenda. Sin embargo, Caín se llenó de resentimiento y depresión ("Su rostro decayó"). En lugar de arrepentirse y buscar el perdón del Señor, descargó su ira sobre su hermano.

En muchas oportunidades habrá personas que nos hablarán de problemas de esta naturaleza porque están tratando de obtener simpatía o reforzamiento. Les dirán que han sido malinterpretadas, incomprendidas y maltratadas, sin darse cuenta de las implicaciones pecaminosas de su propia conducta. A medida que se desenvuelva su relato y en cuanto detecten resentimientos y amargura, trátenlos como pecados.

La Palabra de Dios dice: "Pero ahora dejad también vosotros todas estas cosas: ira, enojo, malicia, blasfemia, palabras deshonestas de vuestra boca" (Colosenses 3:8).

Estrategia de asesoramiento

1. Mientras su interlocutor les revela su problema, permanezcan neutrales. Asegúrenle que la Palabra de Dios contiene la solución para sus problemas.

2. Asegúrense de que están hablando con alguien que ha recibido verdaderamente a Cristo.

   De no ser así, dénle las "Estapas para obtener la paz con Dios", página 11.

3. Si su interlocutor no se ha dado cuenta todavía de que la amargura y el resentimiento son un problema grave para él o ella o si está consciente de ello y está buscando sinceramente una solución, asegúrense de que comprenda que se está enfrentando a un pecado en su vida. El pasar por alto este hecho hará que resulte imposible cualquier tipo de solución real.

4. El arrepentimiento y la confesión darán como resultado el perdón y la restauración de la comunión con Dios. Compartan con esa persona la "Restauración" de la página 17, haciendo hincapié en el pasaje de 1 Juan 1:9. Oren juntos, pidiéndole a su interlocutor que confiese su amargura y su resentimiento.

5. Si realizan lo anterior, será apropiado tomar disposiciones para la reconciliación, sobre todo cuando haya habido acusaciones, recriminaciones, críticas y el rompimiento de alguna relación. La victoria se obtiene cuando se resuelven los asuntos tanto en el plano vertical como en el horizontal. El premio es "una conciencia libre de ofensas contra Dios y los hombres" (Hechos 24:16).

   No es necesario hacer que el asunto sea público; pero Jesús dijo: "Vé y reconcíliate primeramente con tu hermano" (Mateo 5:23). El Apóstol Pablo recomendó: "Si es posible, en cuanto dependa de vosotros, estad en paz con todos los hombres…Así que, si tu enemigo tuviere hambre, dale de comer; si tuviere sed, dale de beber; pues haciendo esto, ascuas de fuego amontonarás sobre su cabeza. No seas vencido de lo malo, sino vence con el bien el mal" (Romanos 12:18,20-21). Si hay reconciliación, Dios estará complacido y ambas partes tendrán una curación espiritual. Por otra parte, si no sucede nada positivo, el interlocutor habrá hecho todo lo que exige Dios. Habrá sido obediente y, por ende, podrá seguir viviendo con su conciencia limpia.

6. Aconséjenle a su interlocutor que ore para que el Señor lo llene con amor hacia la otra persona, tanto si se produce una reconciliación como si no es así. "El amor…no guarda rencor; no se goza de la injusticia" (1 Corintios 13:5,6).

7. Si la amargura y el resentimiento son de larga duración y el interlocutor

insiste tercamente en que su actitud es la correcta, denle la amonestación de Pablo: "Quítense de vosotros toda amargura, enojo, ira, gritería y maledicencia, y toda malicia. Antes sed benignos unos con otros, misericordiosos, perdonándoos unos a otros, como Dios también os perdonó a vosotros en Cristo" (Efesios 4:31,32). Pídanle a esa persona que reflexione en estos versículos y que ore por sus enemigos a la luz de esta verdad.

Oren con su interlocutor.

Citas bíblicas

"Quien cuando le maldecían, no respondía con maldición; cuando padecía, no amenazaba, sino encomendaba la causa al que juzga justamente"
(1 Pedro 2:23).

"Porque si perdonáis a los hombres sus ofensas, os perdonará también a vosotros vuestro Padre celestial; mas si no perdonáis a los hombres sus ofensas, tampoco vuestro Padre os perdonará vuestras ofensas"
(Mateo 6:14,15).

"Bendecid a los que os persiguen; bendecid, y no maldigáis. Gozaos con los que se gozan; llorad con los que lloran. Unánimes entre vosotros; no altivos, sino asociándoos con los humildes. No seáis sabios en vuestra propia opinión. No paguéis a nadie mal por mal; procurad lo bueno delante de todos los hombres. Si es posible, en cuanto dependa de vosotros, estad en paz con todos los hombres. No os venguéis vosotros mismos, amados míos, sino dejad lugar a la ira de Dios; porque escrito está: Mía es la venganza, yo pagaré, dice el Señor"
(Romanos 12:14-19).

"Seguid la paz con todos, y la santidad, sin la cual nadie verá al Señor. Mirad bien, no sea que alguno deje de alcanzar la gracia de Dios; que brotando alguna raíz de amargura, os estorbe, y por ella muchos sean contaminados"
(Hebreos 12:14,15).

Véase también La Ira

EL AMOR

Antecedentes

Hasta que las Buenas Nuevas de Jesucristo aparecieron en la escena humana, la palabra amor se entendió primordialmente en función de buscar ventajas para uno mismo. El amar lo que era imposible creer resultaba incomprensible. Un Dios de amor que llamara al hombre pecador era un concepto imposible de entender.

Los escritores del Nuevo Testamento tuvieron que acuñar una palabra nueva, *agape*, para expresar lo que Dios quiso revelar de Si mismo en Cristo y cómo deseaba que los cristianos se relacionaran los unos con los otros. "En esto hemos conocido el amor, en que él puso su vida por nosotros; también nosotros debemos poner nuestras vidas por los hermanos" (1 Juan 3:16).

Este nuevo lazo de amor se reveló en el Calvario. A partir de entonces, los redimidos se volverían hacia Dios y unos hacia los otros, en una dimensión nunca antes comprendida ni experimentada. *Agape* sería ahora el "camino más excelente" (1 Corintios 12:31). Inmediatamente, eso se convirtió en una característica de identificación de la iglesia primitiva Jesus dijo: "Un mandamiento nuevo os doy: Que os améis unos a otros; como yo os he amado, que también os améis unos a otros" (Juan 13:34) y "En esto conocerán todos que sois mis discípulos, si tuviéreis amor los unos con los otros" (Juan 13:35).

Sin embargo, conforme fueron transcurriendo los años, gran parte de la verdadera fuerza de *agape* se desvaneció. La iglesia de hoy se enfrenta a la necesidad de redescubrir su significado. *Agape* no es un simple sentimiento; el amor adormecido carece de poder. Es dinámico sólo cuando ama activamente a Dios, tal y como El nos amó a nosotros; sólo cuando surge sin restricciones de ninguna clase —amor hacia los hermanos, las hermanas, los vecinos y el mundo por el que murió Cristo (véase 1 Juan 4:10-12 y 2 Corintios 5:14).

En el nivel humano, al igual que en el divino, el amor dice: "Te respeto, te quiero y soy responsable de ti".

Te respeto:
Te veo como eres, como un individuo singular —como todos somos únicos. Te acepto como eres y te permitiré que te desarrolles de conformidad con el propósito que tenga Dios para ti. No te explotaré para mi propio beneficio. Trataré de conocerte todo lo bien que pueda, porque sé que el aumento de la comunicación y el conocimiento harán que se realce mi respeto por ti.

Te quiero:
Lo que te suceda me interesa mucho. Me preocupa tu vida y tu crecimiento. Deseo fomentar tus intereses, incluso cuando para ello tenga que sacrificar los míos propios.

Soy responsable de ti:

Te responderé, no por algún sentimiento de deber que me obligue, sino voluntariamente. Tus necesidades espirituales me harán orar por ti. Te protegeré; pero me cuidaré de no darte una protección excesiva. Te corregiré con amor; pero trataré de no reaccionar con excesiva fuerza. No me complaceré con tus flaquezas o debilidades y no guardaré recuerdo de ninguna de ellas. Por la gracia de Dios, seré paciente y no te fallaré (véase 1 Corintios 13).

Sólo entendemos el amor de Dios al responder a él en Cristo. El momento más importante en la vida de cualquier individuo es el de la decisión de aceptar ese amor no merecido ni ganado mediante el cual aprendemos a amar a Dios y a compartir ese amor con otros.

"...Dios es amor. En esto se mostró el amor de Dios para con nosotros, en que Dios envió a su Hijo unigénito al mundo, para que vivamos por él. En esto consiste el amor: no en que nosotros hayamos amado a Dios, sino en que él nos amó a nosotros..." (1 Juan 4:8-10).

Estrategia de asesoramiento

Para el no cristiano:

Si el interlocutor no ha experimentado nunca el amor perdonador de Dios, explíquenle las "Etapas para obtener la paz con Dios" de la página 11, haciendo hincapié en Juan 3:16.

Para el cristiano:

1. Si su interlocutor es un cristiano que expresa el deseo de amar más a Dios, denle ánimos. Ese es también el objetivo más elevado que tiene Dios para todos nosotros. "Jesús le dijo: Amarás al Señor tu Dios con todo tu corazón, y con toda tu alma, y con toda tu mente" (Mateo 22:37).

   A. Debemos amarle, porque El nos amó primero (véase Juan 4:10).

   B. Debemos amarle, "Porque el amor de Dios ha sido derramado en nuestros corazones por el Espíritu Santo que nos fue dado" (Romanos 5:5). "Mas el fruto del Espíritu es amor" (Gálatas 5:22).

   C. Debemos amarle por medio de la obediencia. "Respondió Jesús y le dijo: El que me ama, mi palabra guardará; y mi Padre le amará, y vendremos a él, y haremos morada con él. El que no me ama, no guarda mis palabras; y la palabra que habéis oído no es mía, sino del Padre que me envió" (Juan 14:23,24).

   D. Demostramos nuestro amor por medio de nuestra devoción al Señor. "El hacer tu voluntad, Dios mío, me ha agradado, y tu ley está en medio de mi corazón" (Salmo 40:8).

      1) Lo buscamos por medio de Su palabra: "Sino que en la ley de Jehová está su delicia, y en su ley medita de día y de noche" (Salmo 1:2).

      2) Lo buscamos por medio de la oración: "Entonces me invocaréis, y vendréis y oraréis a mí, y yo os oiré; y me buscaréis y

me hallaréis, porque me buscaréis de todo vuestro corazón. Y seré hallado por vosotros, dice Jehová..." (Jeremías 29:12-14).

3) Tratamos de servirle: "Creciendo en la obra del Señor siempre, sabiendo que vuestro trabajo en el Señor no es en vano" (1 Corintios 15:58). "Porque Dios no es injusto para olvidar vuestra obra y el trabajo de amor que habéis mostrado hacia su nombre, habiendo servido a los santos y sirviéndoles aún" (Hebreos 6:10).

El amor *agape* es la mejor motivación para participar activamente en el evangelismo y las misiones. Compartimos el amor del Señor con un mundo perdido.

2. Si el interlocutor es cristiano y tiene dificultades para amar a alguno de sus hermanos en el Señor, señálenle que sólo comenzamos a entender el amor de Dios cuando nos ofrecemos amor unos a otros.

A. El amar a nuestros hermanos en Cristo es un mandato del Señor. "Amaos los unos a los otros con amor fraternal; en cuanto a honra, prefiriéndoos los unos a los otros" (Romanos 12:10).

B. Dios ha hecho posible para nosotros el demostrar amor sin tomar en consideración al objeto. "...Porque el amor de Dios ha sido derramado en nuestros corazones por el Espíritu Santo que nos fue dado" (Romanos 5:5). Compartan con su interlocutor los puntos de los ANTECEDENTES sobre las dimensiones del amor *agape*: respeto, afecto y responsabilidad.

Billy Graham dijo: "El fruto del Espíritu es amor. No puedo amar por mí mismo, ni tener gozo, paz, tolerancia, bondad, afabilidad, fe, mansedumbre y templanza por mis propios medios. No hay nadie que tenga capacidad para amar verdaderamente...hasta que acude realmente a Cristo. En tanto el Espíritu Santo no tiene control sobre nuestra vida, no tenemos poder para amar".

C. Señalen que el amor no se demuestra automáticamente; se trata de una conducta aprendida y practicada. Cuanto más amamos y con mayor profundidad, tanto más se perfecciona el amor en nosotros.

1) El orar por otros estimula un amor más profundo hacia ellos.

2) Los actos de bondad, servicio y sacrificio le dan al amor su dimensión dinámica. "Amaos los unos a los otros con amor fraternal; en cuanto a honra, prefiriéndoos los unos a los otros" (Romanos 12:10). "El amor es sufrido, es benigno; el amor no tiene envidia, el amor no es jactancioso, no se envanece; no hace nada indebido, no busca lo suyo, no se irrita, no guarda rencor; no se goza de la injusticia, mas se goza de la verdad.

Todo lo sufre, todo lo cree, todo lo espera, todo lo soporta. El amor nunca deja de ser" (1 Corintios 13:4-8).

Citas bíblicas

"Porque de tal manera amó Dios al mundo, que ha dado a su Hijo unigénito, para que todo aquel que en él cree, no se pierda, mas tenga vida eterna"   (Juan 3:16).

"Pero Dios, que es rico en misericordia, por su gran amor con que nos amó, aun estando nosotros muertos en pecados, nos dio vida juntamente con Cristo (por gracia sois salvos)"   (Efesios 2:4,5).

"Mirad cual amor nos ha dado el Padre, para que seamos llamados hijos de Dios; por esto el mundo no nos conoce, porque no le conoció a él"   (1 Juan 3:1).

"Nadie ha visto jamás a Dios. Si nos amamos unos a otros, Dios permanece en nosotros, y su amor se ha perfeccionado en nosotros"   (1 Juan 4;12).

"El amor sea sin fingimiento. Aborreced lo malo, seguid lo bueno. Amaos los unos a los otros con amor fraternal; en cuanto a honra, prefiriéndoos los unos a los otros"   (Romanos 12:9,10).

"Nadie tiene mayor amor que éste, que uno ponga su vida por sus amigos"   (Juan 15:13).

Mateo 22:37.

ANSIEDADES, PREOCUPACIONES Y TENSIONES

Antecedentes

El término de ansiedad cubre una gama muy amplia de problemas que se deben a temores infundados. Alguien dijo que los ansiosos y angustiados están tan preocupados por lo que pudiera suceder en el futuro que se olvidan de cómo afrontar el presente. Es característico de ellos que se preocupen por todas las cosas. Construyen montañas con simples montículos, al dejar que las cosas insignificantes adquieran una importancia enorme en sus vidas. Se sienten ansiosos respecto a deficiencias imaginarias, el futuro, su salud, sus familias y su trabajo. A menudo son incapaces de identificar las razones para sus ansiedades y temores.

Muchas personas ansiosas sufren dificultades físicas tales como nerviosismo, insomnio, dolores de cabeza, trastornos respiratorios, sudor excesivo, etc. La incapacidad para encontrar alivio para la ansiedad puede tener consecuencias más graves, tales como una depresión nerviosa. Evidentemente, esas personas necesitan nuestra simpatía, nuestras oraciones y toda la ayuda que podamos darles.

Billy Graham comentó a este respecto: "El hombre se ha visto siempre asediado por las preocupaciones. Las presiones de la vida moderna han hecho que el problema se agrave…muchos de ustedes están sufriendo miles de ansiedades. Confíenlas a Cristo con fe…Por mi parte, estoy aprendiendo en mi propia vida, día tras día, a mantener mis pensamientos centrados en Cristo; las preocupaciones, las ansiedades y las angustias del mundo pasan, y sólo queda una 'perfecta paz' en el corazón humano."

Estrategia de asesoramiento

1. Ofrezcan aliento.

    ¡El Señor puede ayudar! "¿Por qué te abates, oh alma mía, y te turbas dentro de mí? *Espera en Dios,* porque aún he de alabarle, salvación mía y Dios mío" (Salmo 42:5). El temor de Dios es el único que vence todos los demás temores.

2. Ayuden a su interlocutor a descubrir la razón de su ansiedad.

    El consejero debe tratar de ofrecer algo más que un simple paliativo (un alivio del dolor sin cura) que puede producir un alivio temporal, sin abordar siquiera el verdadero problema. Hasta donde sea posible, traten de llegar a las "raíces del mal."

Eviten los sondeos demasiado profundos. La limitación del tiempo de asesoramiento y la posibilidad de que sus ansiedades se basen en experiencias traumáticas del pasado, deberán limitar sus preguntas a sólo las que puedan ayudarles a abrir las puertas para presentar a Cristo como Salvador y sostenedor.

Pregúntenle:

¿Por qué teme por su trabajo, su futuro, su familia, etc.?

¿Por qué está tan nervioso? ¿Por qué tiene dolores de cabeza? ¿Por qué no puede dormir?

Describa sus sentimientos. ¿Se siente culpable? ¿Por qué?

¿Está tratando de huir de algo? ¿Cuál es verdaderamente su problema?

Si la ansiedad parece deberse a verdaderos sentimientos de culpa, esto puede indicar una conducta errónea que requiera corrección. Esto es útil porque el problema es el pecado. ¡Hay un remedio! El experimentar el perdón de Dios en Cristo puede eliminar la culpabilidad y los sentimientos de culpa, lo que contribuirá a la sanidad. Denle a esa persona las "Etapas para obtener la paz con Dios", página 11.

Eviten decirles a las personas que si "piensan correctamente", se "sentirán bien". A veces, es preciso indicarles que "la vida correcta" produce "pensamientos sanos". Dios sólo es la fuente de los pensamientos positivos. El afrontar el problema básico—el pecado— producirá finalmente la clase de conducta que agrada a Dios y generará cambios.

Es posible que la ansiedad respecto al futuro revele preocupación por la muerte ye el juicio futuro. Además, esto proporciona una oportunidad para presentar a Cristo.

3. Indíquenle a esa persona que es necesario estudiar la Biblia y orar todos los días.

No sólo debemos leer la Biblia, sino que también debemos asimilar sus enseñanzas de tal modo que comiencen a moldear nuestra vida y nuestro carácter. El aprender de memoria la Palabra de Dios es sumamente importante. El "tener los pensamientos de Dios" ocupará el lugar de las preocupaciones que nos llenan de ansiedad y angustia, los pensamientos sobre nosotros mismos y los problemas que nos asedian.

La oración acompaña al estudio de la Biblia. Según las Escrituras, no debemos estar ansiosos por nada, "sino sean conocidas vuestras peticiones delante de Dios en toda oración y ruego, con acción de gracias" (Filipenses 4:6).

4. Comparta con esa persona algunas de las promesas de la Palabra de Señor.

Se puede confiar en que Dios cumplirá sus promesas. Véanse las CITAS BIBLICAS al final de esta sección.

5. Aconsejen a su interlocutor que se identifique con una iglesia en la que se enseñen las doctrinas de la Biblia.

Los pensamientos cristianos y el hecho de servir con otros pueden ser buenos antídotos contra la introspección negativa y poco sana.

6. Oren con su interlocutor, pidiendo soluciones verdaderas.

"Busqué a Jehová y él me oyó, y me libró de todos mis temores"

(Salmo 34:4).

Si descubren problemas más profundos que se encuentren fuera de su competencia, recomiéndenle a su interlocutor que trate de obtener consejos de un psicólogo cristiano.

Citas bíblicas

"Busqué a Jehová y él me oyó, y me libró de todos mis temores"

(Salmo 34:4).

"Echando toda vuestra ansiedad sobre él, porque él tiene cuidado de vosotros" (1 Pedro 5:7).

"Por nada estéis afanosos, sino sean conocidas vuestras peticiones delante de Dios en toda oración y ruego, con acción de gracias. Y la paz de Dios, que sobrepasa todo entendimiento, guardará vuestros corazones y vuestros pensamientos en Cristo Jesús" (Filipenses 4:6, 7).

"Mas buscad primeramente el reino de Dios y su justicia, y todas estas cosas os serán añadidas. Así que, nos os afanéis por el día de mañana, porque el día de mañana traerá su afán. Basta a cada día su propio mal" (Mateo 6:33, 34).

"¿Por qué te abates, oh alma mía, y te turbas dentro de mí? Espera en Dios, porque aún he de alabarle, salvación mía y Dios mío"

(Salmo 42:5).

Salmo 55:22.

Proverbios 3:5, 6.

Filipenses 4:13.

Filipenses 4:19.

Romanos 8:28.

APOSTASIA E INDIFERENCIA ESPIRITUAL

Antecedentes

La palabra "apostasía" significa abandonar las prácticas religiosas y caer moralmente. Tiene una connotación espiritual más profunda que lo que expresan estas simples palabras. Significa que se pierde la comunión con el Señor, con frialdad e indiferencia hacia las cosas espirituales o, incluso, el abandonar la fe por completo.

Hay diversos grados de apostasía:

Abandono: Una separación debida al rechazo consciente de la verdad de Dios revelada por medio de Su Palabra y Su Hijo.

Pecados de la carne: El "desviarse debido a la lujuria y la atracción" del pecado. Esto significa inmoralidad, ebriedad, homicidio, etc.

Pecados espirituales: (los más comunes entre los cristianos). En primer lugar, podríamos mencionar la indiferencia espiritual—la falta de responsabilidad ante Dios y la iglesia–que hace que seamos ineficientes en nuestra vida y nuestro testimonio, según se subrayan en las Escrituras. También se deben incluir en este punto varios pecados tales como la mentira, las trampas, las murmuraciones, la envidia, el egoísmo, los celos, etc. (Véase Gálatas 5:19-21).

Algunas cosas que conducen a la apostasía:

- Decepción por las incongruencias observadas o imaginadas en otros cristianos.
- Una relación indiferente con Cristo o un "seguimiento desde lejos", y el hacer caso omiso del lugar que ocupan en la vida cristiana la Palabra de Dios, la oración y el testimonio.
- Ignorancia respecto a las verdaderas implicaciones de las responsabilidades y las prácticas espirituales.
- Desobediencia a la voluntad revelada por Dios para la vida propia.
- Pecado voluntario que permanece sin confesión. Debemos darnos cuenta de que todas las personas son responsables de sus propios actos ante el Señor. Esto implica arrepentimiento y confesión.

Billy Graham comentó muy acertadamente: "Si es usted un verdadero creyente en Cristo, estará en guerra. Los deseos de la carne, la influencia del mundo y el diablo combatirán contra su vida cristiana. La carne tendrá deseos contrarios a los del espíritu y habrá un conflicto constante. El único momento en que tendrá una paz perfecta será cuando se entregue a Cristo en todas las fases de su vida. Demasiadas personas desean tener un pie en el mundo y el otro en el reino de Dios, y es como permanecer a horcajadas sobre una cerca. No se sentirán felices en ninguno de los dos lados. Entréguese a Cristo".

Estrategia de asesoramiento

El consejero debe tratar de lograr el verdadero arrepentimiento, la confesión y la restauración del interlocutor, para que su vida pueda renovarse en el amor a Cristo, la Palabra de Dios y el servicio.

Para alcanzar esta meta, traten de determinar cómo perdió su interlocutor su comunión o su relación con el Señor. Si parece sentirse inseguro respecto a su entrega original a Cristo, repasen con esa persona las "Etapas para obtener la paz con Dios", página 11. Si está dispuesto a afrontar la verdad, hagan lo que sigue:

1. Pídanle que le confiese al Señor todos los pecados de los que esté consciente, de conformidad con lo que se dice en 1 Juan 1:9.
2. Condúzcanlo por la sección sobre la "Restauración" de la página 17. Podrá renovarse mediante la confesión. No hay ningún pecado que Dios no perdone por medio de Cristo.
3. Anímenlo para que comience a leer y estudiar la Biblia, y a orar todos los días. Ofrézcanle enviarle el folleto *Cómo vivir en Cristo,* como ayuda para que inicie su estudio de las Escrituras.
4. Pídanle que asista a una iglesia que enseñe las doctrinas de la Biblia, para obtener compañerismo, instrucción y servicio cristiano.
5. Indíquenle que deberá hacer una restitución, en caso necesario, o sea, ajustar correctamente las cuentas con otros a los que haya perjudicado o de los que se haya aprovechado injustamente.
6. Oren con esa persona, pidiendo la plena restauración y bendiciones para ella.
7. Recomiéndenle que aprenda de memoria el pasaje de Proverbios 3:5,6 y que aprenda a basarse en su verdad en el futuro.

Citas bíblicas

Arrepentimiento y confesión:

"Si confesamos nuestros pecados, él es fiel y justo para perdonar nuestros pecados y limpiarnos de toda maldad"   (1 Juan 1:9).

"El que encubre sus pecados no prosperará; mas el que los confiesa y se aparta alcanzará misericordia"   (Proverbios 28:13).

"Los sacrificios de Dios son el espíritu quebrantado; al corazón contrito y humillado no despreciarás tú, oh Dios"   (Salmo 51:17).

"Pacientemente esperé a Jehová, y se inclinó a mí y oyó mi clamor. Y me hizo sacar del pozo de la desesperación, del lodo cenagoso; puso mis pies sobre peña, y enderezó mis pasos. Puso luego en mi boca cántico nuevo, alabanza a nuestro Dios. Verán esto muchos y temerán, y confiarán en Jehová".   (Salmo 40:1-3).

Promesa de perdón:

"Si se humillare mi pueblo, sobre el cual mi nombre es invocado, y oraren y buscaren mi rostro, y se convirtieren de sus malos caminos; entonces yo oiré desde los cielos, y perdonaré sus pecados, y sanaré su tierra"   (2 Crónicas 7:14).

"Deje el impío su camino, y el hombre inicuo sus pensamientos, y vuélvase a Jehová, el cual tendrá de él misericordia, y al Dios nuestro, el cual será amplio en perdonar"   (Isaías 55:7).

Crecimiento espiritual:

"Para que habite Cristo por la fe en vuestros corazones, a fin de que, arraigados y cimentados en amor, seáis plenamente capaces de comprender con todos los santos cuál sea la anchura, la longitud, la profundidad y la altura, y de conocer el amor de Cristo, que excede a todo conocimiento, para que seáis llenos de toda la plenitud de Dios"
(Efesios 3:17-19).

"La palabra de Cristo more en abundancia en vosotros, enseñándoos y exhortándoos unos a otros en toda sabiduría, cantando con gracia en vuestros corazones al Señor con salmos e himnos y cánticos espirituales"   (Colosenses 3:16).

"Por nada estéis afanosos, sino sean conocidas vuestras peticiones delante de Dios en toda oración y ruego, con acción de gracias. Y la paz de Dios, que sobrepasa todo entendimiento, guardará vuestros corazones y vuestros pensamientos en Cristo Jesús"   (Filipenses 4:6-7).

Confianza en Dios para obtener la victoria diaria:

"Fíate de Jehová de todo tu corazón, y no te apoyes en tu propia prudencia. Reconócelo en todos tus caminos, y él enderezará tus veredas"   (Proverbios 3:5-6).

"El que no escatimó ni a su propio Hijo, sino que lo entregó por todos nosotros, ¿cómo no nos dará también con él todas las cosas?"
(Romanos 8:32).

"Antes, en todas estas cosas somos más que vencedores, por medio de aquel que nos amó"   (Romanos 8:37).

LA BIBLIA

Antecedentes

Algunos cristianos mal informados, o que tienen dudas sinceras, ponen en tela de juicio la autoridad de la Biblia. Podemos tener que enfrentarnos a personas que sostienen que la Biblia es una colección de mitos e inexactitudes. Hay tres cosas que caracterizan a casi todos aquellos a los que les resulta difícil aceptar la autoridad de las Escrituras:

- Es raro que se molesten en leer la Biblia.
- Abordan la Biblia con muchos prejuicios aprendidos de los críticos de las Escrituras y sus escritos.
- No conocen al "Autor".

Sin embargo, ¿podemos confiar en la Biblia? ¡Sí!

Billy Graham dijo: "Hace mucho tiempo decidí aceptar la Biblia por fe. Esto no debería resultarle a nadie muy difícil. La mayoría de nosotros no entendemos la fisión nuclear; pero la aceptamos. Por mi parte, no comprendo la televisión; pero la acepto. No entiendo la radio; pero todas las semanas mi voz recorre el mundo y la acepto. ¿Por qué es tan fácil aceptar todos estos milagros realizados por el hombre y tan difícil aceptar los milagros de la Biblia?"

¿En qué autoridad nos basamos para creer en la Biblia?

1. La Biblia misma sostiene que es la Palabra de Dios. "Toda la Escritura es inspirada por Dios, y útil para enseñar, para redargüir, para corregir, para instruir en justicia, a fin de que el hombre de Dios sea perfecto, enteramente preparado para toda buena obra" (2 Timoteo 3;16,17).

   "Entendiendo primero esto, que ninguna profecía de la Escritura es de interpretación privada, porque nunca la profecía fue traída por voluntad humana, sino que los santos hombres de Dios hablaron siendo inspirados por el Espíritu Santo" (2 Pedro 1:20,21).

2. Jesús y los apóstoles confirmaron su autenticidad, citando sus pasajes continuamente en sus escritos y ministerios. Por ejemplo, tenemos la confirmación de Jesús: "Porque de cierto os digo que hasta que pasen el cielo y la tierra, ni una jota ni una tilde pasará de la ley, hasta que todo se haya cumplido" (Mateo 5:18). Asimismo, Pedro citó las palabras de David para substanciar la resurrección de Jesucristo (véase Hechos 2:29-36).

3. La iglesia histórica ha reconocido y utilizado siempre la Biblia como la palabra inspirada por Dios sobre Sí mismo y Su voluntad. Hay citas de los primeros cristianos que se remontan hata el final del primer siglo de nuestra era. La Biblia ha sido siempre la regla definitiva de fe y práctica para la verdadera iglesia.

4. La historia y la arqueología se combinan para confirmar la autenticidad de la Biblia. Las crónicas históricas son evidentes e indiscutibles. Muchos de los lugares que se mencionan en la Biblia se pueden identificar con facilidad, incluso en la actualidad. Centenares de sitios arqueológicos han permitido obtener pruebas abundantes que confirman la tesis cristiana de que se debe confiar en la Biblia. También se han preservado hasta nuestros días manuscritos antiguos de la Biblia y podemos mencionar tres de ellos:

Los Rollos del Mar Muerto contienen ya sea fragmentos o el texto completo de todos los libros del Antiguo Testamento, con excepción del de Ester. Algunos de esos textos se remontan a dos o tres siglos antes de Cristo.

El Códice Sinaítico, descubierto en el antiguo monasterio situado al pie del Monte Sinaí, se remonta a los primeros siglos de la era cristiana.

Muchos de estos y otros documentos se encuentran disponibles para su examen.

5. El cumplimiento de las profecías es un buen testimonio de la exactitud de la Biblia. Unos cuantos ejemplos tomados de la vida de Jesús servirán para ilustrar este punto:

Nacería en Belén: Miqueas 5:2 y Lucas 2:4-7.

Llevaría una vida sin pecado: Isaías 53:9 y 2 Corintios 5:21.

Lo matarían (crucificarían): Isaías 53:5-7 y Mateo 27:35.

Clamaría desde la cruz: "Dios mío, Dios mío, ¿por qué me has abandonado?": Salmo 22:1 y Mateo 27:46.

6. La notable unidad y la coherencia de la Biblia confirman su autenticidad. Revela un solo autor —el Espíritu Santo— tras la diversidad de su autores humanos. No es simplemente un conjunto de personajes, lugares y fechas. Posee una continuidad asombrosa, puesto que tanto los hechos como el mensaje de la Biblia están recíprocamente relacionados, en formas estrechas y asombrosas, para revelar al Hijo de Dios, nuestro Señor y Salvador Jesucristo y Su obra de redención y restauración del género humano. ¡Es un libro con un tema: Jesucristo!

7. La Biblia se confirma por su poder para transformar vidas. Su mensaje surgió con poder en la escena humana, en la época neotestamentaria, para trastornar "el mundo entero" (Hechos 17:6). Hay poder en el mensaje de la Palabra de Dios. Desde la época del Apóstol Pablo hasta nuestros días, el poder del evangelio ha transformado muchas vidas. Sólo los países afectados por el mensaje evangélico de la Biblia han conocido una elevación de sus sociedades: los derechos humanos, el trato que se les da a los niños y las mujeres, los avances médicos, la

libertad de la esclavitud, etc. La Biblia es el único libro que proporciona respuestas para las preguntas cruciales de los seres humanos: ¿Quién soy? ¿De dónde procedo? ¿Por qué estoy aquí? ¿A dónde voy? ¿Cuál es la finalidad de la existencia?

Estrategia de asesoramiento

¡No inicien discusiones nunca! Si su interlocutor es lo bastante flexible como para escucharles, preséntenle una cantidad tan grande de los antecedentes como sea posible.

1. La aceptación de la Biblia por una persona se relaciona directamente con su disposición para aceptar a su autor. En algún momento apropiado, durante la conversación, pregúntenle a su interlocutor si ha recibido alguna vez a Jesucristo como su Señor y Salvador. Háblenle de las "Etapas para obtener la paz con Dios", página 11.

2. Aconséjenle que obtenga una traducción reciente de la Biblia para su lectura y estudio. El abordar el estudio de la Biblia con la mente dispuesta y pidiéndole a Dios que se revele a Sí mismo, Su voluntad y Sus propósitos, deberá proporcionar una experiencia muy valiosa. Ofrézcanle a su interlocutor enviarle el folleto *Cómo vivir en Cristo,* para animarle a iniciar la lectura y el estudio de la Biblia.

3. Aconséjenle que busque una iglesia en la que se enseñen las doctrinas de la Biblia, para que pueda tomar parte en la adoración, los estudios bíblicos y el compañerismo con otros que toman la Biblia muy en serio.

4. Oren con esa persona, pidiendo que tenga iluminación espiritual, fe y plenitud en su vida mediante el poder de la palabra de Dios. "Y ahora, hermanos, os encomiendo a Dios, y a la palabra de su gracia, que tiene poder para sobreedificaros y daros herencia con todos los santificados" (Hechos 20:32).

Recomendaciones adicionales:

1. Si su interlocutor admite no haber leído mucho la Biblia, anímenle a que comience a hacerlo cuanto antes. Deberá seguir los mismos métodos que emplearía en cualquier experimento: abordar las Escrituras imparcialmente y darles una oportunidad en sus pensamientos. Recomiéndenle que comience con el evangelio de Lucas, luego con el Libro de los Hechos y, a continuación, en cualquier otro lugar de la Biblia.

2. Respuestas posible a preguntas que se puedan presentar:

   A. La Biblia dice que el hombre ha estado en la tierra durante sólo unos 6,000 años.

   Respuesta: La Biblia no dice en ninguna parte que el hombre haya estado en la tierra sólo 6,000 años. Este concepto falso se debe probablemente a la cronología del Obispo Ussher, desarrollada en el siglo XVII. La Biblia no dice que la antigüedad del hombre sea de 6,000, 60,000 ni 600,000 años. Lo que dice es: "En el principio creó Dios los cielos y la tierra" (Génesis 1:1).

B.   La Biblia está llena de inexactitudes.

Para poner a prueba los conocimientos de su interlocutor, pregúntenle: "¿Qué inexactitudes?" En caso de que responda mencionando la creación, el arca de Noé, el día largo de Josué, el pez de Jonás, el nacimiento virginal, etc, díganle que no podemos explicar esas cosas; aunque creemos que son históricas. No necesitamos defender esos conceptos. Dios habló. ¡La Biblia exige fe! Citen a Billy Graham de los ANTECEDENTES. Pablo, el apóstol, dijo, al escribir respecto a quienes tienen dificultades con las Escrituras: "Pero el hombre natural no percibe las cosas que son del Espíritu de Dios, porque para él son locura, y no las puede entender, porque se han de discernir espiritualmente" (sólo se pueden conocer por medio del Espíritu Santo) (1 Corintios 2:14).

C.   Me resulta difícil creer en la Biblia o no la entiendo.

Respuesta: Recomiéndenle que adquiera una traducción moderna de la Biblia y que vuelva a intentarlo. Citen a Mark Twain, que escribió: "Lo que me inquieta no son las cosas de la Biblia que no comprendo, sino las que entiendo".

Si el interlocutor parece sincero en sus dudas, recomiéndenle que recite la oración que sugiere John Stott en su libro "Basic Christianity": Dios, si existes (y no sé si existes o no) y si puedes oír esta oración (y tampoco sé si puedes hacerlo), quiero decirte que estoy buscando sinceramente la verdad. Muéstrame si Jesús es verdaderamente Tu Hijo y el Salvador del mundo. Y si logras convencerme en mi mente, confiaré en El como mi Salvador y lo seguiré como mi Señor".

Quizá les resulte conveniente utilizar el método de D.L. Moody para abordar el estudio de la Biblia:

"Oré pidiendo fe y creí que algún día la fe descendería sobre mí y me golpearía como un rayo. ¡Sin embargo, la fe no llegaba! Un día estaba leyendo el capítulo 10 de Romanos: "Así que la fe es por el oír, y el oír por palabra de Dios" (Romanos 10:17). Había cerrado mi Biblia y pedido fe. Entonces, abrí mi Biblia, comencé a estudiarla y la fe ha ido creciendo en mí desde entonces".

Citas bíblicas

"Porque la palabra de Dios es viva y eficaz, y más cortante que toda espada de dos filos; y penetra hasta partir el alma y el espíritu, las coyunturas y los tuétanos, y discierne los pensamientos y las intenciones del corazón"   (Hebreos 4:12).

"Por lo cual también nosotros sin cesar damos gracias a Dios, de que cuando recibisteis la palabra de Dios que oísteis de nosotros, la recibisteis no como la palabra de hombres, sino según es en verdad, la palabra de Dios, la cual actúa en vosotros los creyentes" (1 Tesalonicenses 2:13).

"Porque las cosas que se escribieron antes, para nuestra enseñanza se escribieron, a fin de que por la paciencia y la consolación de las Escrituras, tengamos esperanza" (Romanos 15:4).

"Bienaventurado el que lee, y los que oyen las palabras de esta profecía, y guardan las cosas en ella escritas; porque el tiempo está cerca" (Apocalipsis 1:3).

"Testificando Dios juntamente con ellos, con señales y prodigios y diversos milagros y repartimientos del Espíritu Santo según su voluntad" (Hebreos 2:4).

2 Timoteo 3:16,17.
2 Pedro 1:20,21.
Hechos 20:32.

EL CIELO

Antecedentes

El cielo es un lugar preparado para el pueblo redimido (Juan 14:1-6). Tal y como el infierno es la morada de todos los que viven y mueren en sus pecados, el cielo es la residencia definitiva para los redimidos por la sangre de Cristo y regenerados por el Espíritu Santo. No es "Una isla hermosa en alguna parte", sino un lugar conocido y permanente. Las Escrituras no indican dónde se encuentra; pero se dice que es:

El lugar donde habita Dios. "Cuando oren en este lugar, también tú lo oirás en el lugar de tu morada, en los cielos; escucha y perdona" (1 Reyes 8:30).

La ciudad de Dios. "Sino que os habéis acercado al monte de Sion, a la ciudad del Dios vivo" (Hebreos 12:22).

La casa de Mi Padre. "En la casa de mi Padre muchas moradas hay" (Juan 14:2).

Donde está Cristo en la presencia de Dios. "Porque no entró Cristo en el santuario hecho de mano, figura del verdadero, sino en el cielo mismo para presentarse ahora por nosotros ante Dios" (Hebreos 9:24).

La morada de los ángeles y los santos. "Mirad que no menospreciéis a uno de estos pequeños, porque os digo que sus ángeles en los cielos ven siempre el rostro de mi Padre que está en los cielos" (Mateo 18:10). "Así os digo que hay gozo delante de los ángeles de Dios por un pecador que se arrepiente" (Lucas 15:10). "Dando gracias al Padre que nos hizo aptos para participar de la herencia de los santos en luz" (Colosenses 1:12).

El cristiano entrará a ese lugar bendito en el momento de su muerte. "Pero confiamos y más quisiéramos estar ausentes del cuerpo, y presentes al Señor" (2 Corintios 5:8).

Los que estén todavía vivos cuando venga el Señor, serán llevados a Su encuentro en los aires y permanecerán con El para siempre. "Luego, nosotros, los que vivimos, los que hayamos quedado, seremos arrebatados juntamente con ellos en las nubes para recibir al Señor en el aire, y así estaremos siempre con el Señor" (1 Tesalonicenses 4:17).

El cielo es un "estado" de amor y reposo perfectos. Está totalmente separado de las impurezas y las imperfecciones de la tierra, sus decepciones y modificaciones. El cielo es un lugar de adoración, alabanza y servicio, donde los redimidos serán liberados para siempre de toda pecaminosidad por el Señor, que será nuestro gozo infinito.

"No entrará en ella ninguna cosa inmunda, o que hace abominación y mentira, sino solamente los que están inscritos en el libro de la vida del Cordero" (Apocalipsis 21:27; véase también Apocalipsis 5:9-13).

"Amados, ahora somos hijos de Dios, y aún no se ha manifestado lo que hemos de ser; pero sabemos que cuando él se manifieste, seremos semejantes a él, porque le veremos tal como él es" (1 Juan 3:2).

"He aquí, os digo un misterio: No todos dormiremos; pero todos seremos transformados, en un momento, en un abrir y cerrar de ojos, a la final trompeta; porque se tocará la trompeta, y los muertos serán resucitados incorruptibles, y nosotros seremos transformados" (1 Corintios 15:51,52).

Reconoceremos a nuestros seres queridos que murieron en Cristo y tendremos comunión con los grandes santos de la Biblia. "Y he aquí, les aparecieron Moisés y Elías hablando con él. Entonces Pedro dijo a Jesús: Señor, bueno es para nosotros que estemos aquí; si quieres, hagamos aquí tres enramadas: una para ti, otra para Moisés y otra para Elías" (Mateo 17:3-4).

La plenitud y la gloria del cielo son indescriptibles. "Mas hablamos sabiduría de Dios en misterio, la sabiduría oculta, la cual Dios predestinó antes de los siglos para nuestra gloria...Como está escrito: Cosas que ojo no vio ni oído oyó, ni han subido en corazón de hombre, son las que Dios ha preparado para los que le aman" (1 Corintios 2:7,9).

Billy Graham comentó: "El cielo será un lugar en el que sus moradores estarán libres de los temores y las incertidumbres que nos acosan en la vida presente. No habrá allá crisis de energía...Estaremos libres de las presiones económicas y financieras que nos agobian, y de los temores a sufrir daños personales y físicos...No habrá temor al fracaso personal...Nuestra relación con el Señor será íntima y directa. Estoy ansiando que llegue ese día glorioso en el que iré al cielo".

Estrategia de asesoramiento

1. Para el cristiano que desee recibir la seguridad del cielo y la vida futura, compartan con él los ANTECEDENTES. Quizá haya perdido algún ser querido. Sean sensibles al Espíritu Santo y estén llenos de simpatía cuando traten de darle ánimos y consuelo a esa persona. "Por tanto, alentaos los unos a los otros con estas palabras" (1 Tesalonicenses 4:18).

   Asegúrense de que su interlocutor sea cristiano y que está listo para ir al cielo. Utilicen las "Etapas para obtener la paz con Dios" de la página 11.

2. Para el no cristiano que les haga preguntas sobre los acontecimientos del futuro y el cielo, explíquenle lo que se da en los ANTECEDENTES, pasando, si es necesario, al capítulo sobre la segunda venida, donde hay otras verdades adicionales. Compartan con esa persona las "Etapas para obtener la paz con Dios" de la página 11.

Citas bíblicas

"Enjugará Dios toda lágrima de los ojos de ellos; y ya no habrá muerte, ni habrá más llanto, ni clamor, ni dolor, porque las primeras cosas pasaron"

(Apocalipsis 21:4).

"Porque para mí el vivir es Cristo, y el morir es ganancia. Mas si el vivir en la carne resulta para mí en beneficio de la obra, no sé entonces qué escoger. Porque de ambas cosas estoy puesto en estrecho, teniendo deseo de partir y estar con Cristo, lo cual es muchísimo mejor"

(Filipenses 1:21-23).

EL CONYUGE MALTRATADO

Antecedentes

Los malos tratos a la esposa, al marido, a la novia o al novio representa uno de los aspectos más negativos de nuestra sociedad. Sólo sale a la luz un pequeño porcentaje de esos casos. Los abusos — físicos y sexuales, además de verbales y emocionales — pueden proseguir durante muchos años. Los cónyuges o amigos maltratados se pueden encontrar en todos los niveles socioeconómicos y todos los grupos culturales, raciales o de edades.Y los cristianos no están inmunes a esto.

El individuo abusivo domina frecuentemente el "arte" del menosprecio, los insultos, las injurias y las amenazas. Algunas veces esos abusos destruyen de tal modo la personalidad que la víctima llega a considerar que se merece las palizas que siguen con frecuencia.

Esas víctimas se distinguen por la baja estima que tienen de sí mismas, depresiones y una gran variedad de trastornos y males psicosomáticos relacionados con las tensiones. Se sienten atrapadas y vulnerables, confundidas e inseguras. Existe también un aspecto de frustración y aceptación de tipo mártir: es frecuente que la víctima acepte responsabilidad por el comportamiento de su cónyuge o amigo. Existe la vaga esperanza de que "es inminente" un cambio y de que "alguien llegará y me sacará de todo esto". Al mismo tiempo hay también aislamiento emocional, sin verdaderos contactos con la familia.

En el caso de una esposa, pueden requerirse de tres a cuatro meses de asesoramiento antes de que pueda comenzar a sanar emocionalmente, incluso después de que se haya separado de su atormentador. Una vez que ella y sus hijos se encuentran en un lugar seguro (donde el marido no puede llegar a ellos, porque no sabe dónde se encuentran) y que haya tenido tiempo para reflexionar y analizar sus sentimientos, es posible que se sienta llena de ira.

Quien maltrata a su cónyuge y su familia raramente cambia, a menos que se exponga su conducta públicamente y que se le someta a algún tipo de acción legal.

Estrategia de asesoramiento

1. Déle consuelo y ánimo.

    Esa persona estará haciendo lo adecuado al hablar de su problema. Deseamos ayudarle y nos sentimos felices de poder escucharle. Esa persona no está sola. Hay muchos otros que están recibiendo el mismo tratamiento.

2. Hágale preguntas. Es muy común que las personas maltratadas tengan dificultades para expresar sus sentimientos. Pregúntenle:

    ¿Qué piensa sobre el modo en que la tratan?

    ¿Durante cuánto tiempo ha estado soportando esos malos tratos?

    Hábleme de su marido/esposa. ¿Cómo es?

¿Qué piensa sobre usted mismo/misma en estos momentos?
¿Qué cree que puede hacer al respecto?

Sobre la base de los antecedentes de la persona maltratada y los daños emocionales que haya sufrido, el consejero puede tener que formular otras preguntas. La meta es permitirle a la víctima expresarse y hacerle entender que tiene ciertos derechos concedidos por Dios como mujer u hombre, así como también como esposa o esposo.

3. Indíquele que no debe considerar que se merece esos malos tratos. *No tiene que seguir siendo víctima.* Aun cuando su cónyuge le culpe de todo y trate de justificar sus abusos, no es culpa de la víctima.

4. Infórmele que no tiene que seguir soportando esos malos tratos. ¡Es preciso que les ponga fin! Debe mostrarse llena de decisión y firmeza. La conducta de su cónyuge es ilegal. Puede recibir un castigo por lo que está haciendo e incluso ir a parar a la cárcel.

5. Con el fin de romper el ciclo de los abusos, la víctima debe ponerse en contacto con un pastor o una oficina local de servicios para la familia y presentarles su problema. Esas personas tendrán capacidad para ayudar a la víctima a esclarecer su situación y, en caso necesario, le recomendarán que inicie algún tipo de acción legal. Puede ser necesaria la separación de su atormentador.

6. Indíquele que es indispensable el asesoramiento en el apoyo emocional en forma constante. Se deberán tomar disposiciones con un pastor local, un profesional cristiano o un servicio de asesoramiento. Convenzan a la víctima de que debe tomar decisiones urgentemente y tomar alguna medida definitiva. El consejero puede dar recomendaciones; pero la persona de que se trate deberá tomar medidas concretas en la práctica.

NOTA: El Departamento de Asesoramiento de la Asociación Billy Graham tiene algunos contactos en varias ciudades para enviar a esas personas a lugares apropiados. Pregúntenle a la persona que recibe sus consejos si le gustaría ponerse en contacto con alguna organización en su zona o si necesita ayuda. Si la respuesta es afirmativa, la Asociación Billy Graham tratará de ponerse en contacto con alguien apropiado. Por favor, no prometan ayuda. digan solamente que haremos todo lo que podamos. Sin embargo, cualquier iniciativa que tome la persona aconsejada por sí misma será mucho mejor para todos.

7. Dígale a la persona de que se trata que Dios le ama. Mejor que nadie, el Señor sabe lo que ha tenido que soportar. ¿Está consciente de que Jesús tuvo que soportar también una gran cantidad de insultos y malos tratos? ¿Ha recibido alguna vez a Jesucristo como su Señor y Salvador personal? Si no es así, denle la seguridad, página 15.

8. Aconseje a esa persona que inicie la lectura y el estudio de la Biblia para obtener solaz y fortaleza espiritual (Le enviaremos *Cómo vivir en Cristo,* si así lo desea).

9. Explíquele a esa persona los beneficios de una buena relación con una

iglesia, tanto para ella como para su familia. Recibirá respaldo emocional y espiritual como resultado de la adoración en grupo, la enseñanza de la Biblia, el compañerismo y el testimonio. También se pueden organizar asesoramientos en las iglesias que ofrecen esos servicios.

10. Ore con esa persona, pidiendo fortaleza y comprensión. Confíela al amor y al cuidado especial de Dios.

Citas bíblicas

"Venid a mí todos los que estáis trabajados y cargados, y yo os haré descansar" (Salmo 34:4,5).

"Echando toda vuestra ansiedad sobre él, porque él tiene cuidado de vosotros" (1 Pedro 5:7).

"Tú guardarás en completa paz a aquel cuyo pensamiento en ti persevera; porque en ti ha confiado. Confiad en Jehová perpetuamente, porque en Jehová el Señor está la fortaleza de los siglos" (Isaías 26:3,4).

"Fíate de Jehová de todo tu corazón, y no te apoyes en tu propia prudencia. Reconócelo en todos tus caminos, y él enderezará tus veredas" (Proverbios 3:5,6).

Otras citas bíblicas recomendadas: Salmo 23; Salmo 42:11.

CULPABILIDAD

Antecedentes

La culpabilidad se ha definido como un sentimiento de pecaminosidad, de hacer el mal, o de no dar el nivel correcto. Dios creó en nosotros una conciencia, el discernimiento moral para evaluar nuestros actos y nuestra conducta, en función del bien y el mal. Hay dos clases de culpabilidad: la real y los sentimientos de culpa.

La culpabilidad real se debe a la violación de la Ley de Dios. Esto es pecado. Puesto que es raro que el pecador esté dispuesto a enfrentarse a sus actos a la manera de Dios, para poder experimentar un alivio, sufre las consecuencias. En el Jardín del Edén, Adán y Eva fueron un ejemplo excelente de culpabilidad real. Su pecado (la desobediencia) dio como resultado su culpa. Su relación con Dios estaba rota. Lo sabían y, por ello, los resultados fueron la enajenación y la convicción del pecado. Corrieron de delante de Dios, tratando de ocultarse, con el fin de no tener que afrontar las consecuencias de su conducta. Por supuesto, Dios los encontró. Intentaron negar su propia responsabilidad: Adán culpó a Eva ("¡La mujer que me diste!") y Eva acusó a la serpiente ("La serpiente me engañó."). Habían intentado también "cubrirse", haciéndose delantales con hojas de higuera; pero Dios los acosó con Su pregunta: "¿Quién os dijo que estabais desnudos?" El Señor los obligó a afrontar el problema de su culpabilidad. Luego, se hizo la expiación de su pecado, estableciendo el principio del sacrificio (Génesis 3:21).

Otro ejemplo de cómo afrontar la culpabilidad real es el de Natán, que hizo que David se enfrentara directamente a su adulterio y homicidio, abriendo de ese modo el camino para el arrepentimiento y la confesión (véase 2 Samuel 11 a 12:25 y Salmo 51).

Los sentimientos de culpa se asocian a menudo a males emocionales derivados de experiencias negativas, situadas muchas veces en la infancia. Incluso los cristianos que tienen la seguridad del perdón de Dios y de que son Sus hijos, siguen sufriendo los sentimientos de "culpabilidad falsa". Por lo común, las personas que tienen esos sentimientos poseen una opinión muy baja sobre sí mismas, se consideran inadecuadas (no pueden hacer nada bien o carecen de valor), se entregan a la depresión, etc. Parece que no son capaces de liberarse de sus sentimientos de culpa; aunque traten de hacerlo, como en el caso de Esaú que no tuvo "oportunidad para el arrepentimiento, aunque la procuró con lágrimas" (Hebreos 12:17).

Suelen manifestar de modos diferentes y complejos:

• Depresión profunda, porque se culpan constantemente.

• Fatiga crónica, dolores de cabeza u otros males.

• Deseos de autorrechazo y autocastigo llevados al extremo.

• El sentimiento de estar siempre bajo la vigilancia y las críticas de otros.

• Críticas constantes contra otros por sus propios pecados y deficiencias.

• Debido a sus actitudes derrotistas, se hunden todavía más en el pecado, para sentirse más culpables.

Billy Graham dijo, sobre este problema complejo: "La conciencia del hombre se encuentra con frecuencia fuera del alcance de los psicólogos que, a pesar de sus técnicas, no podrán llegar a su depravación profunda. El hombre mismo es incapaz de liberarse de la culpa que le corroe, cuando su corazón está sobrecargado de pecados. Sin embargo, donde falló el hombre, Dios ha triunfado".

Estrategia de asesoramiento

Para el no cristiano

1. Denle esperanzas a su interlocutor, asegurándole que Dios puede resolver el problema que tenga. El Señor no sólo es capaz de perdonar, sino también de borrar todo pecado y culpa.

2. No traten de excusar ni minimizar de ninguna manera los pecados que les confiese su interlocutor. En todos nosotros hay desobediencia y conductas pecaminosas que debemos resolver a la manera de Dios; o sea, confesándolas. No podemos esperar hallar soluciones para los sentimientos de culpa, si tratamos de encubrir nuestros pecados. "El que encubre sus pecados no prosperará; mas el que los confiesa y se aparta, alcanzará misericordia" (Proverbios 28:13).

3. Pregúntenle a su interlocutor si ha recibido a Jesucristo como su Señor y Salvador. Explíquenle las "Etapas para obtener la paz con Dios" de la página 11. Hagan hincapié en que la liberación de los sentimientos de culpa se encuentra incluida en la muerte de Jesús en la cruz; pero que debemos confiar en El para que nos limpie.

4. Anímenle a que comience a leer y estudiar la Biblia, comenzando por los evangelios. Ofrezcan enviarle el folleto *Cómo vivir en Cristo*, que le ayudará a comenzar su estudio.

5. Recomiéndenle que cultive el hábito de la oración diaria. En ese momento podrá confesar sus pecados, pidiendo perdón y limpieza. Deberá practicar el agradecimiento a Dios por librarlo de sus pecados y sentimientos de culpa, recordando que el Señor nos quita todos nuestros pecados.

6. Aconséjenle que busque una iglesia en la que se enseñe la Biblia y que se identifique con ella. Allí podrá tener compañerismo regular con el pueblo perdonado por Dios, oír y estudiar la palabra de Dios.

7. Oren con su interlocutor personalmente, para pedir su liberación y para que tenga paz en su corazón. "El es nuestra paz" (Efesios 2:14).

8. Si su interlocutor parece incapaz de responder inmediatamente al testimonio de Cristo que le dan y sigue luchando con sus sentimientos de

CULPABILIDAD

culpa, anímenle a que vaya a ver al pastor de una iglesia que enseñe la Biblia, para que pueda ayudarle un poco más. Es posible que, con el tiempo, responda. Háganle comprender que deberá tomar la iniciativa para encontrar a ese pastor.

Para el cristiano

Si su interlocutor es cristiano y admite que tiene problemas crónicos con los sentimientos de culpa, hagan lo que sigue:

1. Denle la seguridad del amor y el perdón de Dios. ¡El Señor puede quitar los sentimientos de culpa! Si Dios le ha perdonado, deberá aprender a perdonarse él mismo. Un cristiano tiene derecho a asirse con confianza a la verdad de 1 Juan 1:9. Cristo, nuestro Salvador, quita todos nuestros pecados—pasados, presentes y futuros—mediante su obra concluida en la cruz.

2. Aconséjenle a su interlocutor que profundice en la Palabra de Dios, leyendo, estudiando y reflexionando detenidamente en algunos pasajes tales como el Salmo 103:1-6, el Salmo 51, Isaías 53 y Juan 18 y 19. Pídanle que tome nota por escrito de esos pasajes, para que pueda encontrarlos en la Biblia. Puede confiar en que recibirá alivio para sus sentimientos de culpa, al apropiarse del sacrificio de Cristo, el perdón y la limpieza prometida.

3. Sugiéranle que ore en forma específica y fiel, pidiendo "una conciencia libre de ofensas hacia Dios y hacia los hombres" (Hechos 24:16). Deberá seguir orando hasta que encuentre la paz.

4. Recomiéndenle que se ponga en contacto con un pastor que podrá darle más ayuda.

Citas bíblicas

"Ahora, pues, ninguna condenación hay para los que están en Cristo Jesús…"
(Romanos 8:1).

"Así que, si el Hijo os libertare, seréis verdaderamente libres"
(Juan 8:36).

"Y yo sé que en mí, esto es, en mi carne, no mora el bien; porque el querer el bien está en mí; pero no el hacerlo…Así que, queriendo yo hacer el bien, hallo esta ley: que el mal está en mí. ¡Miserable de mí! ¡Quién me librará de este cuerpo de muerte! Gracias doy a Dios por Jesucristo Señor nuestro"
(Romanos 7:18-25).

"Yo deshice como una nube tus rebeliones, y como niebla tus pecados; vuélvete a mí, porque yo te redimí"
(Isaías 44:22).

"Pero una cosa hago: olvidando ciertamente lo que queda atrás, y extendiéndome a lo que está delante, prosigo a la meta, al premio del supremo llamamiento de Dios en Cristo Jesús"
(Filipenses 3:13-14).

LOS DEMONIOS

Antecedentes

Tanto en el mundo religioso como en el secular se observa un reconocimiento y un interés crecientes por las actividades demoniacas. La Biblia reconoce la realidad de estas actividades. "Porque no tenemos lucha contra sangre y carne, sino contra principados, contra potestades, contra los gobernadores de las tinieblas de este siglo, contra huestes espirituales de maldad en las regiones celestes" (Efesios 6:12). Los demonios, denominados también en las Escrituras "espíritus de adivinación" (1 Samuel 28:7), "espíritus impuros" (Lucas 4:36) y "espíritus engañadores" (1 Timoteo 4:1), son invisibles, están desencarnados y poseen una inteligencia sobrehumana.

Al igual que Satanás, los demonios cayeron en condenación debido a su soberbia y son adversarios tanto de Dios como del hombre. Aunque reales y activos, el diablo y sus mensajeros (demonios) se ven acusados con frecuencia de muchas cosas de las que no son culpables. Algunos cristianos tienden a achacar todas las conductas erráticas a la "posesión demoniaca", cuando, en realidad, la mayor parte de esos comportamientos se deben a la naturaleza pecaminosa y egoísta de los seres humanos. Asimismo, algunas veces, los individuos que están bajo los efectos de las drogas, que se han inmiscuido en el ocultismo o las religiones orientales o que están trastornados mentalmente, parecen estar afectados por los demonios.

El cristiano que desee que Dios le use para ayudar a personas con problemas espirituales hará bien en prestar atención a la amonestación que hace el Apóstol Juan: "Amados, no creáis a todo espíritu, sino probad los espíritus si son de Dios" o "el espíritu del anticristo" (1 Juan 4:1,3). Así pues, los cristianos deben discernir, probar, resistir y rechazar a los demonios (véase 1 Corintios 12:10; Efesios 4:27; 6:10-18; 1 Pedro 5:8,9; 1 Juan 4:1-6; Santiago 4:7).

Mediante la victoria de Jesucristo sobre Satanás y sus huestes, y en el nombre poderoso del Señor Jesús y el poder del Espíritu Santo, los hijos de Dios podemos vencer a Satanás y sus demonios (véase Mateo 8:16,17; 12:28; Marcos 16:17; Hechos 19:15).

Nuestros recursos contra las huestes del mal son:

• Vigilancia (1 Pedro 5:8).

• Oración (Juan 15:7).

• El revestirse con toda la armadura de Dios (véase Mateo 26:41 y Efesios 6:10-18).

Estrategia de asesoramiento

Para el no cristiano:

Si el interlocutor les habla de esclavitud espiritual, actividades o conductas demoniacas, háganle preguntas. Traten de discernir si la situación es realmente como se la describe. "Hábleme de eso", es una frase que se debe repetir, una y otra vez, hasta que surja el problema verdadero. No duden en ejercer presiones para obtener respuestas.

1. Hagan hincapié en la eficacia del sacrificio de Cristo en la cruz para resolver los problemas del pecado. "Y la sangre de Jesucristo, su Hijo (de Dios) nos limpia de todo pecado" (1 Juan 1:7).

   Compartan con su interlocutor las "Etapas para obtener la paz con Dios" de la página 11.

2. Si recibe a Cristo, anímenle para que lea y estudie la Palabra de Dios todos los días. Ofrézcanle enviarle *Cómo vivir en Cristo*, como ayuda para su iniciación.

   También deberá orar diariamente. Estas dos disciplinas se suelen establecer firmemente en el caso de las personas que ingresan a una iglesia local en la que se enseñe la Biblia, con el fin de obtener compañerismo cristiano, adorar a Dios, estudiar la Biblia y aprender el gozo en el Señor.

3. Si creen que se están enfrentando a una persona verdaderamente poseída por el demonio, sigan las etapas que se dan más adelante respecto a "Cómo ocuparse del caso de una persona verdaderamente poseída por el demonio".

Para el cristiano:

Si está temeroso de las actividades demoniacas, hagan lo que sigue:

1. Háganle preguntas respecto a las circunstancias. ¿Por qué cree que participan en ello los demonios? Algunas veces, esos temores los inducen otros cristianos con buena voluntad; pero equivocados.

2. Recuérdenle que todos los recursos de Dios se encuentran a su disposición:

   Satanás es un enemigo derrotado (1 Juan 3:8).
   Cristo vive en el creyente (Colosenses 1:27).
   El Espíritu Santo le da poder (Hechos 1:8 y 2 Timoteo 1:7).
   La Palabra de Dios le guía (2 Timoteo 3:16,17).

3. Vean los dos últimos párrafos de los ANTECEDENTES, para obtener dirección adicional. El cristiano está seguro de la victoria, si se somete constantemente al señorío de Cristo, a la autoridad y la iluminación de las Escrituras, a la disciplina de la oración triunfadora, y al formar parte de un grupo dinámico de creyentes en una iglesia local que enseñe la Biblia.

4. Es posible que el interlocutor esté sufriendo sentimientos profundos de culpa debido al pecado real en su vida y que aborde el tema de la influencia de los demonios, tratando de transferir la culpa, en lugar de aceptar sus responsabilidades personales. El arrepentimiento verdadero y la confesión eliminarán la culpa y también las raíces básicas de la "opresión".

   Compartan con su interlocutor la "Restauración" de la página 17, haciendo hincapié en 1 Juan 1:9.

5. Es posible que se enfrenten al caso verdadero de una persona poseída por el demonio. Si es así, sigan las etapas que se dan a continuación.

Cómo tratar a una persona poseída por el demonio:

Tengan cuidado. Deben estar seguros de que se trata de un caso verdadero de posesión diabólica y no una situación que se deba a algún trastorno físico, psicológico o espiritual. ¡Se puede dañar mucho al interlocutor, si se le indica que está bajo la posesión del demonio, cuando no sea así.

1. Tomen nota cuidadosamente de los síntomas de la persona trastornada, pidiendo sabiduría y discernimiento al Señor. Una persona poseída por el espíritu se encuentra bajo la influencia de un espíritu maligno o se ha visto invadida por él. En ese caso, se observará una conducta extremadamente extraña. Es posible que la persona hable en un idioma o dialecto extraño. A veces, usará un lenguaje blasfemo, soez o inmoral.

2. El caso de una persona así no se deberá tomar a la ligera. La resistencia suele ser tenaz y se necesita mucho tiempo para poder resolver realmente las dificultades. Evidentemente, el asesor no podrá dedicar a esa persona todo ese tiempo. Jesús les indicó en cierta ocasión a sus discípulos que no tenían poder en un caso específico porque "este género (los demonios) no sale sino con oración y ayuno" (Mateo 17:21).

3. En los casos en que se libera una persona poseída por los demonios, los participantes señalan unánimemente que es sumamente necesario orar mucho, por lo común mediante un grupo de cristianos reunidos con ese fin. Bajo la dirección del Espíritu de Dios, y en los momentos en que El lo indique, se deberá lanzar una orden en el nombre de Jesucristo y con Su autoridad (Mateo 28:18), para expulsar al espíritu maligno. Una persona deberá asumir el liderazgo y actuar como portavoz.

    Cuando se produzca la liberación, reclamen inmediatamente la victoria en nombre del Señor Jesucristo y alaben a Dios por ello.

4. Aconséjenle a su interlocutor que busque inmediatamente amistades en la familia de Dios. Puede fortalecer considerablemente la obra de Dios en su vida mediante la lectura y el estudio de la palabra del Señor, la oración y la iniciación del testimonio sobre las maravillosas obras de Dios en su propia vida (véase Marcos 9:19-22).

Citas bíblicas

"Someteos, pues, a Dios; resistid al diablo y huirá de vosotros"
(Santiago 4:7).

"Sed sobrios y velad; porque vuestro adversario el diablo, como león rugiente, anda alrededor buscando a quien devorar; al cual resistid firmes en la fe, sabiendo que los mismos padecimientos se van cumpliendo en vuestros hermanos en todo el mundo" (1 Pedro 5:8,9).

"Y Jesús se les acercó y les habló, diciendo: Toda potestad me es dada en el cielo y en la tierra" (Mateo 28:18).

"Amados, no creáis a todo espíritu, sino probad los espíritus si son de Dios; porque muchos falsos profetas han salido por el mundo. En esto conoced el Espíritu de Dios: Todo espíritu que confiesa que Jesucristo ha venido en carne, es de Dios; y todo espíritu que no confiesa que Jesucristo ha venido en carne, no es de Dios; y éste es el espíritu del anticristo, el cual vosotros habéis oído que viene, y que ahora ya está en el mundo.   (1 Juan 4:1-3).

"Jesucristo es el mismo ayer, y hoy, y por los siglos"   (Hebreos 13:8).

Apocalipsis 12:11.
1 Juan 3:8.

LA DEPRESION

Antecedentes

La depresión es probablemente responsable de más dolor y desazón en la humanidad que cualquier otro tipo de aflicción. Es difícil de definir, describir sus síntomas y tratar. El diccionario la define como un estado emocional, ya sea neurótico o psicótico, que se caracteriza por sentimientos de desesperación, incapacidad, melancolía, abatimiento, tristeza, dificultades de pensamiento y concentración, e inactividad.

Las personas deprimidas tienen una imagen propia negativa que va acompañada con frecuencia por sentimientos de culpa, vergüenza y autocrítica. Cierta cantidad de depresión neurótica se enlaza al comportamiento o la conducta errónea y a las reacciones inapropiadas ante ese modo de actuar. Después de una serie de actos inadecuados y las reacciones incorrectas subsecuentes, los sentimientos de culpa y la depresión echan raíces. Si está el pecado a la raíz del problema, nunca se deberá minimizar su importancia. Tampoco se deberá dar respaldo a la idea de que otras cosas y personas son responsables de los problemas conductuales. Tanto si estamos de acuerdo con esa persona sobre este punto como si no tomamos en serio sus expresiones de pecado y sentimientos de culpa, le estaremos privando de todas las soluciones reales y duraderas. Tanto los cristianos como los no cristianos pueden ser víctimas de la depresión. Ambos tipos de personas tienen casi siempre interés en mejorar. Sin embargo, esto no es lo primero en el orden de prioridades. En lugar de ello, será preferible que trate de determinar las causas que le condujeron a su depresión. Finalmente, el poner su vida en orden desde el punto de vista espiritual hará que se sienta mejor.

Es en este punto donde se podrán utilizar las Escrituras. La liberación del poder del Espíritu Santo dará inevitablemente como resultado pasos positivos en el camino hacia la recuperación y la integridad. El testigo cristiano debe tratar de infundir siempre ánimos a los demás. Aun cuando no se llegue a ninguna decisión espiritual, traten de dejar a su interlocutor con sentimientos de esperanza y bienestar. Sean pacientes. Con frecuencia participan en la depresión problemas para los que no hay soluciones sencillas y rápidas. La persona afectada no "saldrá" de su depresión al recibir una orden. A menudo se requieren para resolver el problema muchos meses de ayuda profesional.

Sepan escuchar. No hagan un sondeo demasiado profundo; sin embargo, hagan preguntas y, a continuación, esperen a que surja algo en la conversación que les dé la oportunidad para ofrecer soluciones espirituales. No traten de recomendar soluciones en tanto no conozcan bien el problema.

Estrategia de asesoramiento

Para el no cristiano:

1. Su interlocutor puede revelar síntomas de depresión como resultado de

la ira no resuelta, el resentimiento, los daños reales o imaginarios, la autocompasión, los sentimientos de culpa, la inmoralidad, etc. Asegúrenle que están interesados en su problema y que desean ayudarle a buscar soluciones.

2. Pregúntenle si ha confiado alguna vez en Jesucristo como su Señor y Salvador personal. Si es apropiado, compartan con esa persona las "Etapas para obtener la paz con Dios" de la página 11. Recuerden que sería perjudicial para el interlocutor el minimizar en cualquier forma la gravedad del pecado. Para que experimente el perdón, debe haber reconocimiento y confesión del pecado.

3. Compartan con su interlocutor la sección sobre la "Seguridad", página 15. Indíquenle que su experiencia con Cristo ofrece una verdadera esperanza. Pudiera dar como resultado una nueva conciencia y una nueva comprensión en su deseo y esfuerzo de enfrentarse a los problemas relacionados con su estado de depresión.

4. Anímenle para que lea y estudie la Palabra de Dios. Esto le enseñará lo relativo a los caminos del Señor y Su voluntad. Hará que sus pensamientos se armonicen con Dios y el resultado será la paz interna (véase Isaías 26:3).

5. Impúlsenle a que aprenda a orar y que lo haga todos los días. Por medio de la oración, confesamos nuestros pecados y nos renovamos. Aprendemos a experimentar la presencia y la aprobación constante de Dios. Adoramos al alabarle y darle las gracias al Señor. Y también expresamos nuestras peticiones por nuestras propias necesidades y las de los demás.

6. Recomiéndenle que cultive amistades con personas que le proporcionen el aliento y el respaldo que necesita. Esos amigos los podrá encontrar en una iglesia que enseñe la Biblia, en una clase de estudio de las Escrituras o en un grupo de cristianos solteros. Este compañerismo podrá proporcionar también oportunidades para un servicio cristiano en el que las preocupaciones se concentren en las necesidades de otros.

7. Anímenlo a que busque un buen pastor o un psicólogo cristiano para obtener asesoramiento continuo, con el fin de que todas las facetas de su depresión se puedan abordar a la luz de las Escrituras.

Para el cristiano:

1. Un cristiano puede sufrir también depresión al reaccionar contra las situaciones adversas, las derrotas y los inconvenientes, tales como una muerte en la familia, un hijo o una hija rebelde o la pérdida del empleo.

   A. En esos casos, deberán ofrecerle siempre palabras cariñosas de aliento, tales como:

   "No está solo en sus sufrimientos".

   "Dios le ama y no le dejará solo".

   "Nuestro Señor Jesucristo no sólo llevó nuestros pecados, sino también nuestras penas y aflicciones".

   B. Sugiéranle que su problema actual puede deberse a su incapacidad para confiar plenamente en Dios en todas las circunstancias de la vida. Puede necesitar reconsagrar su vida a Jesucristo, mientras trata de ser obediente y responder a la voluntad de Dios (véase Romanos 12:1,2).

C. Recomiéndenle una nueva entrega a las disciplinas de estudio de la Biblia y oración (véase Proverbios 3:5,6 e Isaías 26:3).

D. Anímenlo para que sea fiel en la adoración y el servicio por medio de la iglesia.

Billy Graham escribió: "El desaliento es lo opuesto a la fe. Es el instrumento de Satanás para obstaculizar la obra de Dios en nuestras vidas. El desaliento ciega nuestros ojos a la misericordia de Dios y nos hace percibir sólo las circunstancias desfavorables. Nunca he conocido a una persona que dedique diariamente tiempo a la oración y al estudio de la Palabra de Dios, y que tenga una fe firme, que haya permanecido presa de la decepción durante mucho tiempo".

---

2. Un cristiano se puede sentir también deprimido debido a la desobediencia espiritual y el pecado no resuelto en aspectos tales como la ira y la amargura, los celos, el rencor, un divorcio, la inmoralidad, etc.

A. Al manifestarse el problema, animen al interlocutor, diciéndole que es correcto que busque una solución. Asegúrenle que el primer paso para volver a la plenitud es la renovación espiritual.

B. Comparta con esa persona la "Restauración", página 17, haciendo hincapié en Proverbios 28:13 y 1 Juan 1:9.

C. Cuando responda a las citas bíblicas sobre la Restauración, indíquenle que pueden necesitarse otras etapas aparte de su acto de entrega. Por ejemplo, puede tener que reparar muros desplomados como resultado de las murmuraciones, las críticas, la envidia, la inmoralidad, etc. También deberá tomar en consideración la necesidad de restitucion en el caso de robo o fraude.

D. Recomiéndenle que se dedique a estudiar seriamente la Biblia, aprendiendo a considerar los pensamientos sobre Dios como ayudas valiosas para la recuperación espiritual (véase Filipenses 4:8 y Romanos 12:2).

E. Recomiéndenle que ingrese a una iglesia en la que se enseñe la Biblia y donde podrá encontrar oportunidades de adoración, compañerismo y servicio.

F. Anímenlo para que tome en consideración la posibilidad de buscar seriamente los consejos de un pastor competente o un psicólogo cristiano, hasta resolver todos los problemas que forman parte de su depresión, a la luz de las Escrituras.

3. Un cristiano puede sentirse también deprimido cuando se fije niveles y metas que se encuentren muy por encima de sus capacidades reales. Esto puede resultar cierto tanto en el caso de las metas económicas como en el de las espirituales. El fracaso engendra depresión.

   A. Indíquenle con paciencia que las metas que otros se fijan y parecen alcanzar pueden no ser apropiadas para él o ella. El hecho de que haya llegado a su estado emocional actual puede indicar que no fijó sus metas en forma ponderada y correcta.

   B. Señalen que el éxito o el fracaso no se pueden medir por medio de normas humanas, sino por lo que sigue:

   ¿Está lo que deseo de acuerdo con la voluntad de Dios y puedo obtener respaldo para ello en las Escrituras?

   ¿Es lo que deseo para la gloria de Dios o para satisfacer algún capricho personal o alguna ambición egoísta? ¿Me he visto motivado por el orgullo espiritual?

   ¿Va lo que quiero de acuerdo con las indicaciones dadas por el Apóstol Pablo?:

   1) Ser lo que soy, como me ha hecho Dios; aprender a vivir con mis puntos fuertes y mis flaquezas. "Pero por la gracia de Dios soy lo que soy" (1 Corintios 15:10).

   2) El tratar de imitar a otros (el mantenerse al nivel de otros) es espiritualmente indeseable y contraproducente (véase 2 Corintios 10:12).

4. Recomienden a su interlocutor que renueve su entrega espiritual al Señor. "Mas buscad primeramente el reino de Dios y su justicia, y todas estas cosas os serán añadidas" (Mateo 6:33).

5. Anímenle a que aprenda la disciplina de la lectura y el estudio de la Biblia y la oración.

6. Recomiéndenle que ordene sus prioridades para que se ajusten mejor a sus capacidades y que lo haga así de día en día.

7. Sugiéranle que es conveniente que se someta a un asesoramiento profesional, si se requiere algún tipo de seguimiento. Deberá buscar un pastor competente o un psicólogo cristiano.

Citas bíblicas

"Ciertamente llevó él nuestras enfermedades, y sufrió nuestros dolores; y nosotros le tuvimos por azotado, por herido de Dios y abatido. Mas él herido fue por nuestras rebeliones, molido por nuestros pecados; el castigo de nuestra paz fue sobre él, y por su llaga fuimos nosotros curados" (Isaías 53:4-5).

"Estamos atribulados en todo, mas no angustiados; en apuros, mas no desesperados; perseguidos, mas no desamparados; derribados, pero no destruidos" (2 Corintios 4:8,9).

"Con Cristo estoy juntamente crucificado, y ya no vivo yo, mas vive Cristo en mí; y lo que ahora vivo en la carne, lo vivo en la fe del Hijo de Dios, el cual me amó y se entregó a sí mismo por mí" (Gálatas 2:20).

"Fíate de Jehová de todo tu corazón, y no te apoyes en tu propia prudencia. Reconócelo en todos tus caminos, y él enderezará tus veredas" (Proverbios 3:5,6).

"El ánimo del hombre soportará su enfermedad; mas, ¿quién soportará el ánimo angustiado?" (Proverbios 18:14).

Salmo 38:1-4,21,22.

LAS DIFICULTADES ECONÓMICAS

Antecedentes

El entender y manejar correctamente las finanzas debe ser una prioridad elevada para todas las personas. Gran parte de nuestras tensiones, las fricciones familiares, las contiendas y las frustraciones se deben, directa o indirectamente, al dinero. Entre los principales motivos para los divorcios se encuentran los desacuerdos económicos. La familia cristiana no es inmune a esto. Si una familia no paga o no puede pagar sus facturas, o si tiene otros problemas relacionados con el dinero, estará dando un mal testimonio. Hay muy pocas iglesias que ofrecen adiestramiento a sus miembros en lo que se refiere a la responsabilidad económica.

Causas principales de los problemas económicos

1. Actitudes erróneas hacia el dinero. La avaricia y la codicia conducen con rapidez a toda clase de males (véase 1 Timoteo 6:10). El síndrome de "enriquecimiento rápido" mediante las inversiones especulativas conduce a menudo al desastre.

2. El vivir por encima de los ingresos propios. El no "contar los costos" dará como resultado los gastos excesivos crónicos (véase Lucas 14:28-30). Algunas personas parecen ser muy influenciables por la publicidad, rindiéndose ante los productos atractivos y las ofertas de crédito aparentemente provechosas.

3. Las compras a crédito. El mejor consejo que se les puede dar a quienes tengan dificultades económicas es el de que se alejen de las tiendas y los grandes almacenes, y que destruyan todas sus tarjetas de crédito.

4. El darse todos los caprichos. La compra de cosas innecesarias, el consumo de bebidas alcohólicas, tabaco y comidas exóticas o rebuscadas son hábitos caprichosos. Por ejemplo, en una familia en la que tanto el marido como la esposa sean grandes fumadores, los gastos en tabaco pueden ascender a unos 1,500 dólares al año.

5. El falso concepto de que la acumulación de posesiones materiales produce alegría y felicidad. "Y les dijo (Jesús): Mirad, y guardaos de toda avaricia; porque la vida del hombre no consiste en la abundancia de los bienes que posee" (Lucas 12:15).

6. La falta de un presupuesto para planear y supervisar los gastos. Nuestros ingresos sólo alcanzan para ciertas cosas. Damos aquí varios puntos que se deben tomar en consideración, junto con los porcentajes recomendados, para ajustar los gastos (los porcentajes tienen variaciones ligeras, dependiendo de quienes los calculan).

| Vivienda | 30% | Diversiones y vacaciones | 5% |
| Alimentos | 14% | Ropa | 5% |

Transportes	13%	Gastos médicos y dentales	5%
Seguros	4%	Ahorros	5%
Deudas	5%	Diversos	4%
		Diezmo	10%

Principios bíblicos para manejar el dinero

1. Se trata básicamente de un tema espiritual, por lo que es esencial entender el Señorío de Jesucristo. El manejo de las finanzas pone en perspectiva la totalidad de la vida en su relación con la voluntad de Dios y todo lo relativo a la eternidad.

   "Porque del Señor es la tierra y su plenitud" (1 Corintios 10:26).

   "No sois vuestros, porque habéis sido comprados por precio" (1 Corintios 6:19-20).

   "Así que, hermanos, os ruego, por las misericordias de Dios, que presentéis vuestros cuerpos en sacrificio vivo, santo, agradable a Dios, que es vuestro culto racional. No os conforméis a este siglo, sino transformaos por medio de la renovación de vuestro entendimiento, para que comprobéis cuál sea la buena voluntad de Dios, agradable y perfecta" (Romanos 12:1,2).

2. Y también es esencial entender el principio de que somos mayordomos (administradores) de todo lo que Dios ha puesto bajo nuestro cuidado. ¡No somos dueños! Nuestras vidas, nuestro tiempo y nuestras posesiones son dones de Dios. Somos responsables ante Dios por ellos y el Señor nos considerará responsables de todo ello (véase Mateo 25:14-30).

3. Dios desea que confiemos en El y no en las posesiones materiales. "A los ricos de este siglo manda que no sean altivos, ni pongan la esperanza en las riquezas, las cuales son inciertas, sino en el Dios vivo, que nos da todas las cosas en abundancia para que las disfrutemos" (1 Timoteo 6:17). (Véase también Proverbios 3:5,6; Filipenses 4:19 y Salmo 37:25).

4. Dentro del plan de Dios está el que los mayordomos le entreguen a El parte de sus ingresos, para Su obra. "Traed todos los diezmos al alfolí y haya alimento en mi casa; y probadme ahora en esto, dice Jehová de los ejércitos, si no os abriré las ventanas de los cielos, y derramaré sobre vosotros bendición hasta que sobreabunde" (Malaquías 3:10). (Véase también Lucas 12:34 y Proverbios 3:9).

Billy Graham dijo: "Aunque todo nuestro dinero le pertenece realmente a Dios, la Biblia recomienda el diezmo como respuesta mínima de gratitud al Señor...No es posible evitarlo. Las Escrituras prometen bendiciones materiales y espirituales a las personas que le den a Dios. No es posible dar más que lo que Dios nos da a nosotros. Les reto a que lo prueben y vean".

LAS DIFICULTADES ECONOMICAS

Estrategia de asesoramiento

1. Si el interlocutor admite que tiene dificultades económicas, indíquenle que necesita la perspectiva que se obtiene mediante una relación eterna con Jesucristo como Señor y Salvador. Debemos conocerlo personalmente, antes de que podamos esperar recibir Su ayuda. Compartan con esa persona las "Etapas para obtener la paz con Dios" de la página 11.

2. Después de que el interlocutor haya explicado su problema económico, aconséjenle que lo aborde como si fuera básicamente un problema espiritual. No deberá buscar simplemente una solución temporal, sino que debe convertir a Dios en el centro de su vida, incluso en los aspectos financieros. Sólo esto producirá soluciones duraderas. No sería conveniente para el interlocutor que el consejero aceptara sus explicaciones o excusas para sus dificultades económicas, tales como, por ejemplo, los problemas de la economía. Muchas personas se encuentran en dificultades porque manejan mal sus ingresos.

3. El modo en que se manejarán los problemas económicos en el futuro dependerá de la actitud propia hacia los principios de las Escrituras (véase ANTECEDENTES). Analicen estos principios uno por uno. Luego, háganle preguntas sobre las causas de sus dificultades económicas.

   ¿Se trata de una actitud equivocada hacia el dinero?
   ¿Está viviendo por encima de sus medios?
   ¿Compra muchas cosas a crédito?
   ¿Satisface todos sus caprichos?
   ¿Carece de un presupuesto adecuado y un buen planeamiento?

4. Aconséjenle que controle sus finanzas y su vida, haciendo todos los ajustes o sacrificios que se necesiten. Es posible que su propio futuro y el de su familia dependan de su acción decisiva.

5. Si las dificultades económicas del interlocutor parecen encontrarse más allá de sus propias capacidades para resolverlos, incluso después de que haya tratado de ajustarse a los principios del Señor, aconséjenle francamente que consulte a un pastor para obtener una guía de planeamiento financiero que pueda desarrollar etapas para la recuperación económica. O bien, puede recurrir directamente a un asesor, si sabe con quién ponerse en contacto. Eviten las instituciones financieras que ofrecen consolidar todas las deudas de una persona. Muchas veces, esa "consolidación" hace aumentar el endeudamiento.

Citas bíblicas

"Mas buscad primeramente el reino de Dios y su justicia, y todas estas cosas os serán añadidas"
(Mateo 6:33).

"Porque mía es toda bestia del bosque, y los millares de animales en los collados. Sacrifica a Dios alabanza, y paga tus votos al Altísimo; e invócame en el día de la angustia; te libraré y tú me honrarás"
(Salmo 50:10,14,15).

"Mi Dios, pues, suplirá todo lo que os falta conforme a sus riquezas en gloria en Cristo Jesús"   (Filipenses 4:19).

"Y esta es la confianza que tenemos en él, que si pedimos alguna cosa conforme a su voluntad, él nos oye. Y si sabemos que él nos oye en cualquier cosa que pidamos, sabemos que tenemos las peticiones que le hayamos hecho"   (1 Juan 5:14,15).

"¿Robará el hombre a Dios? Pues vosotros me habéis robado. Y dijisteis: ¿En qué te hemos robado? En vuestros diezmos y ofrendas. Malditos sois con maldición, porque vosotros, la nación toda, me habéis robado. Traed todos los diezmos al alfolí y haya alimento en mi casa; y probadme ahora en esto, dice Jehová de los ejércitos, si no os abriré las ventanas de los cielos, y derramaré sobre vosotros bendición hasta que sobreabunde"   (Malaquías 3:8-10).

DISCIPLINA

Antecedentes

Con frecuencia, un cristiano confesará algún pecado o alguna desobediencia que dio como resultado un castigo de Dios. En otros momentos, una conversación revelará problemas y dificultades que parecen indicar que Dios está disciplinando al interlocutor.

El castigo del Señor es bíblico:

"Bienaventurado el hombre a quien tú, Jehová, corriges, y en tu ley lo instruyes, para hacerle descansar en los días de aflicción" (Salmo 94:12,13).

"No menosprecies, hijo mío, el castigo de Jehová NI TE FATIGUES DE SU CORRECCION; porque Jehová al que ama castiga, como el padre al hijo a quien quiere" (Proverbios 3:11,12).

A este respecto, Billy Graham comentó: "La Biblia dice: 'El Señor a quien ama castiga'. Si la vida fuera siempre fácil, ¿no nos debilitaríamos? Cuando un constructor naval necesitaba troncos para producir un mástil para un velero, no cortaba árboles del valle, sino de la ladera de la montaña, donde los árboles habían sido sacudidos por los vientos. Sabía que esos árboles eran los más resistentes de todos. Las dificultades no son lo que preferimos; pero si las afrontamos con valor, pueden fortalecer la fibra de nuestras almas."

"Dios no nos disciplina para someternos, sino para prepararnos para una vida de utilidad y bienaventuranza. En Su sabiduría, está consciente de que una vida incontrolada carece de felicidad, por lo que pone freno a nuestras almas errabundas, para poder dirigirlas por las sendas de la justicia".

El castigo es conveniente, cuando se toman en cuenta las alternativas:

"Y él les dio lo que pidieron; mas envió mortandad sobre ellos" (Salmo 106:15).

"Sino que golpeo mi cuerpo, y lo pongo en servidumbre, no sea que habiendo sido heraldo para otros, yo mismo venga a ser eliminado" (1 Corintios 9:27).

Dios tiene motivos para disciplinarnos o castigarnos:

1. Quiere conducirnos al arrepentimiento. "Ahora me gozo, no porque hayáis sido contristados, sino porque fuisteis contristados para arre-

pentimiento; porque habéis sido contristados según Dios, para que ninguna pérdida padecieseis por vuestra parte" (2 Corintios 7:9).

2. Quiere hacernos volver a tener comunión con El. "Lo que hemos visto y oído, eso os anunciamos, para que también vosotros tengáis comunión con nosotros, y nuestra comunión verdaderamente es con el Padre, y con su Hijo Jesucristo" (1 Juan 1:3).

3. Quiere que seamos más fieles. "Ahora bien, se requiere de los administradores que cada uno sea hallado fiel" (1 Corintios 4:2).

4. Quiere conservarnos humildes. "Y para que la grandeza de las revelaciones no me exaltase desmedidamente, me fue dado un aguijón en mi carne, un mensajero de Satanás que me abofetee, para que no me enaltezca sobremanera; respecto a lo cual tres veces he rogado al Señor, que lo quite de mí. Y me ha dicho: Bástate mi gracia, porque mi poder se perfecciona en la debilidad" (2 Corintios 12:7-9).

5. Quiere enseñarnos el discernimiento espiritual. "Si, pues, nos examinásemos a nosotros mismos, no seríamos juzgados; mas siendo juzgados, somos castigados por el Señor, para que no seamos condenados con el mundo" (1 Corintios 11:31,32).

6. Quiere prepararnos para un servicio más eficaz. "Así que, hermanos míos amados, estad firmes y constantes, creciendo en la obra del Señor siempre, sabiendo que vuestro trabajo en el Señor no es en vano" (1 Corintios 15:58).

Estrategia de asesoramiento

1. Animen a su interlocutor. Puede sentirse contento de que el Señor descargue la disciplina de su mano sobre él. Al castigarnos o disciplinarnos, Dios no está descartando a su hijo ni desheredándolo, sino que, en lugar de ello:

   A. Está confirmando su amor por nosotros ("Al que ama, castiga").

   B. Está confirmando Su relación con nosotros. "Pero si se os deja sin disciplina, de la cual todos han sido participantes, entonces sois bastardos, y no hijos" (Hebreos 12:8).

   C. Quiere que le respondamos con obediencia y fidelidad. "Antes que fuera yo humillado, descarriado andaba; mas ahora guardo tu palabra" (Salmo 119:67).

2. Ayudarle al individuo a abrirse al Señor a la manera del salmista: "Examíname, oh Dios, y conoce mi corazón; pruébame y conoce mis pensamientos; y ve si hay en mí camino de perversidad, y guíame en el camino eterno" (Salmo 139:23,24).

   Pueden ser útiles algunas preguntas, tales como, por ejemplo:

   ¿Por qué cree que está siendo castigado o disciplinado?

   ¿Cree que hay alguna desobediencia o algún pecado en su vida que esté corrigiendo Dios?

3. No minimicen de ninguna manera el pecado de desobediencia que

admita su interlocutor. Será la base para que le pidan que se arrepienta, confiese su pecado y vuelva a tener comunión con el Señor.

4. Repasen con esa persona la sección sobre la "Restauración", en la página 17, haciendo hincapié especialmente en el pasaje de 1 Juan 1:9.

5. Anímenlo para que inicie y continúe una experiencia devocional diaria con Dios, mediante la lectura de Su Palabra y la oración.

6. Animen al interlocutor a que busque la dirección de Dios para descubrir Su finalidad para su vida. De la disciplina se pasa a la obediencia y la bienaventuranza que conducen a oportunidades para vivir para Cristo y servirle.

7. Anímenle a que busque una buena iglesia donde pueda encontrar un buen compañerismo orientado bíblicamente. ¡Los amigos cristianos nos ayuden a fortalecernos!

8. Oren con esa persona para pedir su restauración y renovación completa.

Citas bíblicas

Salmo 94:12,13.
Proverbios 3:11,12.
1 Corintios 9:27.

INTENCIONES DE DIVORCIO

Antecedentes

El divorcio, la disolución legal del matrimonio, es un alejamiento de lo que Dios desea y las Escrituras no lo respaldan, excepto en condiciones limitadas. El divorcio es el resultado del pecado en la vida de uno o el otro de los cónyuges, o bien, de los dos. Lo más frecuente es que ambos tengan parte de culpa. El egoísmo y el falso orgullo contribuyen a menudo a que se establezcan las condiciones que llevan al divorcio.

Con frecuencia, el divorcio es el resultado de mentalidades inflexibles. "El les dijo: Por la dureza de vuestro corazón Moisés os permitió repudiar a vuestras mujeres; mas al principio no fue así" (Mateo 19:8). Ese no era el propósito original de Dios para el matrimonio.

Ninguna manipulación ni razonamiento de las Escrituras puede hacer que el divorcio sea aprobado. La Biblia declara:

"Por tanto, dejará el hombre a su padre y a su madre, y se unirá a su mujer, y serán una sola carne (Génesis 2:24).

El Apóstol Pablo escribió: "Pero a los que están unidos en matrimonio, mando, no yo, sino el Señor: Que la mujer no se separe del marido…y que el marido no abandone a su mujer" (1 Corintios 7:10).

"¿No hizo él uno, habiendo en él abundancia de espíritu? Porque buscaba una descendencia para Dios. Guardaos, pues, en vuestro espíritu, y no seáis desleales para con la mujer de vuestra juventud. Porque Jehová Dios de Israel ha dicho que él aborrece el divorcio, y al que cubre de iniquidad su vestido, dijo Jehová de los ejércitos" (Malaquías 2:15,16).

Condiciones limitadas en las que se puede admitir el divorcio:

1. Cuando uno de los cónyuges sea culpable de inmoralidad sexual, como lo son el adulterio y la homosexualidad, y no tenga intenciones de arrepentirse, buscar el perdón de Dios, abandonar su pecado y ser fiel a su cónyuge (véase Mateo 19:9).

2. Cuando uno de los cónyuges abandone al otro, sobre todo cuando un esposo incrédulo abandone a su cónyuge cristiano. (Véase 1 Corintios 7:15).

Si alguien se casó y divorció antes de aceptar a Cristo, deberá seguir adelante en su situación actual. Si se ha vuelto a casar, deberá esforzarse en lograr que su segundo matrimonio sea un éxito. El abandonar a su segundo cónyuge para volver con el primero sería malo. ¡Dos males nunca constituyen un bien!

El tener un cónyuge incrédulo no es motivo de divorcio. Por el contrario, se anima al esposo o la esposa cristiana que "viva en paz" con el cónyuge inconverso, con la finalidad de conquistarlo para la fe en Cristo. (Véase 1 Corintios 7:12-16).

Cuente el costo de esos actos:

1. ¿Es desagradable para Dios? (Véase Malaquías 2:15,16).

2. ¿Podría trastornar esto la continuidad de la vida, afectando adversamente a otras personas, tales como hijos, padres o miembros de familias extendidas?

3. ¿Resolverá esto varios problemas o creará toda una gama de otros nuevos? El divorcio es una experiencia emocionalmente traumática.

Agoten todas las opciones en la búsqueda de soluciones;

1. Traten de resolver las cosas a nivel personal, con toda humildad y espíritu de perdón (Véase Mateo 18:21,22).

2. Sométase al asesoramiento de un consejero matrimonial cristiano o un pastor competente.

3. En caso necesario, experimente una separación de prueba, mientras busca una solución redentora. En caso de malos tratos físicos o psicológicos, homosexualidad, ebriedad, drogadicción, etc., puede ser aconsejable una separación.

Estrategia de asesoramiento

1. Demuestren tener una actitud cariñosa y llena de interés. Tranquilicen a su interlocutor, diciéndole que se alegran de poder hablar con él y ayudarle a buscar una solución. Quieren ser sus amigos y compartir con él todos los discernimientos que tengan.

2. Escuchen con atención, permitiéndole contar su historia y ventilar sus sentimientos hasta que consideren que entienden bien la situación.

3. Eviten actuar como jueces y jurados. Permanezcan neutrales. Su finalidad deberá ser la de presentar un punto de vista bíblico y desafiar a su interlocutor para que tome su propia decisión, sabiendo que deberá vivir con ella todo el resto de su vida. Recuerden el ejemplo de Jesús. Trató amablemente a la mujer junto al pozo, a pesar de que sabía que había tenido cinco maridos y estaba viviendo con un hombre no casado con ella. Se reveló a ella como el Salvador y le ofreció "agua viva" (Véase Juan 4:9-42).

4. Díganle a su interlocutor que para poder esperar recibir la ayuda de Dios, deberá entregarle su vida a Cristo, cueste lo que cueste. Y esa entrega deberá ser permanente, sea cual sea el resultado de su dilema actual. Pregúntenle si ha recibido alguna vez a Cristo como su Señor y Salvador personal. Si es apropiado, compartan con esa persona las "Etapas para obtener la paz con Dios", página 11.

5. Después de recibir a Cristo, tendrá derecho a esperar recibir la ayuda del Señor. La persona tendrá ahora una nueva dimensión en su vida y una nueva perspectiva que le será útil para obtener soluciones. Puede confiar en los recursos y discernimientos que se encuentran en la Palabra de Dios, que deberá comenzar a leer y estudiar. El interlocutor puede presentarle a Dios su vida y sus problemas en oración. El estudio

de la Biblia y la oración le ayudarán a esa persona a realizar ajustes en su nueva personalidad y a buscar el avenimiento con su cónyuge, por medio del arrepentimiento y la confesión.

6. Anímenle para que agote todas sus opciones en la búsqueda de una solución bíblica.

7. Oren con esa persona para que Dios intervenga para hacer que su vida y su matrimonio se ajusten para estar de acuerdo con las Escrituras.

Si es cristiano, anímenle a que ponga su vida en orden sobre la base de la "Restauración" de la página 17, haciendo hincapié en Juan 1:9 y Romanos 12:1,2.

Citas bíblicas

"Porque la mujer casada está sujeta por la ley al marido mientras éste vive; pero si el marido muere, ella queda libre de la ley del marido. Así que, si en vida del marido se uniere a otro varón, será llamada adúltera; pero si su marido muriere, es libre de esa ley, de tal manera que, si se uniere a otro marido, no sèrá adúltera"   (Romanos 7:2,3).

"El que halla esposa halla el bien, y alcanza la benevolencia de Jehová"   (Proverbios 18:22).

"El marido cumpla con la mujer el deber conyugal, y asimismo la mujer con el marido. La mujer no tiene potestad sobre su propio cuerpo, sino el marido; ni tampoco tiene el marido potestad sobre su propio cuerpo, sino la mujer"   (1 Corintios 7:3,4).

"Vosotros, maridos, igualmente, vivid con ellas sabiamente, dando honor a la mujer como a vaso más frágil, y como a coherederas de la gracia de la vida, para que vuestras oraciones no tengan estorbo"
(1 Pedro 3:7).

"Nada hagáis por contienda o por vanagloria; antes bien con humildad, estimando cada uno a los demás como superiores a él mismo; no mirando cada uno por lo suyo propio, sino cada cual también por lo de los otros. Haya, pues, en vosotros, este sentir que hubo también en Cristo Jesús"   (Filipenses 2:3-5).

EL DIVORCIO

Antecedentes

El divorcio se pudiera describir como una pareja de casados que deciden que ya no desean seguir respetando sus votos matrimoniales. Aunque por lo común sólo una persona inicia la acción; las dos pueden haber contribuido en alguna forma a la ruptura.

El divorcio es una experiencia desgarradora y sus heridas se curan con mucha lentitud. Se necesita tiempo para que aclaren todas las cosas y para que puedan afrontar objetivamente sus situaciones. Puede que les resulte muy difícil identificar y resolver todos sus sentimientos de enajenación, rechazo, amargura y confusión. Puesto que hay un elevado porcentaje de matrimonios que concluyen en divorcio, es muy probable que un consejero tenga que abordar este problema.

Billy Graham comentó: "Me opongo al divorcio y considero el aumento actual de esos procedimientos como uno de los problemas más alarmantes de nuestra sociedad. Sé que el Señor puede perdonar y sanar, incluso cuando se hayan cometido pecados graves. La iglesia se compone de pecadores. Cuando Pablo les escribió a los corintios, dio una lista prolongada de males y, luego añadió: "Y esto erais algunos" (1 Corintios 6:11). Habían recibido el perdón y se habían convertido en parte de la iglesia, del cuerpo de Cristo".

Estrategia de asesoramiento

1. Es muy necesario darle ánimo a esa persona.

   El interlocutor puede sentirse rechazado y haber perdido todo sentido de su valor personal. Esto es muy común en las personas divorciadas. Díganle que les agrada que les haya llamado y que están dispuestos a hablar con él o ella. Dios nos ama y nos acepta exactamente tal y como somos.

2. Háganle preguntas a su interlocutor respecto a su relación con Jesucristo.

   ¿Recibió alguna vez a Jesucristo como su Señor y Salvador? Si es apropiado, compartan con esa persona las "Etapas para obtener la paz con Dios" de la página 11. Aunque puede sentirse rechazado, enajenado y destruido, hagan hincapié en que Dios puede hacer todas las cosas nuevas (2 Corintios 5:17). Lo hecho—el divorcio—quizá no se pueda deshacer. El interlocutor deberá partir del punto en que se encuentre, para reconstruir su vida sobre nuevas bases. Y el fundamento es Jesucristo.

3. Denle consejos relativos a la importancia de la lectura de la Biblia y la oración como medios para fortalecerse.

   ¿Tiene una Biblia? Si no es así, recomiéndenle que vaya a una librería cristiana local para obtener una traducción fácil de entender de las Escrituras. Pregúntenle también si desea que le enviemos el folleto *Cómo vivir en Cristo,* para animarle a iniciar su estudio de la Biblia.

4. Recomiéndenle a esa persona que busque una iglesia que enseñe la Biblia, donde encontrará compañerismo, cultos de adoración y oportunidades para servir al Señor.

   Puede necesitar tiempo para obtener comprensión y nuevas relaciones personales. Con frecuencia, un grupo de cristianos solteros puede proporcionar el ánimo necesario.

5. Oren con su interlocutor para que obtenga alivio para sus emociones, paz mental, nueva confianza, fortaleza y discernimiento espiritual.

6. Recomiéndenle que busque asesoramiento especial, si cree necesitarlo. Un pastor o un psicólogo cristiano pueden ser muy útiles.

Puntos que se deben recordar al dar consejos:

1. Lo hecho es cosa del pasado. Partan del punto en que se encuentre su interlocutor en este momento y vayan adelante.

2. Traten de orientar la conversación de modo que esa persona no considere necesario hacer un "análisis retrospectivo" de su experiencia. En lugar de ello, traten de enfocar su atención en Dios que le ayudará a obtener soluciones.

3. Permanezcan neutrales. No den por sentado que su interlocutor es culpable ni inocente. La expresión de un juicio con una actitud de superioridad cerrará las puertas para el testimonio.

4. Los cristianos no son inmunes al desplome de los matrimonios. Si su interlocutor es verdaderamente cristiano, hagan lo que sigue:

   A. Pídanle que confiese su amargura, su ira o cualquier otro pecado. Puede tener que afrontar de modo realista las actitudes negativas que hayan contribuido a su divorcio. Compartan con él los temas de la "Restauración", página 17. Hagan hincapié en 1 Juan 1:9.

   B. Animen a la persona de que se trate a desarrollar un nuevo interés por la lectura y el estudio de la Biblia. También deberá ser fiel en la oración. "Echando toda vuestra ansiedad sobre él, porque él tiene cuidado de vosotros" (1 Pedro 5:7).

   C. Animen al interlocutor a que establezca o renueve una relación con una iglesia, a pesar de los sentimientos de culpa o el temor a las críticas que pueda tener. Necesitará la iglesia más que nunca. Es posible que encuentre en ella un grupo de solteros que podrá ayudarle mucho.

   D. Oren con esa persona para que obtenga alivio y consuelo, paz mental y capacidad para realizar los ajustes necesarios para un tipo de vida diferente.

EL DIVORCIO

Citas bíblicas

Animo para andar con el Señor:

"Fíate de Jehová de todo tu corazón, y no te apoyes en tu propia prudencia. Reconócelo en todos tus caminos, y él enderezará tus veredas" (Proverbios 3:5,6).

"Por nada estéis afanosos, sino sean conocidas vuestras peticiones delante de Dios en toda oración y ruego, con acción de gracias" (Filipenses 4:6).

"Procura con diligencia presentarte a Dios aprobado, como obrero que no tiene de qué avergonzarse, que usa bien la palabra de verdad" (2 Timoteo 2:15).

"Antes bien, creced en la gracia y el conocimiento de nuestro Señor y Salvador Jesucristo" (2 Pedro 3:18).

Curación de las heridas:

"Bendice, alma mía, a Jehová, y no olvides ninguno de sus beneficios. El es quien perdona todas tus iniquidades, el que sana todas tus dolencias" (Salmo 103:2-5).

"Sáname, oh Jehová, y seré sano; sálvame, y seré salvo; porque tú eres mi alabanza" (Jeremías 17:14).

2 Timoteo 1:7.
Salmo 23:3.

EL DIVORCIO DESPUES DE VARIOS AÑOS DE MATRIMONIO

Antecedentes

Es muy difícil describir el sentimiento de horror, dolor, asombro, vacío, ira, rechazo, aislamiento y pérdida de estimación propia de alguien abandonado o divorciado al cabo de muchos años de matrimonio. La persona se pregunta:

¿Es posible que algo así me esté sucediendo a mí? ¿Qué faltas cometí? ¿Qué hubiera podido hacer diferentemente? Y la pregunta más importante es: ¿qué debo hacer ahora?

A pesar del trauma, se le debe ayudar a esa persona a que entienda que la vida sigue adelante. El hecho del divorcio se debe aceptar. Su interlocutor es ahora un soltero y debe afrontar su futuro como tal. Es inútil el seguir recurriendo al pasado, reviviéndolo. La realidad no cambiará debido a preguntas autotorturantes. Es muy posible que, de todos modos, no pudiera hacer absolutamente nada para salvar su matrimonio.

Una persona emocionalmente sana seguirá adelante y se desarrollará a partir del presente. El Apóstol Pablo da el ejemplo: "...olvidando ciertamente lo que queda atrás, y extendiéndome a lo que está delante..." (Filipenses 3:13). Esa persona deberá considerar que su situación es de transición, como una época apropiada para realizar ajustes, ampliar su personalidad mediante la lectura, la reflexión y el establecimiento o reforzamiento de amistades que le sirvan para desarrollarse y crecer.

Si esa persona necesita asesoramiento profesional durante la transición, deberá buscar un pastor competente, o bien, un psicólogo o psiquiatra cristiano que pueda abordar el problema a la luz de las Escrituras.

Estrategia de asesoramiento

1. Animen a su interlocutor, rodeándolo de afecto y comprensión. Su dolor, sus sentimientos de vacío y rechazo, pueden ser muy profundos.

2. Traten de saber escuchar, tratando de entender el cuadro completo antes de ofrecer ninguna solución. Algunas veces damos consejos con excesivo apresuramiento, cuando sería mucho más apropiado hacer alguna pregunta para estimular la conversación.

3. Cuando consideren que comprenden bien la situación, animen a esa persona con los versículos bíblicos que aparecen al final de esta sección. Hagan hincapié en que Dios le ama y se preocupa por lo que le está ocurriendo. Jesús sabe lo que es la tristeza y la aflicción. "(Fue) Despreciado y desechado entre los hombres" (Isaías 53:3). Pregúntenle a su interlocutor si ha recibido alguna vez a Jesucristo como su Señor y Salvador. Explíquenle las "Etapas para obtener la paz con Dios", página 11.

4. Recomiéndenle que lea y estudie la Biblia. Esto le dará a su interlocutor

una buena perspectiva y discernimientos adecuados para ajustarse a un nuevo modo de vivir, así como también para que crezca en el Señor.

5. Aconséjenle a esa persona que ore todos los días. "Por nada estéis afanosos, sino sean conocidas vuestras peticiones delante de Dios en toda oración y ruego, con acción de gracias. Y la paz de Dios, que sobrepasa todo entendimiento, guardará vuestros corazones y vuestros pensamientos en Cristo Jesús" (Filipenses 4:6,7).

6. Recomiéndenle que se identifique con una iglesia en la que se enseñen las doctrinas bíblicas. Con frecuencia, se puede encontrar un grupo de cristianos solteros que proporcionará oportunidades para compartir experiencias, crecer y servir.

7. Oren con su interlocutor, pidiendo la ayuda del Señor en estos momentos difíciles de transición y comienzo de una nueva vida.

Citas bíblicas

"Porque yo sé los pensamientos que tengo acerca de vosotros, dice Jehová, pensamientos de paz, y no de mal, para daros el fin que esperáis" (Jeremías 29:11).

"¡Cuán preciosos me son, oh Dios, tus pensamientos! ¡Cuán grande es la suma de ellos! Si los enumero, se multiplican más que la arena; despierto, y aún estoy contigo" (Salmo 139:17,18).

"Me mostrarás la senda de la vida; en tu presencia hay plenitud de gozo; delicias a tu diestra para siempre" (Salmo 16:11).

"Porque Jehová el Señor me ayudará, por tanto no me avergoncé; por eso puse mi rostro como un pedernal, y sé que no seré avergonzado" (Isaías 50:7).

Salmo 16:8.
Salmo 18:2.

DOCTRINAS FALSAS

Antecedentes

El Apóstol Juan escribió en su segunda epístola: "Cualquiera que se extravía y no persevera en la doctrina de Cristo, no tiene a Dios; el que persevera en la doctrina de Cristo, ese sí tiene al Padre y al Hijo" (2 Juan 9).

Billy Graham escribió: "En toda la Biblia encontramos advertencias contra los falsos profetas y los falsos maestros 'que vienen a vosotros con vestidos de ovejas, pero por dentro son lobos rapaces' (Mateo 7:15). A veces, a los cristianos les resulta extremadamente difícil discernir a un falso profeta…Jesús habló de '…falsos profetas, y harán grandes señales y prodigios, de tal manera que engañarán, si fuere posible, aun a los escogidos' (Mateo 24:24)."

El principio básico de todas las tácticas de Satanás es el engaño. El diablo se disfraza con gran habilidad y astucia. Su engaño comenzó en el Jardín del Edén y continúa hasta nuestros días…Está en los seminarios teológicos e incluso en los púlpitos. Muchas veces invade también la iglesia bajo el disfraz de un vocabulario ortodoxo, privando los vocablos sagrados de su sentido bíblico.

¿Qué es una doctrina falsa? Cualquier enseñanza que sea contraria a las doctrinas básicas de la Palabra de Dios, tales como la Trinidad, el nacimiento virginal de Cristo, la muerte redentora de Cristo, junto con Su resurrección física y Su segunda venida, la salvación por gracia por medio de la fe en Jesucristo, la resurrección física de todos los creyentes y la realidad del cielo, la condena eterna para quienes rechazan a Cristo, etc.

Estrategia de asesoramiento

Para el no cristiano

1. Alaben a su interlocutor por su buena disposición para compartir sus pensamientos, con el fin de obtener la verdad. Díganle que Dios no tiene confusiones, que la Biblia es explícita y que esperan poder brindarle ayuda mientras hablan con él.

2. Si al interlocutor le resulta muy difícil aceptar las enseñanzas bíblicas correctas, puede ser que nunca haya recibido a Jesucristo como su Señor y Salvador personal. Indíquenle que esa entrega es crucial para poder llegar a entender las Escrituras (véase 1 Corintios 2:14 y 2 Corintios 4:4).

   Compartan con esa persona las "Etapas para obtener la paz con Dios" de la página 11, pidiéndole que reciba a Cristo.

DOCTRINAS FALSAS

3. A continuación, explíquenle otras etapas de prosecución.

A. Pídanle que comience a leer y estudiar la Palabra de Dios. Para ayudarle a comenzar, le enviaremos *Cómo vivir en Cristo,* que contiene el evangelio de Juan. Deberá concentrarse en la lectura de Juan y completar los estudios de la Biblia que se indican en el libro.

B. Si sufre la influencia o está en contacto con alguna secta o algún culto, se le deberá recomendar que abandone ese grupo inmediatamente, cortando todos sus lazos con él. En su lugar, deberá identificarse con una iglesia en la que se enseñe la Biblia, donde podrá tener comunión con creyentes nacidos de nuevo, adorar con ellos, estudiar la palabra de Dios y orar con ellos.

4. Oren con él para que conozca la mentalidad de Cristo y todas las cosas relacionadas con la palabra de Dios.

Para el cristiano

No es raro que un cristiano aparentemente lleno de conocimientos sufra la influencia de falsas doctrinas.

1. Tengan cuidado de no ofender a su interlocutor, diciéndole que está equivocado o que ha sido demasiado crédulo. Recuerden que Satanás se disfraza con frecuencia como "ángel de luz" (2 Corintios 11:14).

   No le sugieran desde el principio que abandone la secta en que se encuentre.

2. Confiando en que el Espíritu Santo les guiará, busquen información adicional sobre esa secta en otros capítulos de este manual, tales como LAS SECTAS, LA BIBLIA, LA TRINIDAD, EL CIELO, EL INFIERNO, EL JUICIO y cualquier otra sección doctrinal. Utilicen en su asesoramiento sus conocimientos de las Escrituras y su experiencia.

3. Pídanle a su interlocutor que tome nota por escrito de la información, con las citas bíblicas apropiadas que le faciliten, para que las estudie en el futuro y medite en ellas. Ofrézcanle enviarle *Cómo vivir en Cristo,* como ayuda para su estudio bíblico.

4. Finalmente, oren con él, pidiendo una mente abierta y el conocimiento de la voluntad de Dios para su vida, cuando trate de conocer las Escrituras.

5. Si en este punto, su interlocutor les pide que le recomienden alguna iglesia, deberán sentirse libres para indicarle que conviene que trate de identificarse con un grupo de creyentes que prediquen y enseñen la palabra de Dios. Luego, confíen en que el Espíritu Santo guiará a esa persona al lugar correcto. No le sugieran ninguna iglesia ni denominación en particular, a menos que les solicite esa información directamente.

Citas bíblicas

"Procura con diligencia presentarte a Dios aprobado, como obrero que no tiene de qué avergonzarse, que usa bien la palabra de verdad"
(2 Timoteo 2:15).

"Amados, no creáis a todo espíritu, sino probad los espíritus si son de Dios; porque muchos falsos profetas han salido por el mundo. En esto conoced el Espíritu de Dios: Todo espíritu que confiesa que Jesucristo ha venido en carne, es de Dios; y todo espíritu que no confiesa que Jesucristo ha venido en carne, no es de Dios; y este es el espíritu del anticristo, el cual vosotros habéis oído que viene, y que ahora ya está en el mundo" (1 Juan 4:1-3).

"Mirad que nadie os engañe por medio de filosofías y huecas sutilezas, según las tradiciones de los hombres, conforme a los rudimentos del mundo, y no según Cristo. Porque en él habita corporalmente toda la plenitud de la Deidad" (Colosenses 2:8,9).

"Hay camino que parece derecho al hombre, pero su fin es camino de muerte" (Proverbios 16:25).

"Pero el Espíritu dice claramente que en los postreros tiempos algunos apostatarán de la fe, escuchando a espíritus engañadores y a doctrinas de demonios; por la hipocresía de mentirosos que, teniendo cauterizada la conciencia..." (1 Timoteo 4:1,2).

Véase también LAS SECTAS, LA BIBLIA, LA TRINIDAD, etc.

LAS DUDAS

Antecedentes

Las dudas pueden debilitar. Los titubeos y la inseguridad son características de las personas que dudan. Santiago dice que el hombre "de doble ánimo" es "inestable en todos sus caminos. No piense, pues, quien tal haga, que recibirá cosa alguna del Señor" (Santiago 1:7).

Sin embargo, no es raro que incluso los cristianos tengan dudas. Puede preguntarse, "¿Es verdadera la Biblia?", al escuchar a alguna persona criticar la Palabra de Dios. Lleno de confusión por alguna petición no concedida, puede preguntarse: "¿Es Dios real? ¿Responde verdaderamente a las oraciones?" Al enfrentarse a la realidad de sus propios deseos pecaminosos, puede interrogarse: "¿Me ha salvado Dios realmente?"

Billy Graham escribió: "Probablemente todos hemos tenido dudas e incertidumbres algunas veces en nuestra vida cristiana. Cuando Moisés ascendió al Monte Sinaí para recibir las tablas de la Ley de manos de Dios, y al estar mucho tiempo fuera de la vista de su pueblo que esperaba ansiosamente su regreso, dudaron de que volviera. Y se construyeron un becerro de oro (Exodo 32:8). Su apostasía se debió a sus dudas y su incertidumbre".

A pesar de la tendencia a dudar, podemos recibir aliento porque las dudas sinceras conducen con frecuencia a una fe sólida y una entrega firme al Señor.

Por supuesto, lo contrario de las dudas es la fe. Santiago exhortaba a los que estaban teniendo pruebas que "le pidieran a Dios" y que lo hicieran "con fe" (Santiago 1:5,6). Debemos recordar que las dudas pueden ser un instrumento muy eficaz de Satanás. Hizo que Eva dudara, diciendo: "¡Conque Dios ha dicho!" (Génesis 3:1). Nos llenará de dudas en los puntos en que seamos más vulnerables. La desobediencia espiritual, las decepciones, la depresión, las enfermedades e incluso los temores de la ancianidad pueden fomentar dudas.

Estrategia de asesoramiento

Para quienes duden de su salvación:

1. Feliciten a su interlocutor por su preocupación respecto a sus dudas. La Palabra de Dios ofrece verdadero aliento a los inseguros.

2. Si se dan cuenta de que esa persona ha estado confiando en algo que no sea su relación personal con Jesucristo, explíquenle las "Etapas para obtener la paz con Dios" de la página 11.

3. Si se convencen de que se ha entregado ya antes a Jesucristo con toda sinceridad, pregúntenle:

  A. ¿Está siendo desobediente? Si es así, compartan con esa persona el tema sobre la "Restauración" de la página 17. Hagan hincapié en 1 Juan 1:9.

  B. ¿Se ha mostrado indiferente a las cosas espirituales, descuidando la asistencia a la iglesia, la lectura de la Biblia y la oración? Explíquenle todo lo relativo a la "Restauración" de la página 17. Hagan hincapié en 1 Juan 1:9 y Romanos 12:1,2.

  C. Anímenlo para que se afirme en la fe, confiando en Dios (Hechos 27:25). Recomiéndenle que adopte una posición firme por Cristo, a que estudie la Palabra de Dios, aprenda la disciplina de la oración y a que sirva a Cristo en una iglesia local. Ofrézcanle enviarle el folleto *Cómo vivir en Cristo*.

  D. Oren con esa persona para que pueda tener una relación con Dios basada en una fe firme.

Para los que se hayan desilusionado debido a las decepciones:

Pueden tener dudas respecto a Dios debido a un divorcio, una muerte en la familia, un hijo o una hija rebelde, las oraciones que no reciben respuesta o la traición de otro cristiano.

1. Denle ánimos. Dios nos ama y nos cuida. El Señor desea que esa persona ande con El llena de fe.

2. Ayúdenle a identificar las causas de sus dudas, haciendo hincapié en que no es malo preguntarse por qué en la vida.

3. Recuérdenle que Dios nunca nos prometió que estaríamos libres de adversidades en nuestras vidas. Es posible que esa persona tenga que apartar un poco sus ojos de sí misma y sus dificultades, con el fin de regresar a Dios. Es posible que deba discernir, por encima de las circunstancias directas de su vida, lo que Dios trata de enseñarle mediante esas experiencias.

   El Señor es fiel. El hecho de que las dudas echen raíces en nuestra mente no quiere decir que Dios haya dejado de cuidarnos.

4. Deberá reflexionar en la bondad de Dios que ha experimentado en el pasado, recordando ejemplos de la fidelidad del Señor en su propia vida y en las de otras personas. Esto le ayudará a tener firmeza.

   Se debe llevar a cabo una renovación de su fe. Animen a su interlocutor a que comience a confiar otra vez en las promesas de Dios. Debe saturar su vida con las Escrituras y creer lo que dice Dios. Jesús señaló: "Bienaventurados los que no vieron, y creyeron" (Juan 20:29).

5. Oren con esa persona pidiendo su renovación, animándole a que le confiese sus dudas a Dios y le ruegue que le dé una fe dinámica.

6. Recomiéndenle que sea fiel en su adoración con el pueblo del Señor. El cultivar relaciones con otros cristianos será muy útil. El participar en el

servicio a Cristo en la iglesia local reforzará sus resoluciones y hará que su entrega al Señor se haga más firme y profunda.

Cómo darles seguridad sobre la salvación a los ancianos:

Debido a numerosos cambios que acompañan a la entrada en años, los ancianos necesitan a veces recibir confirmación de su salvación y su relación eterna con Dios. Ayúdenles a recordar:

1. Que deben confiar absolutamente en Jesucristo como su Señor y Salvador. "Jesús le dijo: Yo soy el camino, y la verdad, y la vida; nadie viene al Padre, sino por mí" (Juan 14:6). "Por lo cual estoy seguro de que ni la muerte, ni la vida, ni ángeles, ni principados, ni potestades, ni lo presente, ni lo por venir, ni lo alto, ni lo profundo, ni ninguna otra cosa creada nos podrá separar del amor de Dios que es en Cristo Jesús Señor nuestro" (Romanos 8:38,39).

2. Que deben confiar sin titubeos en su relación con el Padre celestial. "Mas a todos los que le recibieron, a los que creen en su nombre, les dio potestad de ser hechos hijos de Dios" (Juan 1:12). "Amados, ahora somos hijos de Dios, y aún no se ha manifestado lo que hemos de ser; pero sabemos que cuando él se manifieste, seremos semejantes a él, porque le veremos tal como él es" (1 Juan 3:2).

3. Que confíen sin dudar en la Palabra de Dios. "Para siempre, oh Jehová, permanece tu palabra en los cielos. De generación en generación es tu fidelidad" (Salmo 119:89,90). "Tenemos también la palabra profética más segura, a la cual hacéis bien en estar atentos como a una antorcha que alumbra en lugar oscuro, hasta que el día esclarezca y el lucero de la mañana salga en vuestros corazones" (2 Pedro 1:19).

Citas bíblicas

"Y si alguno de vosotros tiene falta de sabiduría, pídala a Dios, el cual da a todos abundantemente y sin reproche, y le será dada. Pero pida con fe, no dudando nada; porque el que duda es semejante a la onda del mar, que es arrastrada por el viento y echada de una parte a otra. No piense, pues, quien tal haga, que recibirá cosa alguna del Señor. El hombre de doble ánimo es inconstante en todos sus caminos"

(Santiago 1:5-8).

"Jesús le dijo: porque me has visto, Tomás, creíste; bienaventurados los que no vieron y creyeron"   (Juan 20:29).

"Pero sin fe es imposible agradar a Dios; porque es necesario que el que se acerca a Dios crea que le hay, y que es galardonador de los que le buscan"   (Hebreos 11:6).

"Dice el necio en su corazón: No hay Dios"   (Salmo 14:1).

"Por tanto, nosotros también, teniendo en derredor nuestro tan grande nube de testigos, despojémonos de todo peso y del pecado que nos asedia, y corramos con paciencia la carrera que tenemos por delante, puestos los ojos en Jesús, el autor y consumador de la fe, el cual por el gozo puesto delante de él sufrió la cruz, menospreciando el oprobio, y se sentó a la diestra del trono de Dios"   (Hebreos 12:1,2).

LOS ENEMIGOS

Antecedentes

Un enemigo puede dar muestras de hostilidad o mala voluntad y tratar de causar daños, debido a una actitud antagónica o destructiva. Nadie está totalmente libre de los sufrimientos causados por las malas acciones de otros. En esos casos, podemos sentirnos impulsados a responder en la misma forma, a vengarnos, "ajustar las cuentas" o "dar más de lo que se recibe" (véase 1 Corintios 2:14).

Sin embargo, la Palabra de Dios nos indica respecto a esas respuestas lo que sigue:

"Estad en paz con todos los hombres" (Romanos 12:18).
"No paguéis a nadie mal por mal" (Romanos 12:17).
"No os venguéis" (Romanos 12:19).
"Amad a vuestros enemigos. Bendecid a los que os maldicen".
"Haced bien a los que os aborrecen".
"Orad por los que os ultrajan y os persiguen" (Mateo 5:44).

Hay actitudes y actos que tienden a crear enemigos o ensanchar todavía más las diferencias ya existentes.

1. Actos egoístas o falta de sensibilidad hacia los demás.

2. Falta de disposición, debida a la soberbia, para entender que podemos ser nosotros los "ofensores", en lugar de los "ofendidos".

3. El hablar de las personas, en lugar de conversar con ellas, "menospreciando" o criticando sus actitudes y actos, en lugar de hablar directamente con ellos a ese respecto, con humildad. La propagación de nuestra propia versión de un relato sirve para polarizar una relación; los relatos suelen empeorar cuando los repiten otros. Esos actos son hipócritas.

4. El pasar por alto deliberadamente una situación, en lugar de orar por ella y hacer algo para corregirla. El no prestarle atención a alguien no servirá para que disminuyan las tensiones.

5. El rechazar nuestras responsabilidades, soportando una situación en forma pasiva, en lugar de tomar la iniciativa.

6. Ocultarse tras una máscara de "indignación justificada".

7. El creer que somos moralmente superiores porque hemos descubierto algo que nos sirve para condenar a otros.

8. El no darnos cuenta de que, con frecuencia, es más difícil perdonar a las personas a las que hemos ofendido que a las que nos hayan lastimado a nosotros.

9. El negarse a "recorrer la segunda milla" o a "volver la otra mejilla", como lo enseñan las Escrituras. Se nos indica que debemos perdonar hasta "setenta veces siete" (Mateo 18:21,22). El perdón es la esencia de una

vida redimida. "Perdonad y seréis perdonados" (Lucas 6:37).

10. El desobedecer la Palabra de Dios que nos ordena específicamente que amemos a nuestros enemigos, los bendigamos, le hagamos el bien y oremos por ellos (Mateo 5:44).

Billy Graham escribió: "Dios puede darle y le dará un espíritu de perdón, cuando acepte Su perdón por medio de Jesucristo. Cuando haga esto, se dará cuenta de que el Señor le ha perdonado tanto que deseará perdonar también usted todos los daños que haya sufrido. En el mundo se acepta generalmente la norma de ajustar cuentas con el otro individuo. Entre los cristianos, es preciso soportar las ofensas por amor de Cristo, perdonándoles a otros para que pueden descubrir a través de nosotros la gracia de Dios para perdón de los pecadores".

Estrategia de asesoramiento

1. Asegúrenle a su interlocutor que Dios nos cuida en todas las situaciones. Su Palabra nos enseña muchas cosas respecto a los enemigos.

2. Pregúntenle si ha recibido alguna vez a Jesucristo como su Señor y Salvador personal. Si no es así, compartan con él las "Etapas para obtener la paz con Dios", página 11.

3. Si el interlocutor es cristiano, anímenlo para que renueve su entrega a Cristo. Usen los puntos de la "Restauración" de la página 17, haciendo hincapié en 1 Juan 1:9 y Romanos 12:1.

   Una relación nueva o renovada con Cristo servirá como ayuda para dar una nueva perspectiva a los sentimientos hacia los enemigos.

4. Utilicen los puntos que siguen, porque podrán servir como ayuda para entender mejor lo que es la reconciliación. Esfuércense en comprender la situación. Pidan información sobre las personas participantes y sus problemas.

   A. ¿Qué produjo la ruptura de las buenas relaciones?

   B. ¿Considera su interlocutor que es posible que haya contribuido a que se creara ese problema?

   C. Hasta donde pueda determinarlo, ¿cuál es la actitud de la otra persona? ¿Está mostrándose totalmente sincero su interlocutor en sus esfuerzos para evaluar la situación?

   D. Hagan hincapié en que tiene la obligación de perdonar, con todo lo que esto implica. Debe dar el primer paso para lograr la reconciliación. Un cristiano maduro aceptará siempre su responsabilidad como pacificador. Anímenle para que adopte la actitud de Cristo, que nunca exigió sus "derechos". Cuando le injuriaban y escupían, no se vengaba.

E. Al interlocutor le conviene mucho aclarar la situación tan pronto como le sea posible. "Ponte de acuerdo con tu adversario pronto…no sea que el adversario te entregue al juez…y seas echado en la cárcel…De cierto te digo que no saldrás de allí hasta que pagues el último cuadrante" (Mateo 5:25,26).

F. Cualquier acercamiento se deberá llevar a cabo con humildad. Recuerden que sólo Jesús era absolutamente justo, porque no tenía pecado. "La blanda respuesta quita la ira" (Proverbios 15:1). "Decid la verdad con amor" (Efesios 4:15).

G. Se debe orar sinceramente por la otra persona y abrir el corazón a los posibles soluciones.

H. Como consejeros, no se olviden de orar con su interlocutor, pidiéndole a Dios que intervenga y que actúe sobre ambas partes para lograr alguna solución satisfactoria.

I. Pregúntenle qué desea hacer como primer paso para la reconciliación. Recuérdenle que el retraso para actuar será perjudicial para la reconciliación.

Citas bíblicas

"Cuando los caminos del hombre son agradables a Jehová, aun a sus enemigos hace estar en paz con él"   (Proverbios 16:7).

"Si es posible, en cuanto dependa de vosotros, estad en paz con todos los hombres"   (Romanos 12:18).

"Apártese del mal y haga el bien, busque la paz y sígala" (1 Pedro 3:11).

"Pero yo os digo: Amad a vuestros enemigos, bendecid a los que os maldicen, haced bien a los que os aborrecen, y orad por los que os ultrajan y os persiguen; para que seáis hijos de vuestro Padre que está en los cielos, que hace salir su sol sobre malos y buenos, y que hace llover sobre justos e injustos. Porque si amáis a los que os aman, ¿qué recompensa tendréis? ¿No hacen también lo mismo los publicanos?"   (Mateo 5:44-46).

"Y Jesús decía: Padre, perdónalos, porque no saben lo que hacen"   (Lucas 23:34).

Salmo 34:14.
Romanos 14:17-19.
2 Timoteo 2:22.

Véase también EL PERDON

ENFERMEDADES FATALES

Antecedentes

Oh, dicha que me buscas a través del dolor,
No puedo cerrarte mi corazón;
Yo sigo el arcoiris bajo la tormenta
Y sé que la promesa no es falsa,
Que la mañana ya no tendrá lágrimas.

- George Matheson

Recuerden que su interlocutor es una persona muy enferma. Su existencia está amenazada y en realidad es probable que le quede poco tiempo de vida. Su cuerpo está siendo destruido tal vez por el cáncer, la presión sanguínea elevada, un padecimiento cardiaco, alguna falla renal o cualquier otra enfermedad grave. La persona se siente sola y se pregunta: ¿quién ha sufrido semejante dolor?

La persona se ve presa de diversos sentimientos sucesivos, aunque no necesariamente en forma cronológica, entre los cuales están la negación ("esto no puede estarme sucediendo a mí"), ira ("¿por qué yo, Señor?"), depresión ("toda esperanza está perdida"), intento de chantaje ("Señor, sácame de esta situación y haré todo lo que quieras") y aceptación ("sea hecha la voluntad de Dios"). Estos sentimientos no se experimentan en un momento dado para luego quedar en el olvido, sino que vuelven una y otra vez. No son sentimientos anormales sino característicos, hasta cierto punto, de todos aquellos que se enfrentan al "valle de las sombras".

¿Qué podemos decirle a una persona en esta situación? ¿Cómo le respondería? Cualquier enfermedad grave resulta tan singular para quien la padece, que a veces es difícil que quien no está en su situación entienda lo que esto representa verdaderamente.

Estrategia de asesoramiento

1. ¡Escuchen sobre todas las cosas! Escuchen con simpatía hacia los sentimientos que la persona comparta con ustedes. Aliéntenla a hablar. Tal vez crean conveniente indagar un poco sobre sus sentimientos, algunos de los cuales brotan a la superficie en tanto que otros están profundamente ocultos.

2. No se formen un juicio sobre los sentimientos que se comparten, incluso a pesar de que hayan sido expresados con ira, autocompasión o amargura. Simplemente dejen que la persona sepa que lo está escuchando con simpatía. No adopten la actitud arrogante de pretender que entiende ·la profundidad de sus sentimientos. ¡Esto es absolutamente imposible! Sin embargo, deben hacerle sentir que su interés es genuino. Traten de expresar esto en palabras y comuníquenlo también por el tono de la voz, su ternura y sensibilidad, así como por su sentimiento de identificación con la persona. "Acordaos de los mal-

tratados, como que también vosotros mismos estáis en el cuerpo" (Hebreos 13:3).

No es el momento adecuado para que hablen de su propia experiencia con el dolor; concéntrense en la angustia de su interlocutor.

3. No se muestren excesivamente empalagosos, ni siquiera a un nivel espiritual. Eviten los lugares comunes y las frases huecas. No le digan a la persona "que no se deje amilanar" o que se convierta en un paradigma en medio de la adversidad.

No ofrezcan esperanzas vanas sobre la curación de la persona ni declaren que toda enfermedad proviene del diablo y que si tuviera la fe suficiente podría sanar. No pueden saber si Dios tiene en sus planes sanarlo o no. Estas cuestiones pertenecen sólo a la soberana voluntad de Dios. La única certeza que tenemos es que Dios sana espiritualmente a los que depositan su fe en Cristo Jesús.

4. No desvíen la conversación si la persona hace referencia a la muerte. Esto podría dar como resultado una preparación inevitable. Cualquier referencia a la muerte puede preparar la ocasión para que ustedes, como consejeros, le pregunten si tiene asuntos pendientes que debe resolver. Este es el propósito de nuestro trabajo: ayudar a las personas a prepararse para la eternidad.

Tal vez pueden preguntarle: "Si muriera esta noche y se encontrara ante las puertas del cielo enfrentándose a la pregunta '¿en qué me estoy basando para esperar ser admitido al reino de los cielos?', ¿qué contestaría?"

Si la situación lo requiere, explíquenle las "Etapas para obtener la paz con Dios", página 11. Si la persona responde afirmativamente, compartan con ella los conceptos de "Seguridad". También sería conveniente que le presentara otras porciones de la Escrituras, por ejemplo, el Salmo 23, Juan 14:1-6. 1 Tesalonicenses 4:13-18.

5. La entrega a Cristo debe preparar el camino para preguntarle si tiene algunos otros asuntos pendientes, por ejemplo, sus relaciones humanas (familia, amigos), cuestiones económicas (quizá un testamento), el manejo de los detalles concernientes al proceso de la muerte, la muerte misma, las disposiciones para el servicio fúnebre, lo que se hará con el cuerpo, etc. Aconséjele a su interlocutor que resuelva todas estas cuestiones, tal vez con la ayuda del asesoramiento pastoral o profesional pertinente.

6. Sugiéranle que indague si en su comunidad existe alguna institución para pacientes desahuciados. Estas instituciones se especializan en proveer ayuda a pacientes con enfermedades fatales. Estas agencias se especializan en proporcionarle toda la colaboración adicional en lo tocante a ayuda profesional en los cuidados de la salud, a aquellos que padecen una enfermedad que se clasifica como fatal y a sus familias. Hay varias agencias de esta índole que puede consultar para conocer las clases de servicios que ofrecen.

7. Oren por la persona para que tenga el valor y la fortaleza para vencer el

dolor, para que se entregue a Cristo, quien llevó nuestros dolores y nuestras tristezas.

Citas bíblicas

Juan 14:1-6.
Salmo 23.
1 Tesalonicenses 4:13-18.
Filipenses 1:21.

ENFERMEDADES MENTALES

Antecedentes

"Enfermedades mentales" es una generalización que se usa comúnmente para cubrir toda la gama de trastornos psiconeurológicos. Hay algunos que están verdaderamente enfermos, con algún tipo de falla de funcionamiento que se debe a lesiones cerebrales, un mal heredado, desequilibrios glandulares u hormonales, etc. Esas personas deben recibir tratamiento de la ciencia médica con todos los medios disponibles.

Sin embargo, hay una zona amplia de lo que se suele denominar enfermedades mentales que son el resultado de conductas pecaminosas y actitudes carnales no resueltas. Los así afectados pueden presentar los síntomas de enfermedades mentales; pero muchas veces esos síntomas se relacionan con las tensiones y se deben a problemas espirituales. Algunas veces, esas personas fingirán una enfermedad, en lugar de afrontar la realidad de su situación. Culparán a otras personas y a las circunstancias por sus problemas, con el fin de hacer que la atención se aleje de ellos mismos. "Y oyeron la voz de Jehová que se paseaba en el huerto, al aire del día; y el hombre y su mujer se escondieron de la presencia de Jehová Dios entre los árboles del huerto…Y el hombre respondió: La mujer que me diste por compañera me dio del árbol, y yo comí". Por su parte, la mujer dijo: "La serpiente me engañó, y comí" (Génesis 3:8,12,13).

Sería un mal servicio el de tratar simplemente los síntomas o excusar a esa persona "por su modo de ser". Lo cierto es que nunca se sentirá bien, en tanto no resuelva su problema y lo corrija. La primera etapa de la recuperación es la aceptación de responsabilidad por sus actitudes y actos. "Todas las cosas están desnudas y abiertas a los ojos de aquel a quien tenemos que dar cuenta" (Hebreos 4:13). "De manera que cada uno de nosotros dará a Dios cuenta de sí" (Romanos 14:12).

El cambio es posible, a condición de que esa persona se enfrente a la realidad: tendrá que presentar su vida desnuda ante Dios, arrepentirse de lo que haya de malo en sus actitudes y actos, y confesárselo a Dios con la intención de abandonarlo a cambio de la novedad de vida en Cristo Jesús.

Muchas vidas se han reencauzado al recibir a Jesucristo como Señor y Salvador personal. El poder de la palabra de Dios y el ministerio del Espíritu Santo sobre nuestra vida, tienen efectos muy positivos.

En su columna "Mi respuesta", Billy Graham atrae la atención hacia "las multitudes que, por medio de la palabra de Dios, se han transformado en personas plenamente integradas. Escribiéndole a Timoteo, el Apóstol Pablo dijo, en cierta ocasión: 'Porque no nos ha dado Dios espíritu de cobardía, sino de poder, de amor y de dominio propio' (2 Timoteo 1:7)."

Estrategia de asesoramiento

1. Animen a su interlocutor, diciéndole que ha llamado al lugar apropiado y que se alegran de hablar con él y ayudarle en todo lo que puedan.

2. Estén listos para escuchar, si esa persona desea hablar. Hagan las preguntas necesarias para estimular la conversación, esperando que surja algo que les dé oportunidad de sugerir una solución espiritual.

3. Cuando consideren que es oportuno, pregúntenle si ha recibido alguna vez a Jesucristo como su Señor y Salvador. Compartan con él las "Etapas para obtener la paz con Dios" de la página 11. Su entrega puede iniciar una nueva conciencia y una nueva percepción que le darán deseo y motivación para afrontar su "enfermedad mental" con realismo y determinación.

4. Anímenle para que comience a leer y estudiar la Biblia. Ofrézcanle *Cómo vivir en Cristo*, para ayudarle a iniciar su estudio. Esta disciplina contribuirá a dirigir sus pensamientos hacia el Señor, lo que le dará paz interior (véase Isaías 26:3).

5. Anímenle a que aprenda a orar todos los días.

6. Aconséjenle que se identifique con una iglesia en la que se enseñe la Biblia, para que aprenda a adorar, tener comunión y servir a Cristo. Una buena relación con una iglesia será sumamente útil para enseñarle a esa persona lo básico de la Biblia y "cómo orar", y también para ofrecerle oportunidades de servicio.

7. Oren con esa persona para que su entrega a Cristo pueda reencauzar sus actitudes y actos, con el fin de que viva de un modo agradable a Dios. Lean juntos Romanos 12:1,2, indicándole que, si sigue esos principios, podrá transformarse en una persona íntegra.

8. Invítenle a que trate de obtener el asesoramiento de un pastor o un psicólogo cristiano, con el fin de que pueda haber continuidad en el tratamiento de sus problemas a la luz de las Escrituras.

Si el interlocutor es cristiano y tiene problemas personales no resueltos, compartan con él todo lo relativo a la "Restauración" de la página 17, y luego las etapas de seguimiento que se mencionaron antes.

Citas bíblicas

"Tú guardarás en completa paz a aquel cuyo pensamiento en ti persevera; porque en ti ha confiado" (Isaías 26:3).

"El Espíritu del Señor está sobre mí, por cuanto me ha ungido para dar buenas nuevas a los pobres; me ha enviado a sanar a los quebrantados de corazón; a pregonar libertad a los cautivos y vista a los ciegos; a poner en libertad a los oprimidos; a predicar el año agradable del Señor" (Lucas 4:18,19).

"Así que, hermanos, os ruego por las misericordias de Dios, que presentéis vuestros cuerpos en sacrificio vivo, santo, agradable a Dios, que es vuestro culto racional. No os conforméis a este siglo, sino transformaos por medio de la renovación de vuestro entendimiento, para que comprobéis cual sea la buena voluntad de Dios, agradable y perfecta" (Romanos 12:1,2).

"Haya, pues, en vosotros, este sentir que hubo también en Cristo Jesús" (Filipenses 2:5).

"Seguid la paz con todos, y la santidad, sin la cual nadie verá al Señor. Mirad bien, no sea que alguno deje de alcanzar la gracia de Dios; que brotando alguna raíz de amargura, os estorbe, y por ella muchos sean contaminados" (Hebreos 12:14,15).

"Desechando, pues, toda malicia, todo engaño, hipocresía, envidias y todas las detracciones, desead, como niños recién nacidos, la leche espiritual no adulterada, para que por ella crezcáis para salvación" (1 Pedro 2:1,2).

"Bienaventurado el varón que no anduvo en consejo de malos, ni estuvo en camino de pecadores, ni en silla de escarnecedores se ha sentado; sino que en la ley de Jehová está su delicia, y en su ley medita de día y de noche. Porque Jehová conoce el camino de los justos; mas la senda de los malos perecerá" (Salmo 1:1,2,6).

LA ENVIDIA, LOS CELOS Y LA CODICIA

Antecedentes

La envidia, los celos y la codicia son males relacionados recíprocamente. El descontento por nuestra posición y nuestras posesiones indica con frecuencia una actitud egocéntrica, que lleva a sentimientos intolerantes, rencorosos o, incluso, malignos, hacia un rival real o imaginario. Podemos codiciar el éxito, la personalidad, las posesiones materiales, el atractivo físico o la posición de otra persona. Luego, para compensar un yo frustrado, hacemos observaciones poco amables o destructivas y nos sumergimos en la autocompasión, la ira, la amargura y la depresión.

Caín le tuvo envidia a Abel, porque Dios aceptó la ofrenda de este último; pero rechazó la de Caín. Se llenó de celos y codiciaba lo que le había sido negado. El resultado fue la ira, la amargura, la depresión y el homicidio. "Porque donde hay celos y contención, allí hay perturbación y toda obra perversa" (Santiago 3:16).

Los celos y la ambición envidiosa hicieron que Lucifer se rebelara contra Dios. "Subiré al cielo; en lo alto, junto a las estrellas de Dios, levantaré mi trono...Y seré semejante al Altísimo" (Isaías 14:13-14).

Billy Graham escribió: "No es posible tener una personalidad bien desarrollada cuando se tiene envidia en el corazón. En Proverbios 14:30 se nos dice: 'El corazón apacible es vida de la carne; mas la envidia es carcoma de los huesos'. La envidia no es un arma defensiva, sino un instrumento ofensivo que se usa en los ataques espirituales. Hiere por herir y lastima por lastimar".

El Apóstol Pablo da el antídoto perpetuo para los pecados de envidia, celos y codicia. "Sé vivir humildemente y sé tener abundancia; en todo y por todo estoy enseñado, así para estar saciado como para tener hambre, así para tener abundancia como para padecer necesidad. Todo lo puedo en Cristo que me fortalece" (Filipenses 4:12,13).

Estrategia de asesoramiento

Para el no cristiano

1. Si detectan envidia, celos o codicia en su interlocutor, indíquenle con cuidado, pero con firmeza, que esas actitudes son desagradables para Dios. Explíquele las "Etapas para obtener la paz con Dios" de la página 11

y, luego, compartan con esa persona "Los resultados de recibir a Cristo" de la página 13.

2. Aconséjenle que trate de quedar libre de la envidia, los celos y la codicia. Ahora que Cristo ha entrado a su vida, el interlocutor podrá aprender a reorientar sus pensamientos y actos, de modo que reflejen la novedad de su vida en Cristo. La envidia, los celos y la codicia se deben confesar como pecados y buscar diariamente el perdón y la limpieza.

3. Anímenlo para que lea y estudie la Palabra de Dios. Dwight L. Moody dijo: "El pecado lo mantendrá alejado de este libro. Este libro lo mantendrá alejado del pecado". Invítenle a que busque fielmente textos bíblicos que se refieran a sus problemas y que ore por ellos. Deberá pedirle a Dios que los grabe a fuego en su corazón. La Palabra de Dios aporta convicción y también alivio, cuando aprendemos a obedecerla.

4. Traten esos pecados como "malos hábitos" que es preciso abandonar. Comience a practicar el principio de "despojo", "revestimiento" (vea LOS MALOS HABITOS en la página 163). Esto será de gran ayuda. Deberá comenzar por un aspecto del problema, enfocando su atención en él, hasta que sienta que lo ha controlado, para pasar sucesivamente a otros aspectos, hasta que vea un progreso. Con frecuencia resulta útil el contar con el cónyuge o un amigo cristiano para que supervise el progreso realizado. También será muy útil orar con esa persona respecto a asuntos específicos.

5. Anímenle para que participe en algún tipo de servicio cristiano, por medio de una iglesia en la que se enseñe la Biblia. Esto podría fomentar pensamientos más objetivos y constructivos, que servirán como ayuda para controlar sus actitudes.

6. Denle aliento para que desarrolle una actitud llena de agradecimiento hacia la vida, las cosas que le suceden y las personas que encuentre en su camino. El reemplazar las críticas con alabanzas es una buena práctica que proporciona resultados alentadores.

7. Oren con su interlocutor personalmente, pidiéndole al Señor que le dé la victoria y una nueva alegría en su experiencia cristiana.

Citas bíblicas

"Si, pues, habéis resucitado con Cristo, buscad las cosas de arriba, donde está Cristo sentado a la diestra de Dios. Poned la mira en las cosas de arriba, no en las de la tierra.Porque habéis muerto, y vuestra vida está escondida con Cristo en Dios. Cuando Cristo, vuestra vida, se manifieste, entonces vosotros también seréis manifestados con él en gloria"   (Colosenses 3:1-4).

"El corazón apacible es vida de la carne; mas la envidia es carcoma de los huesos"   (Proverbios 14:30).

"Sean vuestras costumbres sin avaricia, contentos con lo que tenéis ahora; porque él dijo: No te desampararé ni te dejaré" (Hebreos 13:5).

"Y considerémonos unos a otros para estimularnos al amor y a las buenas obras; no dejando de congregarnos como algunos tienen por costumbre, sino exhortándonos; y tanto más, cuanto veis que aquel día se acerca"   (Hebreos 10:24,25).

Proverbios 27:4.

1 Corintios 3:3.

EL ESPIRITU SANTO

Antecedentes

Un cristiano nunca puede estar "completo" o maduro sin un conocimiento completo de la Persona y la obra del Espíritu Santo. Es siempre la sensación de necesidad e insuficiencia la que nos hace tratar de obtener este conocimiento.

El Espíritu Santo es una de las tres Personas de la Trinidad. Es igual en posición y poder, con todos los aspectos esenciales de la divinidad. Comparte todos los atributos de Dios: es eterno, sin principio ni fin (Hebreos 9:14); omnipotente, poseedor de todo poder (Lucas 1:35); omnipresente, presente en todas partes al mismo tiempo (Salmo 139:7) y omnisciente, o sea, que lo sabe todo (1 Corintios 2:10,11).

Posee todas las características de la personalidad. El Espíritu Santo no es una cosa (véase Romanos 8:16 y 26).

El Espíritu Santo tiene intelecto, emociones y voluntad. Habla (Hechos 13:2), intercede (Hechos 16:6,7), asigna (Hechos 20:28), guía (Romanos 8:14), redarguye y convence de pecado (Juan 16:8). Se le puede mentir y probar (Hechos 5:3,4,9), resistir (Hechos 7:51), afligir (Efesios 4:30) y blasfemar (Mateo 12:31).

Todos los cristianos debemos entender nuestra propia relación con el Espíritu Santo.

• Lo que se ha realizado:

Hemos nacido del Espíritu Santo (Juan 2:6,8).

Dios nos ha dado el Espíritu Santo (Juan 14:6; 16:7).

Somos bautizados por el Espíritu (1 Corintios 12:13).

Somos templos del Espíritu Santo (1 Corintios 6:19,20).

Hemos sido sellados por el Espíritu Santo (Efesios 1:13).

• Lo que es potencialmente real:

Todos los cristianos tienen el Espíritu Santo; pero no todos están llenos del Espíritu Santo. Debemos desear esta plenitud, porque Dios nos ordena: "Sed llenos del Espíritu Santo" (Efesios 5:18).

Billy Graham escribió: "Creo que la Biblia enseña que hay un bautismo en el Espíritu Santo—cuando acudimos por fe a Cristo. La Biblia enseña que hay muchos momentos en los que el Espíritu Santo nos llena—de hecho, debemos estar constantemente llenos del Espíritu Santo. Un bautismo, muchas experiencias de plenitud. Cuando estamos llenos del Espíritu, no se trata de que le pertenezcamos más, como si Su obra fuera cuantitativa. No se trata de qué cantidad del Espíritu tenemos, sino de cuánto tiene el Espíritu de nosotros...Conforme vamos entendiendo mejor el señorío de Cristo, nos rendimos cada vez más a El. Así, al buscar la plenitud del Espíritu Santo, recibimos y gozamos Su presencia que nos llena y Su plenitud cada vez más".

Estrategia de asesoramiento

1. Si les hacen alguna pregunta sobre el Espíritu Santo, traten de dar una respuesta a partir de los temas que se incluyen en los ANTECEDENTES.

2. Si les hacen preguntas o expresan un deseo sobre la plenitud del Espíritu Santo, compartan los puntos que siguen:

   A. Es preciso entender que Dios nos dio Su Espíritu Santo y que mora en nosotros. Véanse las citas bíblicas de los ANTECEDENTES.

   B. Debemos comprender que Dios nos ordena que debemos estar llenos del Espíritu Santo (Efesios 5:18).

   C. Tenemos que entender que antes de que podamos recibir Su plenitud, debemos resolver sinceramente todos los pecados conocidos de nuestra vida. Esto implica arrepentimiento y confesión a Dios.

   D. Entregamos sincera y completamente el control de nuestra vida al Señor, como acto definitivo de consagración. Renunciamos a nuestra propia voluntad y, por encima de todo, tratamos de someternos en todo a Cristo, como nuestro Señor, con el fin de tener Su dirección en todos los aspectos de nuestra vida. Esta obediencia requiere una entrega diaria a Dios, para poder aprender los secretos del camino de la fe.

      Cuando nos hemos entregado a Dios y Su voluntad, estamos llenos del Espíritu Santo. Ahora debemos actuar de conformidad con esta verdad, y vivir nuestra vida con una seguridad absoluta de que Dios nos ha llenado ya y que nos encontramos bajo Su control.

3. Oren con el interlocutor sobre la aplicación de estas verdades a su vida y para que pueda estar lleno del Espíritu Santo.

Citas bíblicas

"Y yo rogaré al Padre, y os dará otro Consolador, para que esté con vosotros para siempre; el Espíritu de verdad, al cual el mundo no puede recibir, porque no le ve, ni le conoce; pero vosotros le conocéis, porque mora con vosotros, y estará en vosotros"   (Juan 14:16,17).

"Pero recibiréis poder, cuando haya venido sobre vosotros el Espíritu Santo, y me seréis testigos en Jerusalén, en toda Judea, en Samaria, y hasta lo último de la tierra"   (Hechos 1:8).

"Pero yo os digo la verdad: Os conviene que yo me vaya, porque si no

EL ESPIRITU SANTO

me fuese, el Consolador no vendría a vosotros; mas si me fuere, os lo enviaré. Y cuando él venga, convencerá al mundo de pecado, de justicia y de juicio. De pecado, por cuanto no creen en mí; de justicia, por cuanto voy al Padre, y no me veréis más; y de juicio, por cuanto el príncipe de este mundo ha sido ya juzgado" (Juan 16:7-11).

Juan 3:6,8.
1 Corintios 12:13.
Juan 16:13,14.
1 Corintios 6:19,20.
Efesios 1:13.
Romanos 8:14-16.

Véase también LOS FRUTOS y LOS DONES DEL ESPIRITU SANTO

LOS FRUTOS DEL ESPIRITU SANTO

Antecedentes

El estar lleno del Espíritu Santo (capítulo anterior) incluye dos aspectos: las pruebas de frutos del Espíritu Santo (este capítulo) y Sus dones (el capítulo que sigue).

La plenitud del Espíritu Santo en su vida. El patrón de vida del Nuevo Testamento se establece en Mateo 7:16: "Por sus frutos los conoceréis". La primera evidencia de estar lleno del Espíritu Santo es llevar una vida piadosa. Dios quiere cristianos maduros, que demuestran tener los frutos del Espíritu Santo de conformidad con lo que se nos dice en Gálatas 5:22,23: "amor, gozo, paz, paciencia, benignidad, bondad, fe, mansedumbre, templanza".

"Los frutos del Espíritu Santo son lo que Dios espera ver en nuestras vidas", dijo Billy Graham. "A diferencia de los dones del Espíritu, Sus frutos no se dividen entre los creyentes. En lugar de ello, TODOS los cristianos deben distinguirse por tener todos los frutos del Espíritu Santo. En la forma más sencilla posible, la Biblia nos indica que necesitamos al Espíritu para que dé frutos en nuestra vida, porque no podemos producir nada santo apartados del Espíritu. En nuestro propio interior estamos llenos de toda clase de deseos egocéntricos y egoístas que se oponen a la voluntad de Dios para nuestra vida".

En la práctica, ¿cómo comenzamos a desarrollar estos frutos del Espíritu Santo en nuestra vida?

Debemos entregarnos conscientemente al Espíritu Santo de conformidad con lo que dice en 1 Corintios 6:19,20 y Romanos 12:1,2. Pregúntese usted mismo, ¿se ha dado cuenta alguna vez de que es de Dios y que su cuerpo es verdaderamente la morada del Espíritu Santo? ¿Le ha ofrecido alguna vez su cuerpo (su vida) a Dios tal y como se exige en Romanos 12:1?

A continuación, debemos considerar que hemos muerto al pecado; pero estamos vivos en Cristo (Romanos 6:11). En Gálatas 2:20, Pablo dijo: "Con Cristo estoy juntamente crucificado, y ya no vivo yo, mas vive Cristo en mí; y lo que ahora vivo en la carne, lo vivo en la fe del Hijo de Dios, el cual me amó y se entregó a sí mismo por mí". Estamos muertos al pecado, en el sentido de que este último ya no nos controla (véase Romanos 6:12,13).

Luego, decidimos, con fe, entregarnos al Señorío de Jesucristo. Esto sucede gradualmente, a medida que logramos controlar nuestra mente. Nuestros actos responden al control que tiene el Espíritu de nuestros pensamientos. "No os conforméis a este siglo, sino transformaos por medio de la renovación de vuestro entendimiento, para que comprobés cual sea la buena voluntad de Dios, agradable y perfecta" (Romanos 12:2).

Trabajámos sobre uno de los "frutos" cada vez, orando con fe y confiando en que Dios nos dará el amor, el gozo, la paz y la paciencia que se mencionan en Gálatas 5:22 y 23, para que esas características sean una realidad en nuestra vida.

Estrategia de asesoramiento

1. Si su interlocutor se muestra preocupado porque desea tener los frutos del Espíritu Santo en su vida, pueden ver con él parte de lo que se presenta en los ANTECEDENTES.

2. Algunas veces, las preguntas revelan el punto de enfoque que se requiere. Pregúntenle:
   "¿Está consciente de alguna falta de disciplina personal en usted?"
   "¿Rompió sus relaciones con alguna otra persona y necesita reanudarlas?"
   "¿Permanece conscientemente en Cristo?"
   "¿Está leyendo y estudiando diariamente la Biblia?"
   "¿Esta orando respecto a su relación con Cristo, pidiéndole que desarrolle en usted los frutos del Espíritu Santo?"

3. Oren con su interlocutor, pidiendo que tenga la plenitud del Espíritu Santo, para que Sus frutos aparezcan en su vida.

Citas bíblicas

"Así que, hermanos, os ruego por las misericordias de Dios, que presentéis vuestros cuerpos en sacrificio vivo, santo, agradable a Dios, que es vuestro culto racional. No os conforméis a este siglo, sino transformaos por medio de la renovación de vuestro entendimiento, para que comprobéis cual sea la buena voluntad de Dios, agradable y perfecta" (Romanos 12:1,2).

"¿O ignoráis que vuestro cuerpo es templo del Espíritu Santo, el cual está en vosotros, el cual tenéis de Dios, y que no sois vuestros? Porque habéis sido comprados por precio; glorificad, pues, a Dios en vuestro cuerpo y en vuestro espíritu, los cuales son de Dios" (1 Corintios 6:19,20).

"Así también vosotros consideraos muertos al pecado, pero vivos para Dios en Cristo Jesús, Señor nuestro. No reine, pues, el pecado en vuestro cuerpo mortal, de modo que lo obedezcáis en sus concupiscencias; ni tampoco presentéis vuestros miembros al pecado como instrumentos de iniquidad, sino presentaos vosotros mismos a Dios como vivos de entre los muertos, y vuestros miembros a Dios como instrumentos de justicia" (Romanos 6:11-13).

Gálatas 5:22,23.

LOS DONES DEL ESPIRITU SANTO

Antecedentes

El cristiano verdaderamente consagrado querrá apropiarse de todo lo que Dios tiene en reserva para su vida. Hemos recibido la gracia de Dios por medio de la Persona y la obra de nuestro Señor Jesucristo. Ahora, debemos permanecer abiertos para recibir los dones del Espíritu Santo. "Procurad, pues, los dones mejores" (1 Corintios 12:31).

Sin embargo, es preciso que tengamos cuidado de no ser presuntuosos al reclamar cualquier don para nosotros. En lugar de ello, debemos confiar en la soberanía del Espíritu Santo para que le dé "a cada uno en particular como él quiere" (1 Corintios 12:11). Muchas personas pretenden poseer ciertos dones; pero su vida y su ministerio no dan pruebas de ello. No se debe considerar que los dones espirituales hacen a algún creyente o grupo de creyentes más santo o espiritualmente más avanzado que otro.

El orgullo espiritual puede anular la eficacia de cualquier don.

Evidentemente, algunos cristianos poseen los dones más manifiestos, tales como el de la predicación, la enseñanza o el evangelismo. Esto no quiere decir que son "supercristianos". Simplemente están aplicando los dones que les dio Dios. El cristiano que ejercita el don más calmado de la fe es igualmente importante para Dios y para la edificación del cuerpo de Cristo. En ninguna parte de las Escrituras se nos dice que debamos buscar los mismos dones. No todos son iguales; pero todos tienen la misma finalidad: deben aplicarse a la obtención de la unificación y la edificación del cuerpo, la iglesia (Efesios 4:12-16).

Dos porciones de las Escrituras enumeran los dones del Espíritu Santo:

"Porque a éste es dada por el Espíritu palabra de sabiduría; a otro, palabra de ciencia, según el mismo Espíritu; a otro, fe por el mismo Espíritu; y a otro, dones de sanidades por el mismo Espíritu. A otro, el hacer milagros; a otro, profecía; a otro, discernimiento de espíritus; a otros, diversos géneros de lenguas; y a otro, interpretación de lenguas. Pero todas estas cosas las hace uno y el mismo Espíritu, repartiendo a cada uno en particular como quiere" (1 Corintios 12:8-11).

"Y él mismo constituyó a unos apóstoles; a otros, profetas; a otros, evangelistas; a otros, pastores y maestros, a fin de perfeccionar a los santos para la obra del ministerio, para la edificación del cuerpo de Cristo" (Efesios 4:11,12).

Los comentarios de Billy Graham sobre este tema tan importante son muy útiles. "Esos dones nos llegan del Espíritu Santo, que escoge a quienes van a obtenerlos, y los reparte como quiere.

LOS DONES DEL ESPIRITU SANTO

Aunque somos responsables del modo en que utilicemos los dones que hayamos recibido, no somos responsables de los dones que no poseamos. Ni debemos codiciar lo que tenga otra persona ni tenerle envidia. Podemos desear tener ciertos dones e incluso pedirlos; pero si no responden a la voluntad del Espíritu Santo, no obtendremos lo que pidamos. Y si no estamos satisfechos debido a que el Espíritu Santo no nos da los dones que deseamos, estaremos pecando".

Estrategia de asesoramiento

1. Permanezcan dentro de los lineamientos de los ANTECEDENTES, cuando den asesoramiento en lo que se refiere a los dones del Espíritu Santo. Es fácil dejarse llevar por alguien que considere que los dones son algo que nunca han sido ni serán.

2. Afirmen con toda claridad que una persona debe haber nacido de nuevo en Cristo para poder apropiarse de los dones del Espíritu Santo. A diferencia de lo que muchos pretenden, no se puede invertir este orden de las cosas. Pregúntenle a su interlocutor si ha recibido a Jesucristo como su Señor y Salvador. Si no es así, explíquenle las "Etapas para obtener la paz con Dios" de la página 11.

3. Si su interlocutor es un creyente que está buscando sinceramente la plenitud del Espíritu Santo y la identificación de algún don, aconséjenle que dedique tiempo a un estudio prolongado y cuidadoso de las Escrituras que se ocupan de los dones, incluso el libro de los Hechos y las epístolas de Pablo, donde podemos ver los dones en acción. A ese estudio debe acompañar la oración sincera y fervorosa, porque así el que busca obtendrá discernimiento y sabiduría para alejarse de los excesos.

4. Aconséjenle que no se deje afectar demasiado por personas o grupos que insistan en algún tipo de método estandarizado para recibir o ejercer algún don o que pretendan que todos los creyentes deben poseer ciertos dones. Cada uno debe confiar en que el Espíritu Santo distribuirá Sus dones como lo desee (véase Juan 3:8 y 1 Corintios 12:11).

Uno de los comentarios de Billy Graham ayuda a poner esto en perspectiva: "Creo que una persona llena del Espíritu Santo—que se someta constantemente al Señorío de Cristo—llegará a descubrir sus dones con bastante facilidad. Querrá que Dios le guíe en su vida, y esa es la clase de persona que Dios está dispuesto a bendecir, mostrándole los dones que le ha conferido el Espíritu Santo".

5. Indíquenle que junto a los dones del Espíritu, debemos tratar de demostrar siempre los frutos del Espíritu. "Mas el fruto del Espíritu es amor, gozo, paz, paciencia, benignidad, bondad, fe, mansedumbre, templanza; contra tales cosas no hay ley" (Gálatas 5:22,23). Los frutos y los dones deben permanecer unidos. Se nos conoce por nuestros frutos (Mateo 7:16).

6. Oren con su interlocutor para que tenga una demostración de los frutos del Espíritu Santo en su vida,y para que pueda servir con mayor eficacia al cuerpo de Cristo y al mundo, utilizando algún don que haya recibido según la voluntad soberana del Espíritu de Dios.

Citas bíblicas

Estudien 1 Corintios 13 en relación con otras porciones de las Escrituras para obtener una buena perspectiva sobre los dones del Espíritu Santo.

"Cada uno según el don que ha recibido, minístrelo a los otros, como buenos administradores de la multiforme gracia de Dios"

(1 Pedro 4:10).

FALTA DE FE

Antecedentes

Los interlocutores expresan con frecuencia su necesidad de más fe.

Podríamos definir la fe como "una entrega ciega a lo que Dios es, hace y dice". Es basar nuestra vida en la realidad de Su confiabilidad. Sin embargo, a menos que la fe se vuelva activa en nuestra propia vida, será tan sólo una palabra. La definición más conocida de la fe que se da en las Escrituras es funcional; no nos dice lo que es la fe realmente, sino lo que hará por nosotros. "Es, pues, la fe la certeza de lo que se espera, la convicción de lo que no se ve" (Hebreos 11:1).

El evangelio es un camino de fe. La vida del cristiano es un avanzar con fe. La fe le complace a Dios y el Señor la recompensa. "Pero sin fe es imposible agradar a Dios, porque es necesario que el que se acerca a Dios crea que le hay, y que es galardonador de los que le buscan" (Hebreos 11:6).

Billy Graham dijo: "La fe se manifiesta de tres modos distintos: en la doctrina, la adoración y el compañerismo. Se revelará en la moralidad, en el modo en que vivimos y nos comportamos. La Biblia enseña también que la fe no concluye con la confianza en Cristo y nuestra salvación. ¡La fe sigue adelante! ¡Crece! Puede que sea endeble al principio; pero se fortalece cuando comenzamos a leer la Biblia, orar, asistir a la iglesia, y experimentar la fidelidad de Dios en nuestra vida cristiana".

Estrategia de asesoramiento

Para el no cristiano

Si su interlocutor habla de la fe de tal modo que demuestre que no entiende la fe salvadora, compartan con él las "Etapas para obtener la paz con Dios" de la página 11. Recalquen el hecho de que sólo mediante la fe podemos llegar a conocer a Dios. El llegar a tener una relación correcta con El por medio de Jesucristo implica una entrega por fe a Su persona y Su obra, expresada en Su muerte en la cruz y Su resurrección. "Así que la fe es por el oír, y el oír, por la palabra de Dios" (Romanos 10:17). "Porque por gracia sois salvos por medio de la fe; y esto no de vosotros, pues es don de Dios; no por obras, para que nadie se gloríe" (Efesios 2:8,9). Compartan con esa persona el contenido de las páginas 15 y 250 sobre la "Seguridad."

Para el cristiano

Si su interlocutor es un cristiano que expresa su preocupación por el hecho de que le falta fe o que desea que su fe aumente:

1. Pregúntenle:

    ¿Para qué quiere más fe?

    ¿Qué quiere obtener por medio de la fe?

    Puede ser que le falte seguridad en su relación con Cristo. Si es así, explíquenle los puntos sobre la "Seguridad" de la página 15 y hagan también hincapié en Efesios 2:8,9.

2. Si permanece firme en su entrega a la salvación por medio de Cristo, compartan con esa persona ideas sobre cómo obtener más fe.

    A. Una vida de fe no se desarrolla instantáneamente, por medio de un proceso misterioso. Es la disciplina espiritual la que conduce a una fe más profunda.

    B. Invítenle a que le confiese a Dios su falta de fe como un pecado. "...y todo lo que no proviene de fe, es pecado" (Romanos 14:23). "Mirad, hermanos, que no haya en ninguno de vosotros corazón malo de incredulidad para apartarse del Dios vivo" (Hebreos 3:12).

    C. Anímenlo para que acuda al manantial de la fe, la Biblia. Tan sólo en el Nuevo Testamento hay cerca de 500 alusiones a la "fe", el "creer", etc. ¡Su interlocutor necesitará leerlo y estudiarlo! Invítenle a que tome nota por escrito de todas las alusiones a la fe y que, a continuación, estudie todas ellas en sus respectivos contextos, para determinar qué está diciendo Dios sobre la fe y cómo puede aplicarlo a su vida.

    D. Aprémienle para que ponga en práctica su fe en su vida de oración. Hay muchos pasajes en los que se relaciona la fe con la oración. Por ejemplo: Mateo 17:20 y Santiago 5:15. La fe crecerá, al experimentarse victorias en la oración.

    E. Anímenle para que comience a usar lo que aprenda sobre la fe, poniéndolo a prueba en su vida y su experiencia. Por ejemplo, en Proverbios 3:5-6, Dios promete Su guía, si satisfacemos ciertas condiciones. Si el interlocutor desea la dirección del Señor para alguna decisión que deba tomar o algo que tenga que hacer, deberá determinar cuáles son las condiciones de Dios en el pasaje dado y cumplirlas, con el fin de experimentar la guía prometida.

    F. Invítenle a que comience a probar la fe, creyendo en Dios cada vez más y actuando de conformidad con ese convencimiento. La fe verdadera es dinámica y da como resultado la actividad. ¡Los grandes héroes de la fe (Hebreos 11) actuaban para Dios! Participen en el servicio cristiano. "Así que, hermanos míos amados, estad firmes y constantes, creciendo en la obra del Señor siempre, sabiendo que vuestro trabajo en el Señor no es en vano" (1 Corintios 15:58).

Citas bíblicas

"Justificados, pues, por la fe, tenemos paz para con Dios por medio de nuestro Señor Jesucristo"   (Romanos 5:1).

FALTA DE FE

"En lo cual vosotros os alegráis, aunque ahora por un poco de tiempo, si es necesario, tengáis que ser afligidos en diversas pruebas, para que sometida a prueba vuestra fe, mucho más preciosa que el oro, el cual, aunque perecedero, se prueba con fuego, sea hallada en alabanza, gloria y honra cuando sea manifestado Jesucristo, a quien amáis sin haberle visto, en quien creyendo, aunque ahora no lo veáis, os alegráis con gozo inefable y glorioso; obteniendo el fin de vuestra fe, que es la salvación de vuestras almas" (1 Pedro 1:6-9).

"...de cierto os digo, que si tuviéreis fe como un grano de mostaza, diréis a este monte: Pásate de aquí allá, y se pasará, y nada os será imposible" (Mateo 17:20).

"Respondiendo Jesús, les dijo: Tened fe en Dios" (Marcos 11:22).

LA GUERRA

Antecedentes

Los cristianos profundos se han debatido siempre con el problema de la guerra y sus implicaciones morales. Algunos la consideran incompatible con las enseñanzas y el espíritu cristianos y, por ende, inaceptable en cualquier circunstancia, basándose en Mateo 5:43,44: "Oísteis que fue dicho: Amarás a tu prójimo y aborrecerás a tu enemigo. Pero yo os digo: Amad a vuestros enemigos, bendecid a los que os maldicen, haced bien a los que os aborrecen, y orad por los que os ultrajan y os persiguen".

Otros cristianos opinan que es necesario armarse y estar listos ya que la ciudadanía cristiana nos obliga a obedecer a los que ocupan puestos de autoridad, sirviendo en los cuerpos militares, si se presenta una guerra (véase Romanos 13:1, Tito 3:1 y Hebreos 13:7).

Desde el punto de vista filosófico, la guerra es una extensión de la lucha del hombre contra el pecado y el mal del mundo. El Apóstol Santiago escribió: "¿De dónde vienen las guerras y los pleitos entre vosotros? ¿No es de vuestras acciones, las cuales combaten en vuestros miembros? Codiciáis y no tenéis, matáis y ardéis de envidia, y no podéis alcanzar; combatís y lucháis, pero no tenéis lo que deseáis, porque no pedís. Pedís y no recibís, porque pedís mal, para gastar en vuestros deleites" (Santiago 4:1-3).

¿Cuál debe ser la actitud del cristiano en relación a la guerra?:

1. Buscar ser instrumento de la paz de Dios, orando y trabajando en favor de ella. "Bienaventurados los pacificadores, porque ellos serán llamados hijos de Dios" (Mateo 5:9).

   "Exhorto ante todo a que se hagan rogativas, oraciones, peticiones, y acciones de gracias, por todos los hombres; por los reyes y por todos los que están en eminencia, para que vivamos quieta y reposadamente en toda piedad y honestidad" (1 Timoteo 2:1,2).

2. Buscar agradar a Dios, entregándole su vida (véase Romanos 12:1,2) y, luego, viviendo en obediencia a Su Palabra.

   A medida que una persona descubre la voluntad de Dios para su vida, los asuntos de conciencia se van resolviendo con una percepción que sólo puede otorgar el Espíritu Santo.

3. Esforzarse en ser testigo de Cristo, con la meta de ganar a otros para El. La paz principia en el nivel personal y se adquiere cuando le permitimos a "aquel que es nuestra paz" que controle nuestra vida (véase Efesios 2:14). No habrá paz en la tierra hasta que el Príncipe de Paz, nuestro Señor Jesucristo, vuelva a establecerla. Debemos esforzarnos en llevar el evangelio a todas las naciones, en espera de su regreso (véase Hechos 1:8).

4. Si una persona se ve obligada a tomar las armas, debe hacerlo en una entrega renovada a Cristo, confiando en que El lo guardará de peligros y daños, así como también de las tentaciones y los pecados a los que se

enfrenta el soldado. Trate de honrar a Cristo en cualquier situación.

Estrategia de asesoramiento

1. La persona interesada en este tema debe saber que no es la única que tiene inquietudes respecto a la guerra; cualquier cristiano escrupuloso las tiene también. Hágale saber que le agrada poder compartir con ella sus propios pensamientos. A veces, es mucho mejor admitir desde el principio que no está preparado para analizar la guerra filosóficamente. Sin embargo, puede decirle que está convencido de que Dios es justo y no busca el dolor y el sufrimiento del hombre, porque Dios es amor. La demostración más grande del amor de Dios es que envió a Su Hijo a morir por nuestros pecados. El Señor tiene un plan para la vida de cada ser humano, incluso la de su interlocutor. Quiere compartir Su vida, Su amor y Su paz con cada uno de nosotros. ¿Se ha entregado su interlocutor a Cristo Jesús, recibiéndolo como su Señor y Salvador personal? Si es pertinente, comparta con él las "Etapas para obtener la paz con Dios" de la página 11.

   Señálenle que, si está dispuesto a entregarle su existencia a Cristo, adquirirá sabiduría y perspectiva concerniente a esta preocupación sobre la guerra y su participación personal en ella. En realidad, la conciencia humana sólo es confiable cuando la guía el Espíritu Santo que ha entrado a habitar en la persona que recibe a Cristo como su Salvador (1 Corintios 6:19,20).

2. Asegúrenle a la persona que comparten con ella sus inquietudes y que les agrada la oportunidad de conversar y explicarle lo que piensan al respecto.

   No obstante, convendrá que le pidan que, por un momento, deje a un lado su preocupación por la guerra, para regresar más tarde a este tema. Lo que ahora desea preguntarle es la cuestión más importante a la que se enfrentará en toda su vida. Su interlocutor tiene un valor incalculable y Dios está preocupado por él, porque tiene un plan que puede llevarlo a desarrollar una vida de calidad más elevada que lo que jamás soñó. La cuestión vital es: ¿ha recibido a Jesucristo como su Salvador personal? Si viene al caso, compartan con esa persona las "Etapas para obtener la paz con Dios" de la página 11.

3. Otro interlocutor puede hacerle la siguiente pregunta: ¿Cree usted en un Dios que permite la guerra cuando ésta genera tantos sufrimientos, destrucción y muertes prematuras de seres humanos?
   Considere lo suguiente:

   A. La guerra es sólo una faceta del grave problema de la maldad que ha asolado a la humanidad desde los primeros tiempos. Es preciso reconocer que hay tanta maldad en la guerra como en el caso de un asesinato. Esta misma maldad trató de destruir al hombre más grande que ha existido, clavándolo en una cruz.

   B. El problema se reduce realmente a una cuestión de opciones morales de las que somos responsables. Dios deseaba un mundo basado en valores morales, de modo que tuvo que crear una sociedad que pudiera responder a las opciones morales.

Al enfrentarse a la opción moral de vivir egoísta o no egoístamente, la gente toma a menudo las decisiones equivocadas. Estamos en libertad de escoger; pero no podemos escapar a las consecuencias de nuestras malas decisiones morales. La guerra es una opción errónea.

C. La guerra es el fruto del pecado. Como no tenemos Su ley y no la obedecemos, nos vemos enfrentados a las consecuencias de nuestra desobediencia. Podemos escoger obedecerle, confiando en El no sólo como nuestro Salvador, sino también como nuestro Señor. "Porque de tal manera amó Dios al mundo, que dio a su Hijo unigénito, para que todo aquel que en él cree, no se pierda mas tenga vida eterna" (Juan 3:16).

4. Tal vez otra persona le haga la siguiente pregunta: ¿Por qué no podemos rehusar armarnos o participar en las guerras? (Sin ejércitos, no hay necesidad de defenderse).

Reduzcamos el problema a un nivel muy práctico en la comunidad en que vivimos. ¿Estaría esa persona dispuesta a dejar de cerrar con llave las puertas de su casa o su departamento, o bien, de su automóvil? Es evidente que todas las sociedades deben protegerse a sí mismas, sus familias, y sus propiedades, si desean conservar su seguridad. ¡Cuánta mayor razón tienen las naciones enteras para ello, en vista de las filosofías y culturas conflictivas que poseen! No vivimos en un mundo ideal, sino, más bien, en un mundo dominado por deseos pecaminosos y egoístas. Jesús afirmó: "Amarás a tu prójimo como a ti mismo" (Mateo 19:19). Aplicado esto a un nivel internacional, significará proteger la vida, la familia, el hogar y las propiedades de los demás, tanto como las nuestras propias.

Citas bíblicas

Profecías sobre la guerra:

"Y oiréis de guerras y rumores de guerras; mirad que nos os turbéis, porque es necesario que todo esto acontezca; pero aún no es el fin"
(Mateo 24:6).

"Y juzgará entre las naciones y reprenderá a muchos pueblos; y volverán sus espadas en rejas de arado y sus lanzas en hoces; no alzará espada nación contra nación, ni se adiestrarán más para la guerra"
(Isaías 2:4).

"Enjugará Dios toda lágrima de los ojos de ellos, y ya no habrá muerte, ni habrá más llanto, ni clamor, ni dolor; porque las primeras cosas pasaron"
(Apocalipsis 21:4).

Sumisión a la autoridad:

"Sométase toda persona a las autoridades superiores; porque no hay autoridad sino de parte de Dios, y las que hay, por Dios han sido establecidas. De modo que quien se opone a la autoridad, a lo establecido por Dios resiste; y los que resisten, acarrean condenación para sí mismos"   (Romanos 13:1,2).

"Por causa del Señor, someteos a toda institución humana, ya sea al rey como a superior, y a los gobernadores, como por él enviados para castigo de los malhechores y alabanza de los que hacen bien"
                                                                                      (1 Pedro 2:13,14).

La causa de la guerra:
Santiago 4:1-3.

EL HOGAR
(Cómo ganar a los padres para Cristo)

Antecedentes

Pablo, al escribirle a Timoteo, le aconsejó lo que sigue:

"Ninguno tenga en poco tu juventud, sino sé ejemplo de los creyentes en palabra, conducta, amor, espíritu, fe y pureza... Ten cuidado de ti mismo y de la doctrina; persiste en ello, pues haciendo esto, te salvarás a ti mismo y a los que te oyeren" (1 Timoteo 4:12,16).

Aunque este consejo se dio hace cerca de 2,000 años, es todavía para los jóvenes que hayan recibido a Cristo y estén profundamente preocupados por el bienestar espiritual de sus padres.

Recientemente, un pastor dijo que cuando un adolescente se convierte y desea aprender a dar testimonio, le aconseja que se vaya a casa, recoja su habitación, haga su cama, preste atención a sus padres, sonría, escuche a otras personas, y que espere hasta que sus padres le pregunten qué le ha sucedido, antes de decirles que Cristo ha cambiado su vida.

NOTA: Los adolescentes cristianos no son los únicos que tienen padres no salvos. Algunos adultos cristianos tienen también padres inconversos— y algunos de ellos están ya envejeciendo.

En *Billy Graham responde a sus preguntas*, se ofrece este consejo: "Ante todo, le aconsejo que tenga paciencia con sus padres. Querrán estar seguros de que su experiencia con Cristo no es sólo un capricho pasajero. En segundo lugar, permítale a Cristo poseerle de tal modo que puedan ver una diferencia en usted. En tercer lugar, ore por ellos. Puede parecerle que no le escuchan; pero oyen mucho más de lo que cree. Esto no sucederá en una semana, un mes o, incluso, un año; pero el Espíritu de Dios está activo siempre. Recuerde que la Biblia dice: "No nos cansemos, pues, de hacer bien, porque a su tiempo segaremos, si no desmayamos" (Gálatas 6:9".

Estrategia de asesoramiento

1. Felicite al joven que busque consejos para dar testimonio de Cristo. Estará dando pruebas de un interés espiritual por encima del promedio.

2. Lean el consejo de Billy Graham en ANTECEDENTES y, luego, hagan hincapié en lo que sigue:

   A. En las Escrituras (1 Timoteo 4:12,16), la palabra clave es el ejemplo. En el hogar, esto se demuestra, sobre todo, mediante el respeto, la obediencia, y los actos de amor y bondad. Recuerden el antiguo refrán: "Lo que haces habla tan fuerte que no puedo oír lo que dices".

B. Asegúrense de ser congruentes en su vida cristiana, sin estar entusiasmados un día y abatidos al siguiente.

3. Anímenle para que preste una gran atención al desarrollo de su propia vida espiritual, leyendo y estudiando la palabra de Dios, mediante la oración (puede poner los nombres de sus padres para encabezar su lista de peticiones), siendo un buen estudiante en la escuela, y participando en actividades cristianas con otros jóvenes.

4. Aconséjenle que ore pacientemente, pidiendo oportunidades para dar testimonio del Señor. Esto lo podrá hacer personalmente o invitando a su familia a algún servicio cristiano especial o a la iglesia.

5. Oren con el joven para que el consejo que le dio Pablo a Timoteo se haga realidad en su propia vida. Lo anterior puede no parecerle muy emocionante; pero la experiencia ha demostrado que es el mejor camino que seguir, si no el único.

Citas bíblicas

"Ninguno tenga en poco tu juventud, sino sé ejemplo de los creyentes en palabra, conducta, amor, espíritu, fe y pureza… Ocúpate en estas cosas; permanece en ellas, para que tu aprovechamiento sea manifiesto a todos. Ten cuidado de ti mismo y de la doctrina; persiste en ello, pues haciendo esto, te salvarás a ti mismo y a los que te oyeren"

(1 Timoteo 4:12-16).

"Por nada estéis afanosos, sino sean conocidas vuestras peticiones delante de Dios en toda oración y ruego; con acción de gracias. Y la paz de Dios, que sobrepasa todo entendimiento, guardará vuestros corazones y vuestros pensamientos en Cristo Jesús" (Filipenses 4:6,7).

"Pero recibiréis poder, cuando haya venido sobre vosotros el Espíritu Santo, y me seréis testigos en Jerusalén, en toda Judea, en Samaria, y hasta lo último de la tierra"   (Hechos 1:8).

"Por tanto, tomad toda la armadura de Dios, para que podáis resistir en el día malo, y habiendo acabado todo, estar firmes"   (Efesios 6:13).

EL HOGAR
(Conflictos entre padres y adolescentes)

Antecedentes

En nuestra época electrónica de avances rápidos, los niños crecen con mayor rapidez y desean liberarse a una edad más temprana que la que tenían sus padres cuando se independizaron. A los padres les resulta con frecuencia muy difícil mantenerse al paso de los cambios relampagueantes que se producen en sus hijos. Como resultado de ello, se generan conflictos.

Parece que un día un niño está en brazos de sus padres y, al siguiente, asiste ya a la escuela, lleva amigos a casa, ayuda en tareas pequeñas del hogar, comienza a practicar algún deporte o entra a formar parte de los Niños Exploradores—en general, un buen muchacho. Luego, de pronto, todo parece desplomarse. Comienza a hacerse respondón, a discutir y violar las reglas y, algunas veces, a volverse hosco y poco comunicativo. Han llegado los años de la adolescencia, tomando a sus padres completamente desprevenidos.

Puede haber muchos tipos de conflictos: sus amigos (muchos de los cuales nos desagradan), su aspecto personal, sus salidas con adolescentes del sexo opuesto, las tareas en la casa, el dinero para gastos que se les da, el automóvil de la familia, la escuela y las tareas escolares, y la disciplina, entre otras muchas cosas.

Se presenta también una barrera que impide las comunicaciones. A los padres les resulta muy difícil analizar las cosas con sus hijos. Retrasan las explicaciones de cambios físicos y mentales cruciales, sobre todo en los campos del sexo y la reproducción. Los padres aprietan los controles y los adolescentes se esfuerzan todavía más por obtener la independencia. El abismo que los separa se hace más profundo, se transforman en antagonistas, y la batalla prosigue.

Billy Graham escribió: "La rebelión, la indocilidad, la falta de disciplina, las confusiones y los conflictos impiden que haya relaciones agradables en el hogar. Sin embargo, a Dios le interesan su familia, su matrimonio y sus hijos. El Señor nos muestra los ideales y las metas para la familia y quiere ayudarnos…¿Ha buscado alguna vez la voluntad de Dios? ¿Ha caído alguna vez de rodillas para confiarle al Señor sus hijos? ¿Los reúne a todos en servicios devocionales familiares? La solución está en la entrega de su corazón y su vida a Jesucristo, para que todos los miembros de su familia conozcan al Señor y vivan según la palabra de Dios".

EL HOGAR (Conflictos)

Estrategia de asesoramiento

Al dar consejos a padres que están en conflicto con sus hijos, anímenlos a que pongan su vida en orden en lo que se refiere a lo espiritual. Lean el párrafo de Billy Graham en los antecedentes y, luego:

1. Explíquenles que para poder tener paz divina en sus hogares, primeramente deben estar en paz con Dios en su propio corazón. Y esto se obtiene mediante una relación personal con Jesucristo. Compartan con esas personas las "Etapas para obtener la paz con Dios" de la página 11.

2. Animen a los padres a que adopten una posición firme por Cristo, en el espíritu de Josué, que dijo: "Escogeos hoy a quién sirváis...pero yo y mi casa serviremos a Jehová" (Josué 24:15). Deberán tomar la determinación de que en su casa se alabe a Cristo.

3. Aconséjenles que aprendan a depender de los recursos de Dios, que se pueden obtener por medio de la oración. Deberán pedirle a Dios la sabiduría que promete (Santiago 1:5) y obtener Su ayuda para que sus hijos puedan tener el desarrollo espiritual apropiado (véase Filipenses 4:6). Deben aprender a orar con sus hijos y no sólo por ellos.

4. Inviten a los padres a que edifiquen la vida de la familia en torno a la palabra de Dios, ayudando a todos sus miembros a entender todos los aspectos de la vida desde el punto de vista bíblico. Anímenles a que:

   A. Busquen mutuamente su conversión a Cristo.

   B. Centren en gran parte las actividades de la familia en una iglesia donde se enseñe la Biblia.

   C. Estén dispuestos a abordar pacientemente las dudas espirituales que puedan tener sus hijos.

5. Los padres deberán establecer en su hogar reglas equitativas, razonables y "obedecibles". El respeto se aprende como respuesta a la autoridad. Sean tan flexibles como puedan en lo que se refiere a la identidad, la independencia y el amor propio de sus hijos. Los adolescentes necesitan mucho respaldo y aliento. Los conflictos no se resuelven nunca mediante disputas y peleas.

6. La estabilidad y el ejemplo de los padres influyen mucho en los hijos. Un matrimonio bueno y lleno de felicidad contribuirá más a preparar a los hijos para la vida que todas las reglas y la supervisión. Una demostración constante de virtudes cristianas tales como amor, paciencia, comprensión, ánimo y confianza proporcionarán el anclaje que necesitan los adolescentes en esta época cambiante y llena de tensiones. Las creencias de los padres nunca deberán estar separadas de la experiencia y la práctica, sobre todo en el hogar.

7. Las comunicaciones cercanas con los adolescentes contribuirán mucho a que se eviten los conflictos. Esto no sólo se refiere a las conversaciones serias, sino también a pasar mucho tiempo útil con ellos. Esta atención personal contribuirá a la creación de una autoimagen positiva y a reforzar la solidaridad familiar. No teman demostrar el afecto en forma

física. Un abrazo paterno o un beso materno contribuirán a hacer que un hijo se sienta aceptado y amado.

Citas bíblicas

"Instruye al niño en su camino, y aun cuando fuere viejo no se apartará de él"   (Proverbios 22:6).

"Padres, no exasperéis a vuestros hijos, para que no se desalienten" (Colosenses 3:21).

"Guarda y escucha todas estas palabras que yo te mando, para que haciendo lo bueno y lo recto ante los ojos de Jehová tu Dios, te vaya bien a ti y a tus hijos después de ti para siempre" (Deuteronomio 12:28).

"Hijos, obedeced en el Señor a vuestros padres, porque esto es justo. Honra a tu padre y a tu madre, que es el primer mandamiento con promesa, para que te vaya bien y seas de larga vida sobre la tierra. Y vosotros, padres, no provoquéis a ira a vuestros hijos, sino criadlos en disciplina y amonestación del Señor"   (Efesios 6:1-4).

"Camina en su integridad el justo; sus hijos son dichosos después de él"   (Proverbios 20:7).

EL HOGAR
(Crianza y disciplina de los hijos)

Antecedentes

Uno de los temas más repetidos en la Biblia es el de preparar a los hijos mediante las enseñanzas y el ejemplo. El libro del Deuteronomio afirma con claridad que a los niños se les deben enseñar los caminos de Dios. "Y estas palabras que yo te mando hoy, estarán sobre tu corazón; y las repetirás a tus hijos, y hablarás de ellas estando en tu casa, y andando por el camino, y al acostarte, y cuando te levantes" (Deuteronomio 6:6,7).

El libro de los Proverbios es un compendio de la sabiduría del pueblo de Dios. Uno de sus puntos de enfoque más firmes es la familia y la crianza de los hijos en la fe. "Instruye al niño en su camino, y aun cuando fuere viejo no se apartará de él" (Proverbios 22:6).

Timoteo había recibido desde niño las enseñanzas de las Escrituras, según el mandato de Dios y las costumbres judías. "Y que desde la niñez has sabido las Sagradas Escrituras, las cuales te pueden hacer sabio para la salvación por la fe que es en Cristo Jesús" (2 Timoteo 3:15).

Pablo nos habla de la necesidad de continuidad en la educación y la disciplina de nuestros hijos: "Trayendo a la memoria la fe no fingida que hay en ti, la cual habitó primero en tu abuela Loida, y en tu madre Eunice, y estoy seguro que en ti también" (2 Timoteo 1:5).

La Biblia enseña que los padres tienen la responsabilidad de criar y disciplinar a sus hijos, de tal modo que crezcan conociendo las Escrituras y honrando al Señor.

Billy Graham advierte: "La razón básica de la falta de felicidad en el hogar es que hemos desdeñado a Dios y los principios que nos dio. Nos hemos negado a reconocer Su plan para la familia. Los miembros del hogar han rehusado aceptar sus responsabilidades, tal y como se establecen en la Biblia. Es sabido que la obediencia no es una característica natural. Se debe enseñar y aprender. A los niños se les debe inculcar la obediencia en la misma forma que la lectura y la escritura".

Estrategia de asesoramiento

1. Animen a los padres que les proporcionen a sus hijos el tipo de hogar que contribuye a un sólido desarrollo espiritual y mental.

   A. Un hogar estable, pacífico y amoroso.

   B. Un hogar centrado en la familia, en el que se tenga una sensación de solidaridad, respeto mutuo y aliento. Un hogar donde los miembros de la familia hagan muchas cosas juntos, sobre todo cuando los niños son pequeños.

C. Un hogar centrado en Dios, donde cada miembro tenga derecho a responder al amor divino en Cristo y a recibir enseñanzas sobre cómo vivir con perspectivas espirituales. Véase Proverbios 22:6 (este será un momento apropiado para preguntarle a su interlocutor si ha recibido ya a Jesucristo como su Señor y Salvador). Cuando sea apropiado, explíquenle las "Etapas para obtener la paz con Dios" de la página 11.

D. Un hogar orientado a la iglesia. Es mucho más fácil criar a los hijos cuando su vida y la de sus familiares y amigos está centrada en la iglesia.

E. Los padres deben introducir a sus hijos al mundo de la mente por medio del ejemplo y la práctica. Si los padres son lectores, los hijos tendrán también probabilidades de leer. Se deberán llevar al hogar buenos libros y publicaciones al nivel de los niños. Cuando los niños estén en edad de escuela primaria, convendrá darles lecciones de música, aficiones y deportes. Esa será una buena salvaguarda contra los conflictos cuando lleguen los años difíciles de la adolescencia.

2. Animen a los padres para que reconozcan que sus hijos tienen ciertos derechos; pero que esos derechos se integran con los que afectan a todos los miembros de la familia.

A. El niño tiene derecho a ser amado y aceptado.

B. El niño tiene también derecho a recibir los tipos de refuerzos que generan el respeto de sí mismo y sentimientos de seguridad y pertenencia.

C. El niño tiene derecho a ver que sus padres se demuestran el uno al otro respeto y afecto sincero. Se necesitan ejemplos de conducta cristiana madura para que los hijos vean los modos en que sus padres manejan los problemas y las tensiones.

D. El niño tiene derecho a ser disciplinado y castigado en formas justas y congruentes.

   1) No esperen de un niño más de lo que pueda dar.

   2) Sean justos y correctos al administrar castigos. Las exigencias excesivas y los castigos corporales muy duros conducen con rapidez al resentimiento y la rebelión. Los padres deben ser flexibles y no exigir que todo se cumpla "al pie de la letra".

   3) Nunca apliquen castigos con ira o bajo la influencia del momento.

   4) Denle siempre una explicación al niño, para que sepa con seguridad por qué se le castiga.

3. Animen a los padres para que, cueste lo que cueste, mantengan abiertas las comunicaciones.

   A. Los padres deben dedicar tiempo a escuchar a sus hijos con atención y a tomar la iniciativa para fomentar el diálogo. Deberá haber debates francos relativos al sexo, las drogas, el alcohol, las citas, etc.

   B. Los padres deberán compartir con sus hijos experiencias de su infancia y adolescencia, incluso los errores y los fracasos.

   C. Los padres deben ser sinceros y permitirles a sus hijos discutir sus normas y creencias. Esto les dará la oportunidad de dar explicaciones a ese respecto y razones para apoyarlas. Gracias a esto, sus hijos formularán sus normas de creencias y valores. Los padres podrán darles alicientes y ayudarles a que se fijen metas para el presente y el futuro.

Citas bíblicas

"Camina en su integridad el justo; sus hijos son dichosos después de él"   (Proverbios 20:7).

"Padres, no exasperéis a vuestros hijos, para que no se desalienten" (Colosenses 3:21).

"No menosprecies, hijo mío, el castigo de Jehová, ni te fatigues de su corrección; porque Jehová al que ama castiga, como el padre al hijo a quien quiere"   (Proverbios 3:11,12).

"Hijos, obedeced en el Señor a vuestros padres, porque esto es justo. Honra a tu padre y a tu madre, que es el primer mandamiento con promesa, para que te vaya bien y seas de larga vida sobre la tierra. Y vosotros, padres, no provoquéis a ira a vuestros hijos, sino criadlos en disciplina y amonestación del Señor"   (Efesios 6:1-4).

Proverbios 31:10,26,27,28.

Proverbios 30:11.

Deuteronomio 12:28.

LA HOMOSEXUALIDAD

Antecedentes

Un homosexual es una persona sexualmente atraída hacia miembros de su propio sexo. Las mujeres homosexuales reciben el nombre de lesbianas.

Este es un problema muy complejo y muy mal entendido por una gran proporción de la sociedad. La complejidad desafía a todos los estereotipos, tales como el hombre afeminado y la mujer masculina; aunque algunos de ellos manifiesten esas características. Desgraciadamente, es un modo de vida—practicado por muchos millones de personas—que ha invadido todos los niveles de la sociedad. De hecho, se encuentra una gran cantidad de homosexuales entre las personas bien educadas, cultas y refinadas que ocupan puestos de responsabilidad en la industria, las profesiones y el gobierno.

Aunque hay una militancia creciente entre los homosexuales, lo que da como resultado una defensa abierta de su modo de vida y la formación de organizaciones de homosexuales que luchan por sus derechos, millones de ellos llevan una doble vida, debido a la intolerancia y las presiones de la sociedad. Muchos de ellos se vuelven tortuosos al tratar de encubrir su conducta delante de las personas con las que se relacionan. El temor al descubrimiento se hace obsesivo y muchos de ellos cargan sentimientos de culpa, al darse cuenta de las implicaciones morales de sus prácticas.

Esa conducta no se puede relegar simplemente como un modo de vida alternativo o una orientación sexual diferente. Tampoco se puede sostener que muchos de ellos "nacieron de ese modo". Los intentos de explicar esos comportamientos, considerándolos una enfermedad, tratan de eludir el verdadero problema.

Dios no ama a los homosexuales menos que a cualquier otro ser humano. Sin embargo, esa conducta se aleja del orden expresado por Dios. Aun cuando muchas de esas personas pueden sentir que no han escogido su orientación sexual, queda todavía el hecho de que respondieron de modo inadecuado a esa orientación: es esta "respuesta" la que se debe analizar a la luz de las Escrituras.

No quedan dudas respecto a lo que son las relaciones sexuales correctas:

"Por tanto, dejará el hombre a su padre y a su madre, y se unirá a su mujer, y serán una sola carne" (Génesis 2:24).

"Mas vosotros fructificad y multiplicaos; procread abundantemente en la tierra, y multiplicaos en ella" (Génesis 9:7).

"He aquí, herencia de Jehová son los hijos" (Salmo 127:3).

"El marido cumpla con la mujer el deber conyugal, y asimismo la mujer con el marido. La mujer no tiene potestad sobre su propio cuerpo, sino el marido; ni tampoco tiene el marido potestad sobre su propio cuerpo, sino la mujer" (1 Corintios 7:3,4).

Según estas citas bíblicas, es evidente que Dios ordenó el establecimiento y la perpetuación de la humanidad mediante la unión sexual de un hombre con una mujer. En este orden establecido por Dios tiene una gran importancia el hecho de que la familia—que se compone de padre, madre e hijos—es la base de la sociedad, y las familias son la mayor fuerza de cualquier sociedad. Las Escrituras tienen una gran cantidad de evidencias que le dan substancia a este orden. Sin embargo, no debemos suponer que todos se deben casar y reproducir. El celibato forma también parte del orden de Dios.

También hay muchos pasajes de las Escrituras que desaprueban las prácticas homosexuales. La Biblia incluye la homosexualidad en la lista de las inmoralidades carnales, junto al adulterio, la fornicación, la prostitución, la lujuria, etc. No se debe aislar como "pecado especial", más ofensivo para Dios que cualquier otro. Dios se enfrentó a todos los pecados mediante la cruz. Y sólo cuando cualquiera de nosotros está dispuesto a confesar el pecado, Dios puede resolver nuestras rebeliones y ocuparse de nuestro corazón soberbio y culpable.

Billy Graham comentó: "Como quiera que tratemos de explicar esas prácticas (homosexuales), para que parezcan una alternativa viable para las relaciones heterosexuales, el capítulo 1 de Romanos indica claramente que son el producto de una mente reprobada. Al decir esto, no exonero todas las actividades heterosexuales. Tal y como lo expresó el Dr. Harold Lindsell: 'El heterosexual inmoral no es mejor ni peor que quien practica la homosexualidad. Los dos están sujetos al juicio divino'. Cuando acudimos a Cristo, se nos exige que nos arrepintamos de nuestros pecados y que ya no llevemos los patrones de vida pecaminosos a los que nos dedicábamos antes".

La iglesia necesita analizar con mucha seriedad sus actitudes pasadas al tratar a los homosexuales. Por supuesto, no puede dejar de condenar los modos de vida de los homosexuales, ni fomentar su participación en la vida de la iglesia, como pecadores no arrepentidos. Sin embargo, deberá abordar el problema con sinceridad y en forma realista, con amor cristiano y comprensión. No es la voluntad de Dios que alguien esté dominado por la homosexualidad. Su gracia es suficiente para dar la victoria a los que estén dispuestos a someterle ese aspecto de su vida a El. La iglesia debe tomar la iniciativa, dando alicientes a los homosexuales con este mensaje.

Es muy animador el hecho de que los homosexuales estén comenzando a dar testimonios de haberse liberado de sus prácticas por el poder del evangelio; aun cuando es posible que algunos de ellos nunca estén completamente libres de tendencias homosexuales o, incluso, de tentaciones. Pablo, al escribirles a personas que habían participado en prácticas homosexuales y otros muchos tipos de pecados, dijo: "Y esto erais algunos; mas ya habéis sido lavados, ya habéis sido santificados, ya habéis sido justificados en el nombre del Señor Jesús, y por el Espíritu de nuestro Dios" (1 Corintios 6:11).

Esto nos da confianza para dar testimonio de la transformación que la persona y la obra de Jesucristo puede efectuar en una vida. El único antídoto para este problema, así como también, de hecho, para cualquier otro tipo de conducta pecaminosa, es una relación personal, íntima y continua con Jesucristo. Esta relación es un proceso continuo de crecimiento y cambio. A veces, puede tratarse de un proceso doloroso, marcado por caídas y desaliento. Esos retrocesos no deben provocar sentimientos de desesperación ni fomentar la creencia de que no vale la pena el esfuerzo, puesto que se pierde todo con tanta facilidad. La comunión del creyente con Cristo se mantiene sobre la base de lo que se dice en 1 Juan 1:9, y esa confesión da como resultado una renovación inmediata de nuestra relación continua con El.

Estrategia de asesoramiento

Como anticipación al testimonio en este campo tan delicado, el consejero deberá examinar sus propias actitudes hacia el problema. Si una persona no es objetiva y sinceramente capaz de ofrecer el amor y la gracia de Dios a un homosexual, deberá pasar el interlocutor a otro cristiano.

Es probable que se presenten tres situaciones:

- El miembro de una familia que acaba de descubrir que uno de sus seres queridos practica la homosexualidad y se pregunta: "¿Cómo puedo seguir viviendo con esto? ¿Qué puedo hacer?"

- Un individuo que admite ser homosexual practicante y busca consejos. Con frecuencia un homosexual querrá hablar sin revelar su problema, o intentará encubrirlo. Otras veces, abordará el problema en forma desviada, como, por ejemplo: "Tengo un amigo que…"

- Un cristiano que admite que tiene ese problema.

Si la familia se enfrenta a este problema:

1. Aconséjenle a su interlocutor que no se deje llevar por el pánico y que le pida a Dios que le dé poder para aceptar la situación, a pesar de su dificultad.

2. Anímenle a que mantenga abiertos los lazos afectivos.
   Debemos amar como Dios nos ama a todos, a pesar de lo que somos.

3. Debe evitar el condenar o menospreciar a la otra persona.
   Esto sólo provoca antagonismo y pérdida de comunicaciones.

4. Por otra parte, aconséjenle que no condone ni trate de justificar las prácticas homosexuales. Que no reinterprete las Escrituras de modos acomodaticios.

5. Deberá adoptar una posición firme, pero afectuosa, sobre la base de las

Escrituras, y darle amable y sinceramente el testimonio del Señor a la persona de que se trate, utilizando la Biblia como espada; no como palo.

6. Animen a su interlocutor a que confíe a su ser querido a Dios (véase Proverbios 3:5, 6), tratando de profundizar su vida de oración como los "concentrados en la fe". A veces, Dios permite que tengamos una situación de crisis para hacer más profunda nuestra dependencia de El.

7. Aconséjenle que no trate de vivir con emociones reprimidas. Puede querer confiar su secreto a algún amigo cristiano y aprender a compartir las preocupaciones y decepciones. Un compañero cristiano en la oración es un gran bien.

8. Anímenle para que esté preparado para soportar su desilusión, en el caso de que la situación no cambie.

Si el interlocutor es un homosexual practicante:

1. La actitud del testigo debe estar llena de afecto y comprensión. Con frecuencia estará hablando con una persona que se siente solitaria, culpable y rechazada. Demuéstrenle una actitud de simpatía e interés, sin ser arrogantes. Estén listos para eliminar las "cortinas de humo" que puede presentar su interlocutor, para ocultar la verdadera razón que le impulsó a llamarles. No se dejen intimidar por acusaciones de que "no saben lo que es eso". No inicien la conversación haciendo que el individuo se enfrente directamente a su modo pecaminoso de vida. Esto surgirá con mayor naturalidad cuando le expliquen las "Etapas para obtener la paz con Dios".

2. Traten de ganarse la confianza de su interlocutor, dándole ánimos. "Me agrada hablar con usted y compartiré todo lo necesario para ayudarle."

3. En algún momento conveniente de la conversación, incluso si deben sugerirle que deje a un lado temporalmente otras cosas, pregúntenle a esa persona si ha recibido a Jesucristo como su Señor y Salvador personal. Compartan con ella las "Etapas para obtener la paz con Dios" de la página 11. Asegúrenle que, como en el caso de cualquiera sin Cristo, la experiencia transformadora del nuevo nacimiento es el primer paso hacia la salud espiritual. "Restauró mi alma" (Salmo 23:3).

4. Si les responde afirmativamente, oren con su interlocutor para que reciba la liberación y para que su mente se vea renovada por medio del evangelio. Indíquenle que debe estar dispuesto a permitirle a Dios cambiar algunas cosas en su vida, por mucho que sea su desagrado o su inquietud.

5. Díganle que es importante que comience a leer y estudiar la palabra de Dios. Es la fuente de nuestro conocimiento de Dios y sus Caminos para nosotros. Nadie puede aprender los pensamientos de Dios fuera de las Escrituras.

6. Animen a su interlocutor para que establezca nuevas relaciones, después de abandonar sus asociaciones antiguas. Esto se puede hacer mejor al entrar a formar parte de una iglesia que enseñe la Biblia, donde

se pueden obtener amigos cristianos consagrados para recibir fortaleza y compañerismo. Algunas veces, existirá en esa iglesia un grupo de solteros.

7. En lo que se refiere a la ayuda continua, animen a su interlocutor a que busque el asesoramiento profesional de un psicólogo cristiano o un pastor competente.

NOTA: El Departamento de Asesoramiento de la Asociación Billy Graham tiene cierta cantidad limitada de contactos para ayudar a los homosexuales en varias ciudades. El consejero puede solicitar la autorización de su interlocutor para ponerle en contacto con un grupo cristiano de respaldo, en el caso de que exista en su región. Por favor, no hagan promesas. Sugieran sólo que harán lo mejor que puedan.

Si el interlocutor declara que es cristiano:

Debemos darnos cuenta de que hay muchos cristianos que luchan contra la homosexualidad y la tentaciones homosexuales.

1. Se necesita un actitud de amor cristiano y compasión. Tomen la determinación de escuchar a esa persona pacientemente, hasta que conozcan su historial.

2. En un momento conveniente, compartan con su interlocutor las "Etapas para obtener la paz con Dios", para determinar si ha recibido alguna vez a Cristo como su Señor y Salvador personal.

3. Si encuentran resistencia o algún intento por parte de su interlocutor para justificar su modo de vida, denle paciente, pero firmemente, el mensaje de las Escrituras a ese respecto. Pregúntenle cómo puede reconciliar su conducta con las enseñanzas de la Biblia. Ningún razonamiento cambiará el hecho de que las Escrituras condenan la conducta homosexual. Su interlocutor debe reconocer que es mala y pecaminosa. Su única esperanza de rehabilitación reside en que confiese su pecado a Dios y abandone esas prácticas.

4. Anímenle a que lea y estudie la Biblia. La asimilación de la Palabra de Dios dará como resultado una "renovación de la mente". Al cambiar sus patrones de pensamiento, su conducta y su modo de vivir lo harán también.

5. Anímenle a que se identifique con una iglesia en la que se enseñe la Biblia, con el fin de desarrollar el compañerismo cristiano, estudiando la Palabra de Dios, aprendiendo a orar, adorando y dando testimonio del Señor.

6. Aconséjenle que busque la ayuda adicional de un pastor o un profesional cristiano.

Citas bíblicas

La homosexualidad como pecado:

"Por lo cual también Dios los entregó a la inmundicia, en las concupiscencias de sus corazones, de modo que deshonraron entre sí sus propios cuerpos, ya que cambiaron la verdad de Dios por la mentira, honrando y dando culto a las criaturas antes que al Creador, el cual es bendito por los siglos. Amén. Por esto Dios los entregó a pasiones vergonzosas; pues aun sus mujeres cambiaron el uso natural por el que es contra naturaleza, y de igual modo también los hombres, dejando el uso natural de la mujer, se encendieron en su lascivia unos con otros, cometiendo hechos vergonzosos hombres con hombres, y recibiendo en sí mismos la retribución debida a su extravío" (Romanos 1:24-27).

"Para los fornicarios, para los sodomitas, para los secuestradores, para los mentirosos y perjuros, y para cuanto se oponga a la sana doctrina según el glorioso evangelio del Dios bendito, que a mí me ha sido encomendado" (1 Timoteo 1:10, 11).

La homosexualidad la juzgará Dios:

"¿No sabéis que los injustos no heredarán el reino de Dios? No erréis; ni los fornicarios, ni los idólatras, ni los adúlteros, ni los afeminados, ni los que se echan con varones, ni los ladrones, ni los avaros, ni los borrachos, ni los maldicientes, ni los estafadores, heredarán el reino de Dios" (1 Corintios 6:9, 10).

Génesis 18 y 19 (léanlos, por favor).

El poder del evangelio para liberar del pecado:

"De modo que si alguno está en Cristo, nueva criatura es: las cosas viejas pasaron; he aquí todas son hechas nuevas" (2 Corintios 5:17).

"Porque no me avergüenzo del evangelio, porque es poder de Dios para salvación a todo aquel que cree..." (Romanos 1:16).

"El Espíritu del Señor está sobre mí, por cuanto me ha ungido para dar buenas nuevas a los pobres; me ha enviado a sanar a los quebrantados de corazón; a pregonar libertad a los cautivos y vista a los ciegos; a poner en libertad a los oprimidos, a predicar el año agradable del Señor" (Lucas 4:18, 19).

"Mas a todos los que le recibieron, a los que creen en su nombre, les dio potestad de ser hechos hijos de Dios" (Juan 1:12).

"Y esto erais algunos; mas ya habéis sido lavados, ya habéis sido santificados, ya habéis sido justificados en el nombre del Señor Jesús, y por el Espíritu de nuestro Dios" (1 Corintios 6:11).

La tentación se puede vencer:

"No os ha sobrevenido ninguna tentación que no sea humana; pero fiel es Dios, que no os dejará ser tentados más de lo que podéis resistir, sino que dará también juntamente con la tentación la salida, para que podáis soportar"   (1 Corintios 10:13).

"Pues en cuanto él mismo padeció siendo tentado, es poderoso para socorrer a los que son tentados"   (Hebreos 2:18).

"Por tanto, teniendo un gran sumo sacerdote que traspasó los cielos, Jesús el Hijo de Dios, retengamos nuestra profesión. Porque no tenemos un sumo sacerdote que no pueda compadecerse de nuestras debilidades, sino uno que fue tentado en todo según nuestra seme-janza, pero sin pecado. Acerquémonos, pues, confiadamente al trono de la gracia, para alcanzar misericordia y hallar gracia para el oportuno socorro"   (Hebreos 4:14-16).

Una mente renovada:

"Así que, hermanos, os ruego por las misericordias de Dios, que presentéis vuestros cuerpos en sacrificio vivo, santo, agradable a Dios, que es vuestro culto racional. No os conforméis a este siglo, sino transformaos por medio de la renovación de vuestro entendimiento, para que comprobéis cuál sea la buena voluntad de Dios, agradable y perfecta"   (Romanos 12:1, 2).

"En cuanto a la pasada manera de vivir, despojaos del viejo hombre, que está viciado conforme a los deseos engañosos, y renovaos en el espíritu de vuestra mente, y vestíos del nuevo hombre, creado según Dios en la justicia y santidad de la verdad"   (Efesios 4:22-24).

"Derribando argumentos y toda altivez que se levanta contra el co-nocimiento de Dios, y llevando cautivo todo pensamiento a la obedien-cia a Cristo."   (2 Corintios 10:5).

"Tú guardarás en completa paz a aquel cuyo pensamiento en ti perse-vera; porque en ti ha confiado"   (Isaías 26:3).

LA IGLESIA

Antecedentes

Por definición, la iglesia es el "cuerpo de Cristo", la comunidad de los redimidos de la que el Señor es la Cabeza. "Y él es la cabeza del cuerpo que es la iglesia, el que es el principio, el primogénito de entre los muertos, para que en todo tenga la preeminencia" (Colosenses 1:18).

La iglesia nació porque "Cristo amó a la iglesia y se entregó a sí mismo por ella" (Efesios 5:25), se conserva y crece por la vida dinámica de Jesús. "Para santificarla, habiéndola purificado en el lavamiento del agua por la palabra" (Efesios 5:26). Cristo regresará a reclamarla como su "esposa", "adornada para su esposo" (Apocalipsis 21:2), "a fin de presentársela a sí mismo, una iglesia gloriosa, que no tuviese mancha ni arruga ni cosa semejante, sino que fuese santa y sin mancha" (Efesios 5:27).

Su nacimiento lo confirmó la venida del Espíritu Santo (Hechos 2:1-11) que proporciona también poder para su autoperpetuación mediante su testimonio en el mundo (Hechos 1:8).

La iglesia es visible e invisible:

- La iglesia invisible es el gran conjunto de creyentes que, a lo largo de todas las edades, han confiado sinceramente en Jesucristo como su Señor y Salvador. "Conoce el Señor a los que son suyos. Y apártese de iniquidad todo aquel que invoca el nombre de Cristo" (2 Timoteo 2:19). Una persona se convierte en miembro de la iglesia invisible cuando recibe a Jesucristo como su Señor y Salvador (Juan 1:12).

- La iglesia visible es la universal actual, que se compone de grupos locales de cristianos. En ella están tanto el trigo como la cizaña: los verdaderamente redimidos y muchos que no lo son.

  Todas las iglesias que, a lo largo de los siglos, han negado "la fe que ha sido una vez dada a los santos" (Judas 3), serán identificadas como apóstatas.

  Cuando una persona experimenta el nuevo nacimiento, se convierte en miembro de la iglesia invisible. Entonces deberá tratar de identificarse inmediatamente con una congregación bíblica local de creyentes, para tomar parte activa en los cultos de adoración, el compañerismo, el evangelismo, el estudio de la Biblia y la oración. Se trata de una responsabilidad que enseña la Biblia: "No dejando de congregarnos, como algunos tienen por costumbre, sino exhortándonos; y tanto más, cuanto veis que aquel día se acerca" (Hebreos 10:25).

Billy Graham escribió: "La iglesia es primordialmente el cuerpo de Cristo... La Biblia dice... que fue el amor de Cristo a la iglesia lo que hizo que fuera a la cruz. Si Cristo amó tanto a la iglesia... yo también debo amarla. Debo orar por ella, defenderla, trabajar en ella, entregarle mis diezmos y ofrendas, contribuir a su avance, fomentar su santidad, y hacer que sea el cuerpo funcional y de testimonio que nuestro Señor quiere que sea. Si asiste a la iglesia este domingo en ese espíritu, nadie logrará mantenerlo alejado de ella al siguiente...La familia de Dios tiene personas de diferentes orígenes étnicos, niveles culturales, clases socioeconómicas y denominaciones. He descubierto que puede haber desacuerdos menores sobre teología, métodos y motivos; pero que en el interior de la verdadera iglesia existe una unidad misteriosa que supera todos los factores de división".

Estrategia de asesoramiento

1. Feliciten a su interlocutor por el interés que demuestra tener por la iglesia. Cuando nos identificamos con una iglesia local, estamos obedeciendo a Dios. En la iglesia buscamos oportunidades para adorar, tener compañerismo y comunión, evangelizar, estudiar la Biblia, orar y participar en la Cena del Señor.

2. El hacernos miembros de una iglesia local no nos salva. Nos identificamos con una iglesia porque somos salvos y deseamos obedecer al Señor. Jesús dijo: "Yo soy la puerta; el que por mí entrare, será salvo" (Juan 10:9). Pregúntenle a su interlocutor si ha recibido a Jesucristo como su Señor y Salvador. Compartan con esa persona las "Etapas para obtener la paz con Dios", página 11.

3. Después de confiar en Cristo, su interlocutor debe tratar de identificarse inmediatamente con una iglesia local. Aconséjenle que ore para pedir la dirección de Dios con el fin de que pueda encontrar la iglesia correcta, en la que se exalte a Cristo, se predique y enseñe la Palabra de Dios y se evangelice a los perdidos.

4. Una vez que se haga miembro de una iglesia, deberá asistir a ella fielmente.

5. A continuación deberá buscar un puesto de servicio en la iglesia. Siempre hay oportunidades disponibles, si nos ofrecemos para servir a Dios.

6. Aconséjenle que respalde a la iglesia financieramente. Otras causas y otros ministerios cristianos merecen nuestro apoyo; sin embargo, para poder funcionar y crecer, la iglesia local debe recibir una parte importante de nuestros diezmos y nuestras ofrendas.

Cita bíblica

Apocalipsis 21:2.

EL INCESTO

Antecedentes

Incesto es el contacto sexual entre personas de la misma familia. Lo más probable es que quien llame sea una joven que denuncie algún contacto sexual (no necesariamente coito) con su padre, su padrastro, etc. También los jovencitos pueden ser víctimas del incesto.

En un noticiero reciente por televisión se le dio a esto el nombre de "vergüenza oculta" y se dijo que era "el delito más devastador y menos denunciado de Estados Unidos durante los últimos cinco años". Se teme que de 100,000 a 1,000,000 de jóvenes de uno y otro sexo sufran abusos sexuales cada año.

El incesto es muy destructivo para un niño y, con frecuencia, el daño no se puede curar. Un juez de distrito de Estados Unidos observó recientemente: "Los niños víctimas de abusos sexuales han sufrido daños indescriptibles en sus cuerpos y sus almas". Debido a su vergüenza, el temor o la sensación que han hecho algo terriblemente malo o que están siendo castigados, es raro que las víctimas del incesto denuncien el trato que reciben. El estar atrapado en una situación semejante genera confusiones y una "impotencia aprendida".

Los niños que sufren abusos sexuales tienen una imagen propia muy baja, se sienten deprimidos y, con frecuencia, piensan en autodestruirse. Muchos huyen de su hogar y, a menudo, se entregan a las drogas, el alcohol y prácticas sexuales desviadas, tales como la prostitución y la homosexualidad. Incapaces de concentrarse en el aprendizaje, pueden tener muy bajas calificaciones en la escuela. Las probabilidades de que tengan éxito como adultos son muy escasas, porque muchos de ellos no se recuperan de los efectos de la relación incestuosa y otros muchos se suicidan. Esas personas requieren una simpatía y una ternura muy especiales. Traten de proyectar sobre ellos todo el amor que les sea posible.

Hay pocas esperanzas de poder liberar a la víctima de su situación, a menos que se detenga al que esté cometiendo el delito. Las personas culpables de incesto tendrán pocas probabilidades de cambiar, a menos que se les haga enfrentarse a las implicaciones legales de su delito. Una vez que esos hechos se pongan en conocimiento de los tribunales, las autoridades intervendrán, retirando a la víctima de su ambiente habitual. Finalmente, tanto los padres como la víctima necesitarán asesoramiento, tanto por separado como juntos, para poder hallar algún tipo de solución para el problema. Esperemos que esos servicios existan en su comunidad.

Con frecuencia, la víctima sufrirá las presiones de otros miembros de su familia para que no presente acusaciones ni dé su testimonio contra el culpable, debido a la vergüenza que tendrían que soportar si llegara a conocerse el "secreto de la familia". Un pastor podrá dar una ayuda enorme. De hecho, puede ser la única persona que pueda intervenir.

Estrategia de asesoramiento

1. Asegúrenle a su interlocutor que hizo lo correcto al compartir su problema. Somos sus amigos y deseamos ayudarle.

2. Asegúrenle a esa persona que, aunque es posible que se sienta degradada, no es mala ni está envilecida. Se ha visto obligada o seducida para hacer algo degradante y puede estar confundida; pero no está loca. Lo ocurrido es muy malo; pero esa persona no es responsable de ello. Aunque víctima de los abusos, ya no tiene que sentirse intimidada ni ahogada por sus sentimientos de impotencia, autocompasión y autodesprecio. Deseamos ayudarle a resolver su terrible problema.

3. Asegúrenle que Dios le ama. Para el Señor, es alguien especial, tan valioso como cualquier otro ser humano. Dios le ama tanto que envió a Su Hijo Jesucristo a morir en la cruz por sus pecados. Explíquenle las "Etapas para obtener la paz con Dios" de la página 11.

4. Aconséjenle que comience a leer la Biblia. Ofrezcan enviarle *Cómo vivir en Cristo,* un folleto que contiene lecturas y estudios recomendados de la Biblia.

5. ¿Conoce a algún pastor con el que se pueda poner en contacto? Animen a su interlocutor para que vaya a verlo inmediatamente, para que se relacione con lo que ha estado sucediendo. Ese pastor le dará ayuda. También convendrá que vaya a ver a su consejero escolar o la enfermera de su escuela. Eso es algo que puede resultar difícil o embarazoso; pero se debe hacer.

6. Oren con ella, poniendo su problema en las manos del Señor. Después de hacerlo, asegúrenle a esa persona que cuenta con todo su interés lleno de amor cristiano y sus oraciones.

Citas bíblicas

"Fíate de Jehová de todo tu corazón, y no te apoyes en tu propia prudencia. Reconócelo en·todos tus caminos, y él enderezará tus veredas" (Proverbios 3:5,6).

"Por nada estéis afanosos, sino sean conocidas vuestras peticiones delante de Dios en toda oración y ruego, con acción de gracias. Y la paz de Dios, que sobrepasa todo entendimiento, guardará vuestros corazones y vuestros pensamientos en Cristo Jesús" (Filipenses 4:6, 7).

"Echando toda vuestra ansiedad sobre él, porque él tiene cuidado de vosotros" (1 Pedro 5:7).

"Venid a mí todos los que estáis trabajados y cargados, y yo os haré descansar. Llevad mi yugo sobre vosotros, y aprended de mí, que soy manso y humilde de corazón; y hallaréis descanso para vuestras almas" (Mateo 11:28, 29).

"Pero Jesús dijo: Dejad a los niños venir a mí, y no se lo impidáis; porque de los tales es el reino de los cielos"   (Mateo 19:14).

"Tú guardarás en completa a aquel cuyo pensamiento en ti persevera; porque en ti ha confiado. Confiad en Jehová perpetuamente, porque en Jehová el Señor está la fortaleza de los siglos" (Isaías 26:3,4).

EL INFIERNO

Antecedentes

El infierno no es el reino de Satanás, donde éste reinará sobre los demonios y todos los malos. No hay nada en las Escrituras que indique que el infierno será algún tipo de lugar para el compañerismo entre los pecadores, donde la vida seguirá de manera muy similar a como lo era en la tierra. Los chistes patéticos sobre los planes "para realzar la vida" en el infierno demuestran ignorancia de su propósito y su naturaleza.

Hay tres palabras griegas que se traducen como infierno en la Biblia en español:

Tartaros se encuentra una sola vez en las Escrituras. "Porque si Dios no perdonó a los ángeles que pecaron, sino que arrojándolos al infierno los entregó a prisiones de obscuridad, para ser reservados al juicio.." (2 Pedro 2:4). Los ángeles que se mencionan aquí son los "que no guardaron su dignidad, sino que abandonaron su propia morada" (en rebelión) (Judas 6). Así pues, Tartaros (el infierno), es un lugar de confinamiento para los ángeles rebeldes hasta el momento de su juicio.

Hades se encuentra diez veces en el Nuevo Testamento: (Mateo 11:23; 16-18; Lucas 10:15; 16:23; Hechos 2:17, 31; Apocalipsis 1:18; 6:8; 20:13,14).

No es el destino final de quienes mueren habiendo rechazado a Cristo, sino un lugar de tormento hasta que resuciten para presentarse al juicio ante el gran trono blanco (véase Apocalipsis 20:13-15). El sufrimiento, aunque real, no es físico. El Hades es también un lugar de separación de Dios y del que no es posible escapar. "...Una gran sima está puesta entre nosotros y vosotros, de manera que los que quisieren pasar de aquí a vosotros, no pueden, ni de allá pasar para acá" (Lucas 16:26). NOTA: El lugar imaginario de sufrimiento correctivo (el purgatorio) no tiene base bíblica en absoluto.

Gehena o *Gehenna* se traduce doce veces como infierno (Mateo 5:22,29,30; 10:28; 18:9; Marcos 9:43,45,47; Lucas 12:5; Santiago 3:6). Once de esas doce citas son de palabras pronunciadas por el mismo Jesús.

La *gehena* se refiere al valle de Hinón, un lugar en el que solían sacrificar antiguamente niños al dios Moloc (2 Crónicas 33:1-6). Situado fuera del muro meridional de Jerusalén, era un lugar cómodo para que los residentes arrojaran su basura. Incluso se tiraban en ese lugar cadáveres de animales y criminales. Este "basurero" de la ciudad era un lugar de descomposición y fuego continuo (Marcos 9:44), y lo utilizó Jesús para darnos enseñanzas sobre la residencia final de quienes lo rechacen como Salvador.

La *gehena* se menciona también como lago de fuego. "Y el que no se halló inscrito en el libro de la vida fue lanzado al lago de fuego" (Apocalipsis 20:15). No habrá apelación después de que se pronuncie la sentencia en el juicio ante el gran trono blanco. Todos los que hayan rechazado a Cristo estarán presentes. "Y el mar entregó los muertos que había en él; y la muerte y el Hades entregaron los muertos que había en ellos...Y la muerte y el

Hades fueron lanzados al lago de fuego. Esta es la muerte segunda" (Apocalipsis 20:13-15).

Billy Graham escribió: "Por tremendo y literal que pueda ser o no ser el fuego del infierno, la sed de un alma perdida por el Agua de Vida será más dolorosa que el fuego de perdición. El infierno es esencial y básicamente la exclusión de la presencia de Dios por el rechazo deliberado de Jesucristo como Señor y Salvador".

Estrategia de asesoramiento

1. Si el interlocutor teme al infierno y la posibilidad de ir a él, anímenle para que tenga la seguridad de su salvación eterna. Explíquenle las "Etapas para obtener la paz con Dios" de la página 11. En Cristo, no necesita temerle al infierno. "Ahora, pues, ninguna condenación hay para los que están en Cristo Jesús" (Romanos 8:1).

2. Si el interlocutor niega la existencia del infierno, compartan con él los temas de los ANTECEDENTES.

3. Si su interlocutor acusa a Dios de ser injusto al condenar a las personas al infierno, indíquenle que "el fuego eterno", según lo que dice en Mateo 25:41, fue preparado para el diablo y sus ángeles, no para la humanidad. Si una persona va al infierno, será por su pecado voluntario al rechazar a Jesucristo como Señor y Salvador (véase Juan 3:16-18 y Juan 5:24).

   Indíquenle que Dios le perdonará y salvará si recibe a Jesucristo. Compartan las "Etapas para obtener la paz con Dios" de la página 11.

4. Si el interlocutor acusa a Dios de ser injusto por condenar a los que nunca tuvieron la oportunidad de escuchar el evangelio, recuérdenle que Dios no condena a nadie al infierno (véase lo anterior).

   ¡En el caso de quienes nunca han oído el mensaje del evangelio, debemos confiar en la justicia de Dios! Podemos estar seguro de que será justo y misericordioso. Hay recompensas que se darán, en distintos niveles, en el juicio presidido por Cristo. Podemos suponer también que habrá distintos niveles de responsabilidad para quienes se hayan visto privados del evangelio.

Citas bíblicas

Mateo 11:23.

Mateo 16:18.

Lucas 10:15.

Hechos 2:17,31.

Lucas 12:5.

INMORALIDAD SEXUAL
Antecedentes

Billy Graham dijo: "Las relaciones sexuales premaritales constituyen siempre un error... La Biblia condena el sexo fuera de los lazos del matrimonio. El hecho de que la inmoralidad está extendida en toda la sociedad moderna, no la santifica".

Nos hemos visto abrumados por la llamada revolución sexual. Se le han querido dar visos de romanticismo e idealización fuera de toda proporción. Lo que se inició como un reto a los principios bíblicos, se convirtió rápidamente en el grito de batalla de los hedonistas: "Si te hace sentirte bien, hazlo—en tanto nadie salga lastimado".

Qué irónico resulta este argumento sentimental en defensa de la inmoralidad, a la luz del legado devastador hecho a toda la sociedad: millones de nacimientos de criaturas ilegítimas, personalidades destruidas, divorcios, abortos y enfermedades venéreas abundantes, algunas de las cuales son incurables.

Dios prohíbe expresamente la conducta sexual irresponsable, para evitarnos las consecuencias desastrosas que se generan. "El cuerpo no es para la fornicación, sino para el Señor... huid de la fornicación. Cualquier otro pecado que el hombre cometa está fuera del cuerpo; mas el que fornica, contra su propio cuerpo peca" (1 Corintios 6:13,18).

Dios condena la inmoralidad y ofrece el camino para liberarse de ella. En 1 Corintios 6:6-11, el Apóstol Pablo declara que ningún inmoral sexual heredará el reino de Dios. No obstante, agrega: "Y esto erais algunos; mas ya habéis sido lavados (nacido de nuevo), ya habéis sido santificados (limpios), ya habéis sido justificados en el nombre del Señor Jesús, y por el Espíritu de nuestro Dios" (1 Corintios 6:11,12).

Al igual que con cualquier otro pecado, Dios vence la inmoralidad por medio de la cruz.

Estrategia de asesoramiento

1. Hagan que la persona se sienta a gusto, agradeciéndole que les haya llamado. Traten de proyectarse como individuos que se preocupan por los demás, sin mostrar paternalismo. Tampoco sean demasiado críticos.

2. Traten de comprender toda la situación. Escuchen con sensibilidad y hagan preguntas sólo con el propósito de poder entender el problema con mayor claridad. No saquen conclusiones ni ofrezcan soluciones espirituales hasta tener una perspectiva completa.

3. Investiguen sus actitudes en relación al sexo. Sus opiniones les ayudarán a explicar su conducta sexual. Pregunten cuáles cree son las causas que contribuyen a su participación, si se siente culpable de ello, si lo considera como un pecado.

4. Pregúntenle si puede leerle porciones de la Palabra de Dios que se refieren al sexo premarital o extramarital. Hagan hincapié en que la Biblia es una fuente válida en lo tocante a las cuestiones morales. Lean todas o algunas de las citas siguientes: 1 Corintios 6:13,15-20; Hechos 15:20, Efesios 5:3, Colosenses 3:5 y Exodo 20:14.

5. Por lo que establece la Biblia, sus actos inmorales son desagradables para Dios. Para agradar al Señor, debe arrepentirse de toda inmoralidad y renunciar a ella. (Lea 1 Corintios 6:9-11). Dios condena la conducta inmoral; pero nos ama y perdona, si le confesamos nuestros pecados y recibimos por fe a Cristo Jesús como nuestro Señor y Salvador.

   Compartan con ella las "Etapas para obtenerla paz con Dios" de la página 11.

6. Destaquen la importancia de que la persona corte cualquier relación que pueda contribuir a su inmoralidad. "¡No erréis; las malas compañías corrompen las buenas costumbres!" (1 Corintios 15:33). El mejor lugar para establecer nuevas amistades que le fortalezcan contra la tentación es en una iglesia en la que se enseñe la Biblia. Animen a su interlocutor a que busque una iglesia y participe en sus actividades. Una de sus metas debe ser convertirse en cristiano consagrado. La falta de una relación vital con Cristo es el factor principal de este problema.

7. Aconsejen a esa persona a que consulte a su pastor en busca de aliento y consejos. Es probable que necesite hacerlo de una manera constante durante cierto periodo, para liberarse de las tentaciones y comenzar a caminar con el Señor.

8. Oren con ella para que reencauce por completo su mente su vida para la gloria de Dios.

Si su interlocutor es cristiano, compartan con él la sección sobre "Restauración", página 17. Después, siguiendo las mismas etapas antes mencionadas, aliéntenle para que se sature de la palabra de Dios, leyendo y estudiando la Biblia, con el fin de conformar su mente y su vida a ella. Como cristiano, debe participar en una iglesia en la que se enseñe la Biblia y tratar de encauzar sus energías al servicio de Cristo.

Citas bíblicas

"Si confesamos nuestros pecados, él es fiel y justo para perdonar nuestros pecados...Y si alguno hubiere pecado, abogado tenemos para con el Padre, a Jesucristo el justo"   (1 Juan 1:9 y 2:1).

"Pero el cuerpo no es para la fornicación, sino para el Señor, y el Señor para el cuerpo"   (1 Corintios 6:13).

"Deje el impío su camino, y el hombre inicuo sus pensamientos, y vuélvase a Jehová, el cual tendrá de él misericordia, y al Dios nuestro, el cual será amplio en perdonar"   (Isaías 55:7).

"Lavaos y limpiaos; quitad la iniquidad de vuestras obras…Venid luego, dice Jehová, y estemos a cuentas: si vuestros pecados fueren como la grana, como la nieve serán emblanquecidos; si fueren rojos como el carmesí, vendrán a ser como blanca lana"   (Isaías 1:16,18)

LA IRA

Antecedentes

La ira es una emoción, una reacción involuntaria ante un suceso o una situación desagradable. En tanto la ira se limite a esta emoción inicial e involuntaria, se podrá considerar como una reacción natural. Sin embargo, se vuelve peligrosa cuando nuestra respuesta ante ella es inadecuada; cuando perdemos el control (y descargamos la ira libremente) o nos la guardamos, de modo que nos volvemos amargados, resentidos y hostiles. Es entonces cuando la Biblia nos llama a cuentas.

Al abordar el tema de la ira, debemos entender que no toda la ira es mala. Cuando la Biblia se refiere a la ira, puede estar haciendo hincapié en varias emociones distintas. Por ejemplo:

1. La ira de Moisés se encendió al ver la infidelidad y la idolatría de su pueblo (Exodo 32:19).

2. Al curar al hombre que tenía la "mano seca", se indica que Jesús "los miró en torno suyo con enojo", entristecido por la dureza de sus corazones (de los fariseos) (Marcos 3:5).

3. Aunque no se indica explícitamente, la ira se encuentra implícita en la actitud y los actos de nuestro Señor cuando expulsó a los mercaderes de la casa de Dios (Marcos 11:15,17).

4. Hasta cierto punto, la ira se encuentra presente en nuestra actitud hacia el pecado y el modo en que lo abordamos. "Airaos, pero no pequéis" (Efesios 4:26).

El control de la ira es bíblico

"El necio da rienda suelta a toda su ira; mas el sabio al fin la sosiega" (Proverbios 29:11). Al tratar de controlar nuestra ira, debemos darnos cuenta de que todas las personas tienen derecho a sus propias opiniones y que sus vidas se deben distinguir por la dignidad y el respeto. Al mismo tiempo, con el fin de mantener todas las cosas dentro de la perspectiva correcta, no nos olvidemos de que si Jesús hubiera exigido Sus derechos, no hubiera muerto en la cruz. En este punto, hay una distinción muy fina. Lo que tenemos que recordar es que los cristianos debemos ser muy cuidadosos en nuestras respuestas, sin olvidarnos de que es posible que nuestra posición sea correcta, pero nuestras actitudes erróneas.

Billy Graham escribió: La Biblia no prohíbe el enojo; pero establece dos límites. El primero es que debemos mantener la ira libre de amargura, desprecio u odio. La segunda es la verificación diaria de si hemos resuelto nuestros sentimientos maliciosos. Hay un antiguo proverbio latino que dice: "El que se acuesta airado tiene al demonio como compañero de lecho." Por supuesto, la vida contiene muchos motivos de irritación, que se convierten en magníficas oportunidades para que Satanás nos conduzca a las malas pasiones.

La ira será excesiva o estará fuera de control cuando:

1. Dé como resultado explosiones de cólera y un lenguaje ofensivo.
2. Produzca amargura, resentimientos y hostilidad (el deseo de "ajustar las cuentas").
3. Es espiritualmente debilitante, provoca inquietud interna, destruye la tranquilidad propia y es contraria a los sentimientos de bienestar. ¿Tengo el sentimiento de que mi actitud es desagradable para Dios o que le estoy "dando lugar al diablo"? (Efesios 4:27).
4. Daña a otras personas. ¿Afecta negativamente mi testimonio cuando los demás observan mis malas respuestas? ¿Son víctimas de esas respuestas?

¿Cómo podemos aprender a controlar la ira excesiva?

1. Traten de no interpretarlo todo como si fueran ofensas, desprecios, deseos de lastimar, etc. Al mismo tiempo, procuren identificar las cosas que causan su ira excesiva.
2. Hagan que sus actitudes y respuestas sean objeto de oración firme. También debemos llevar ante el Señor la conducta irritante de otras personas, dándonos cuenta de que Dios utiliza a los individuos y las circunstancias para refinar nuestro carácter. ¡Es posible que tengamos demasidas aristas que se deban suavizar en nosotros mismos!
3. Cultiven la práctica de confesar como pecado la ira excesiva. La importancia de "lo inmediato" en esta búsqueda del perdón se debe colegir a partir de las palabras del Apóstol Pablo: "No dejéis que se ponga el sol sobre vuestro enojo" (Efesios 4:26). Aprendan a poner las cuentas en orden, al menos para el final del día.
4. Dense cuenta de que los cristianos deben enfrentarse a dos naturalezas que se esfuerzan por obtener la supremacía. Debemos aprender el principio de "despojo" y "revestimiento" de Efesios 4:22-24.
   A. "Despojémonos" del viejo hombre, corrompido por sus deseos engañosos (versículo 22).
   B. "Vistámonos" con el nuevo hombre, creado para ser como Dios en justicia y santidad (versículo 24).
   C. El efecto de poner en práctica el principio de "despojo" y "revestimiento" es renovarnos en el espíritu de nuestra mente (versículo 23). Este es el modo en que se hace válido 2 Corintios 5:17.
5. Esfuércense en alejar la ira de ustedes mismos para enfocarla en los

problemas que la provocan.

6. Sométanse todos los días al Espíritu Santo. "Andad en el Espíritu y no satisfagáis los deseos de la carne" (Gálatas 5:16).

7. Permitan que la Palabra de Dios ejerza su poder sobre todos los aspectos de sus vidas, al leerla, estudiarla y aprenderla de memoria. "La palabra de Cristo more en abundancia en vosotros, enseñándoos y exhortándoos unos a otros en toda sabiduría" (Colosenses 3:16).

Estrategia de asesoramiento

1. Una relación personal con Jesucristo es básica para resolver cualquier problema espiritual.

   Pregúntenle a la persona en cuestión si ha llegado a tener esta relación con el Señor. Denle las "Etapas para obtener la paz con Dios," página 11.

2. Háganle preguntas a su interlocutor cristiano, para determinar cuál es su situación en lo que se refiere a su ira excesiva o no resuelta.

   Hablen con él sobre los ANTECEDENTES, haciendo hincapié en las actitudes de los cristianos, la confesión diaria y los componentes del principio de "despojo" y "revestimiento." Hagan que tome nota de los consejos y las cita bíblicas, como ayuda para que los recuerde.

3. Oren con esa persona. Rueguen que pueda tener una "conciencia libre de ofensas contra Dios y los hombres," y la fe necesaria para confiar en Dios para obtener la victoria continua.

Citas bíblicas

"Por esto, mis amados hermanos, todo hombre sea pronto para oír, tardo para hablar, tardo para airarse, porque la ira del hombre no obra la justicia de Dios" (Santiago 1:19, 20).

"La blanda respuesta quita la ira; mas la palabra áspera hace subir el furor" (Proverbios 15:1).

"Pero ahora dejad también vosotros todas estas cosas: ira, enojo, malicia, blasfemia, palabras deshonestas de vuestra boca" (Colosenses 3:8).

"El necio da rienda suelta a toda su ira; mas el sabio al fin la sosiega" (Proverbios 29:11).

"En cuanto a la pasada manera de vivir, despojaos del viejo hombre, que está viciado conforme a los deseos engañosos, y renovaos en el espíritu de vuestra mente, y vestíos del nuevo hombre, creado según Dios en la justicia y santidad de la verdad" (Efesios 4:22-24).

Véase también AMARGURA Y RESENTIMIENTO.

JESUCRISTO

Antecedentes

Se ha aclamado a Jesús como el principal líder religioso que ha existido, como la persona más influyente que ha vivido en este planeta, y como un hombre único, en el sentido de que nadie se puede comparar a El.

Sin embargo, el considerar a Jesucristo simplemente sobre la base de Su vida ejemplar, y sus enseñanzas morales superiores no será suficiente para retirar las piedras de tropiezo en el camino del cristiano, puestas por el mundo incrédulo. La verdadera prueba definitiva de lo que pensemos sobre El debe girar en torno a quién dijo El que era, y qué realizó durante Su breve ministerio en este mundo. Debemos llegar a la conclusión de que no puede haber cristianismo sin Cristo; todo se centra en El.

El tema predominante de las Escrituras es la Persona y la obra de Jesucristo. Es Dios. Se hizo humano, murió crucificado y fue sepultado. Se levantó de los muertos y es el único y suficiente Salvador del mundo. Volverá otra vez a la tierra. Si se retira esto de las Escrituras, se les quitará todo su significado y su continuidad.

Jesucristo es Dios:

La divinidad es la única explicación posible de lo que era y lo que hizo.

1. Existía desde el principio con el Padre. "Este era en el principio con Dios. Todas las cosas por él fueron hechas, y sin él nada de lo que ha sido hecho fue hecho" (Juan 1:2, 3). (Véase también Juan 17:5 y Colosenses 1:17).

2. Es el hijo de Dios.
   A. Sus enemigos admitieron: "Decía que Dios era su propio padre, haciéndose igual a Dios" (Juan 5:18).
   B. Pedro confesó: "Y nosotros hemos creído y conocemos que tú eres el Cristo, el Hijo del Dios viviente" (Juan 6:69).

   Jesús afirmó: "Yo y el Padre uno somos" (Juan 10:30).

3. Era sin pecado, como sólo Dios puede serlo.
   A. Jesús desafió a sus enemigos, diciendo: "¿Quién de vosotros me redarguye de pecado?" (Juan 8:46).
   B. Pedro dio testimonio: "...porque también Cristo padeció por nosotros, dejándonos ejemplo para que sigáis sus pisadas; el cual no hizo pecado, ni se halló engaño en su boca" (1 Pedro 2:21, 22).
   C. Pablo afirmó: "Al que no conoció pecado, por nosotros lo hizo pecado, para que nosotros fuésemos hechos justicia de Dios en él" (2 Corintios 5:21).

4. Perdona los pecados, como sólo Dios puede hacerlo.
   A. Los escribas dijeron: "¿Quién puede perdonar pecados, sino sólo Dios?" (Marcos 2:7).

B.   Jesús dijo: "Pues para que sepáis que el Hijo del Hombre tiene potestad en la tierra para perdonar pecados..." (Mateo 9:6) (Véase también Juan 8:11).

C.   Pedro escribió: "Quién llevó el mismo nuestros pecados en su cuerpo sobre el madero, para que nosotros, estando muertos a los pecados, vivamos a la justicia; y por cuya herida fuisteis sanados" (1 Pedro 2:24).

5.   Realizó obras milagrosas.

A.   Curó enfermos: Mateo 8:9-13; Lucas 4:31-34; 5:12-15; Juan 4:43 a 5:16, y muchas otras citas bíblicas.

B.   Alimentó a los hambrientos: Juan 6; Marcos 8, etc.

C.   Resucitó muertos: Lucas 7:11-18; Juan 11:1-46.

Jesucristo se hizo hombre:

"Y el Verbo se hizo carne y habitó entre nosotros...lleno de gracia y de verdad" (Juan 1:14). (Véase también Filipenses 2:7, 8).

1.   Su nacimiento milagroso se profetizó 800 años antes de que ocurriera: "He aquí que la virgen concebirá y dará a luz un hijo, y llamará su nombre Emanuel" (Isaías 7:14).

2.   La profecía se cumplió al pie de la letra. "María, no temas, porque has hallado gracia delante de Dios. Y ahora, concebirás en tu vientre, y darás a luz un hijo, y llamarás su nombre Jesús" (Lucas 1:30, 31).

3.   Jesús demostró tener características humanas. Se cansaba (Juan 4:6). Tuvo sed (Juan 19:38). Comía alimentos (Lucas 24:40-43). Demostró tener sentimientos (Marcos 6:34). Lloró (Juan 11:35). Conoció la tentación (Hebreos 4:15). Y murió (Juan 19:30).

Jesucristo realizó las obras de su Padre:

1.   Murió en la cruz. Este es el tema fundamental del evangelio.

A.   La realidad de Su muerte: La cuarta parte de los evangelios se dedica a Su pasión y resurrección.

1)   Para eso vino al mundo (Juan 12:27).

2)   Su muerte se profetizó cientos de años antes de que ocurriera (Isaías 53:3-8).

B.   El significado de Su muerte.

1)   Fue un rescate por el pecado (Mateo 20:28; Romanos 3:24; 1 Pedro 1:18).

2)   Fue para pagar el castigo por el pecado (Romanos 3:24; 1 Juan 2:2; 4:10). El hombre es objeto de la ira de Dios debido a su rebelión y su pecado; pero el Señor tomó la iniciativa para satisfacer su ira, enviando a su propio Hijo al Calvario.

3)   Es una reconcilación. La enemistad entre nosotros y Dios ha concluido (Romanos 5:10) y estamos reconciliados con Dios (2 Corintios 5:18, 19).

4) Es una substitución. Murió en nuestro lugar (1 Pedro 3:18; 2 Corintios 5:21).

5) En resumen, se ha resuelto completamente el pecado (1 Pedro 2:24; Hebreos 9:26; Hebreos 10:12).

2. Resucitó de entre los muertos. Esto es extraordinario y fundamental para el cristianismo.

A. La realidad de la resurrección (Juan 20:1-10; 1 Corintios 15:4).

B. La credibilidad de la resurrección:

1) Jesús la predijo: Mateo 13:39-41; Lucas 24:1-7.

2) La tumba estaba vacía: Juan 20:11-13.

3) Muchos testigos lo vieron vivo: las mujeres (Lucas 23:55, 56); María Magdalena (Juan 20:1, 2, 11-18); Pedro y los otros discípulos (Juan 20:3-9, 19, 20, 24-31; 21:1-14).

Los resultados de Su obra:

1. Ascendió con Su Padre (Lucas 24:49-53; Hechos 1:6-11).

2. Es nuestro mediador eterno (1 Timoteo 2:5; Hebreos 8:6, 1 Juan 2:1).

3. Es nuestro Salvador: "Y llamarás su nombre Jesús, porque él salvará a su pueblo de sus pecados" (Mateo 1:21). "A este, Dios ha exaltado con su diestra por Príncipe y Salvador, para dar a Israel arrepentimiento y perdón de pecados" (Hechos 5:31).

A. Es el único Salvador. "Y en ningún otro hay salvación; porque no hay otro nombre bajo el cielo, dado a los hombres, en que podamos ser salvos" (Hechos 4:12).

B. Es un Salvador completo. "Por lo cual puede también salvar perpetuamente a los que por él se acercan a Dios, viviendo siempre para interceder por ellos" (Hebreos 7:25).

C. Es un Salvador personal. "Que si confesares con tu boca que Jesús es el Señor, y creyeres en tu corazón que Dios le levantó de los muertos, serás salvo. Porque con el corazón se cree para justicia, pero con la boca se confiesa para salvación" (Romanos 10:9-10).

La consumación de Su obra:

1. Volverá otra vez a la tierra (Hechos 1:11; Hebreos 10:37; Juan 14:3).

2. Los creyentes en Cristo resucitarán corporalmente, para iniciar una vida nueva y eterna (1 Tesalonicenses 4:17-18; 1 Corintios 15:51-58).

3. Reinará como Rey de reyes y Señor de señores sobre Su nueva creación (2 Pedro 3:10-13; Apocalipsis 22:3-5).

Estrategia de asesoramiento

La mejor respuesta que podemos darle a Jesucristo y su palabra es:

1. Recibirlo como Señor y Salvador. Pregúntenle a su interlocutor si ya lo

ha hecho así. Explíquenle las "Etapas para obtener la paz con Dios" **de** la página 11.

2. Entronizarlo como Señor en nuestra vida. "Este pueblo de labios me honra; mas su corazón está lejos de mí" (Mateo 15:8). "Así que, hermanos, os ruego por las misericordias de Dios, que presentéis vuestros cuerpos en sacrificio vivo, santo, agradable a Dios, que es vuestro culto racional. No os conforméis a este siglo, sino transformaos por medio de la renovación de vuestro entendimiento, para que comprobéis cuál sea la buena voluntad de Dios, agradable y perfecta" (Romanos 12:1, 2).

3. Ser testigos suyos cuando nos lo exija. "Lo que hemos visto y oído, eso os anunciamos, para que también vosotros tengáis comunión con nosotros, y nuestra comunión verdaderamente es con el Padre, y con su Hijo Jesucristo" (1 Juan 1:3). "Pero recibiréis poder, cuando haya venido sobre vosotros el Espíritu Santo, y me seréis testigos en Jerusalén, en toda Judea, en Samaria, y hasta lo último de la tierra" (Hechos 1:8).

Citas bíblicas

Su divinidad:

Juan 1:1-3; Juan 17:5; Juan 8:56-59; Juan 10:30-33; Colosenses 1:15-19; Colosenses 2:8, 9; Filipenses 2:6-11; Apocalipsis 5:12-14.

Su humanidad:

Juan 1:14; Filipenses 2:5-8; Juan 10:30; 1 Juan 1:1-4; Lucas 1:30-33; Mateo 1:18, Hebreos 4:15; Marcos 6:34; Juan 11:35; Juan 19:28; Lucas 24:40-43.

Su muerte:

Mateo 27:32-56; Marcos 15:20-47; Lucás 23:26-49; Juan 19:1-42; 2 Corintios 5:21; 1 Pedro 1:18, 19; 2:22-24; Isaías 53; 1 Juan 3:5-8; 1 Corintios 15:2-4.

Su resurrección:

Mateo 28; Marcos 15; Lucas 24: Juan 20 y 21; Hechos 2:24-36; 1 Corintios 15: Gálatas 2:20; Romanos 10:9, 10; 1 Pedro 1:19-21; 1 Tesalonicenses 1:10.

Su segunda venida:

1 Tesalonicenses 4:13-18; 2 Tesalonicenses 2:1-11; 1 Corintios 15:51-57; Juan 14:1-6; Hechos 1:11; Mateo 24:30; Apocalipsis 1:7; Juan 21:23; Mateo 24:42-44; 1 Juan 3:2, 3.

LOS JUEGOS DE AZAR

Antecedentes

El juego se puede practicar de muchos modos distintos. Algunas de sus formas parecen ser muy inocentes y, algunas veces, cierto porcentaje de las ganancias se usa para una buena causa. Sin embargo, la palabra de Dios indica que el juego, en cualquier forma, es contrario a la voluntad del Señor para un cristiano.

En primer lugar, el juego o las apuestas hacen que la fe se deposite en la casualidad o la suerte, en lugar de en los cuidados y la providencia de Dios. En segundo lugar, una persona que juega trata de sacar provecho de las pérdidas de otro. Esto se encuentra al borde de la codicia y el robo. En tercer lugar, el juego fomenta un espíritu avaro. Recalca el obtener en lugar del dar, el interés egoísta en lugar del autosacrificio, y erosiona la fibra moral de la sociedad.

La Biblia indica que hay tres modos de obtener beneficios materiales. En primer lugar se encuentra el trabajo. "Si alguno no quiere trabajar, tampoco coma" (2 Tesalonicenses 3:10). En segundo lugar, mediante inversiones prudentes (véase la parábola de los talentos en Lucas 19:1-27). En tercer lugar, por medio de donativos o herencias. "Pues no deben atesorar los hijos para los padres, sino los padres para los hijos" (2 Corintios 12:14).

Billy Graham escribió: "El atractivo de los juegos de azar es comprensible, hasta cierto punto. El obtener algo por nada es muy incitante. Me doy cuenta de eso y es donde se encuentra el pecado. El juego de cualquier tipo equivale a un robo con autorización. Se lanza la moneda al aire, se tiran los dados, o bien, los caballos corren, y alguien hace acopio de lo que le pertenece a otro. La Biblia dice: 'Comerás el pan con el sudor de tu frente' (Génesis 3:19). No dice: 'Mediante una moneda lanzada al aire ganarás tu comida'. Acepto que en la mayor parte de los juegos con apuestas muy pequeñas no hay malas intenciones; pero el principio es el mismo que en las grandes apuestas. La diferencia se encuentra sólo en las cantidades de dinero que se utilizan".

La experiencia del jugador es similar a la del alcohólico. Se engaña diciéndose que domina su vida cuando, en realidad, está fuera de control. Niega tener un problema; aunque su familia se esté desintegrando. Contrae enormes deudas e incluso roba para cubrir sus pérdidas.

El jugador puede prometer abandonar su pasión; pero es muy raro que lo cumpla, a menos que experimente un verdadero desastre que le haga enfrentarse cara a cara con la realidad de su situación.

Un encuentro con Jesucristo es la única solución para muchos, y algunos experimentan una liberación inmediata de su vicio. Sin embargo, para muchos otros, la curación y la victoria completa requieren un proceso prolongado. Muchos de los problemas emocionales de los alcohólicos se encuentran también presentes en los jugadores, y las causas subyacentes se deben resolver a la luz de la palabra de Dios.

Gamblers Anonymous (Jugadores anónimos), el National Council on Compulsive Gambling (Consejo Nacional sobre el Juego Compulsivo) y otras organizaciones tratan de servir a los que tienen ese vicio. El primero de esos grupos tiene secciones en muchas ciudades y, por lo común, tienen también un número telefónico incluido en el directorio.

Estrategia de asesoramiento

1. El consejero deberá adoptar una posición "firme", aunque llena de compasión. El vicio es muy real. Se debe hacer que la víctima se enfrente a la verdad de que su vida está fuera de control y que tiene que aceptar la responsabilidad por la situación en que se encuentra. ¿Quiere verdaderamente ayuda? En ese caso, debe dejar de jugar. Nada que no sea esto servirá para resolver su problema.

2. ¿Se ha entregado alguna vez a Cristo, aceptándolo como su Señor y Salvador? Compartan con esa persona las "Etapas para obtener la paz con Dios" de la página 11. Cristo puede romper las cadenas del pecado, renovando todas las cosas (véase 2 Corintios 5:17).

3. Hagan hincapié en que debe romper definitivamente con su mal hábito, tomando la resolución de no volver a ninguna mesa de juegos, no comprar boletos de la lotería, no acercarse a las máquinas tragamonedas, etc. Debe aprender a confiar en Dios en lo que se refiere a la tentación. "No os ha sobrevenido ninguna tentación que no sea humana; pero fiel es Dios que no os dejará ser tentados más de lo que podéis resistir, sino que dará también juntamente con la tentación la salida, para que podáis soportar" (1 Corintios 10:13).

4. Debe abandonar los lugares que frecuentaba y cortar todas las relaciones asociadas al juego. Deberá establecer nuevas relaciones. Su asistencia a Jugadores Anónimos puede dar resultados muy positivos (mire en el directorio telefónico). Deberá identificarse con una iglesia local que enseñe la Biblia, donde podrá adorar, estudiar la Palabra de Dios, aprender a orar, y establecer nuevas amistades que le proporcionarán el respaldo que necesita para reconstruir su vida.

5. Oren con esa persona para que obtenga una liberación completa de su esclavitud y anímenle a que ore al Señor todos los días. Esa práctica hará que llegue a confiar cada vez más en Dios.

6. Recomiéndenle que comience a leer y estudiar la Biblia personalmente. Conforme se van asimilando los pensamientos de Dios, se experimenta una transformación gradual de la mente y la vida. El consejero puede ofrecerle a su interlocutor, en este punto, el folleto *Cómo vivir en Cristo*.

7. Anímenle para que busque los consejos de un pastor competente o un psicólogo cristiano, si necesita más ayuda. Con frecuencia, las causas subyacentes del vicio se deben extirpar de raíz, lo que requiere un tratamiento profundo.

Si el interlocutor se refiere en sus preguntas al bingo, las loterías o las tómbolas, o si trata de justificar todas esas cosas porque algunas veces las patrocinan las iglesias, o bien, son inofensivas y sirven para buenas causas, hagan que lea los ANTECEDENTES.

Después de eso, actúen como sigue:

1. Pregúntenle si ha recibido alguna vez a Jesucristo como su Señor y Salvador. Explíquenle las "Etapas para obtener la paz con Dios" de la página 11.

2. Hagan hincapié en la verdad de que la obra del Señor se debe sostener mediante las ofrendas de sacrificio del pueblo de Dios, y no mediante tómbolas, loterías y otras cosas similares.

Citas bíblicas

"Si, pues, coméis o bebéis, o hacéis otra cosa, hacedlo todo para la gloria de Dios" (1 Corintios 10:31).

"Todas las cosas me son lícitas, mas no todas convienen; todas las cosas me son lícitas, mas yo no me dejaré dominar de ninguna" (1 Corintios 6:12).

"Así que, hermanos, os ruego por las misericordias de Dios, que presentéis vuestros cuerpos en sacrificio vivo, santo, agradable a Dios, que es vuestro culto racional" (Romanos 12:1).

"Poned la mira en las cosas de arriba, no en las de la tierra. Haced, pues, morir lo terrenal en vosotros: fornicación, impureza, pasiones desordenadas, malos deseos y avaricia, que es idolatría, cosas por las cuales la ira de Dios viene sobre los hijos de desobediencia" (Colosenses 3:2,5,6).

"No hurtarás. No codiciarás la casa de tu prójimo...No codiciarás ...cosa alguna de tu prójimo" (Exodo 20:15,17).

EL JUICIO

Antecedentes

La santidad y la justicia de Dios son las bases para Su juicio. El juicio bíblico es uno de los temas peor comprendidos por los cristianos. La idea de un juicio general en el que todas las personas de todas las eras se presentarán ante el Creador de los cielos y la tierra ha prevalecido en forma errónea: Las "ovejas" serán separadas de las "cabras", y cada quien irá al lugar que le corresponde.

Todos—santos y pecadores—seremos juzgados; pero no al mismo tiempo. Los juicios difieren en sujetos, tiempos, lugares y resultados. Para nuestros fines en este manual, vamos a abordar los aspectos del juicio a los que tendremos mayores probabilidades de enfrentarnos.

- Habrá tres juicios para el creyente en Cristo:

1. Ya fue juzgado por sus pecados en el Calvario.

     "Al que no conoció pecado, por nosotros lo hizo pecado, para que nosotros fuésemos hechos justicia de Dios en él" (2 Corintios 5:21).

     "Quien llevó él mismo nuestros pecados en su cuerpo sobre el madero; para que nosotros, estando muertos al pecado, vivamos a la justicia; y por cuya herida fuisteis sanados" (1 Pedro 2:24).

     Jesús llevó sobre sí mismo todo el juicio justo de Dios contra el pecado. El creyente recibe a Cristo como su portador de pecados, lo que quiere decir que confía plenamente en la redención realizada en el Calvario, y queda libre del pecado y la culpa. El creyente no volverá a ser juzgado por sus pecados.

2. Algún día se presentará ante el juicio de Cristo, para ser juzgado por sus obras o su servicio como cristiano. "Porque es necesario que todos nosotros comparezcamos ante el tribunal de Cristo, para que cada uno reciba según lo que haya hecho, mientras estaba en el cuerpo, sea bueno o sea malo" (2 Corintios 5:10).

     Este juicio hará que algunos reciban recompensas, mientras que otros sufrirán pérdidas. Algunos no tendrán obras provechosas que depositar a los pies del Señor, mientras otros recibirán el nombre de "siervos buenos y fieles", y se les pedirá que entren al gozo de su Señor. Este juicio sigue inmediatamente al rapto de los creyentes, tanto vivos como muertos, según se indica en 1 Tesalonicenses 4:15-17. (Véanse las CITAS BIBLICAS).

3. También existe el autojuicio diario del creyente.

     "Examíname, oh Dios, y conoce mi corazón; pruébame y conoce mis pensamientos; y ve si hay en mí camino de perversidad, y guíame en el camino eterno" (Salmo 139:23,24).

     "El mantener las cuentas claras" con el Señor es el único modo de alcanzar la madurez espiritual. Este juicio propio da como resultado la confesión y el perdón. "El que encubre sus pecados, no prosperará; mas el que los confiesa y se aparta alcanzará misericordia" (Proverbios 28:13). "Si confesamos nuestros pecados, él es fiel y justo para perdonar nuestros pecados, y limpiarnos de toda maldad" (1 Juan 1:9).

- Habrá un juicio de los perdidos o inconversos, que se conoce como el juicio ante el gran trono blanco (Apocalipsis 20:11-15) (Véanse las CITAS BIBLICAS).

Todas las personas que se encuentren en el infierno estarán allá por haber rechazado la salvación de Dios y escogido, en lugar de ello, servir a Satanás. Las Escrituras indican claramente que todas esas personas se presentarán en el Juicio ante el Gran Trono Blanco, y que se les juzgará sobre la base de la luz que tuvieron a su disposición y rechazaron mientras estaban en la tierra.

Este juicio seguirá al juicio final del diablo por Dios (Apocalipsis 20:10) y los ángeles rebeldes (Judas 6), y tendrá lugar después del reinado del milenio. Los perdidos de todas las épocas se presentarán ante Dios para ese juicio, el más terrible de todos (Mateo 12:36). La justicia de Dios pesará a todos en la balanza, para ratificar la condenación de quienes hayan rechazado la obra redentora de Su Hijo.

- Habrá también juicios en el futuro para las naciones vivas e Israel. Véase Mateo 25:31-46 y Ezequiel 20:33-34 (Debido a la longitud de estos pasajes, tengan la bondad de leerlos en la Biblia).

Estrategia de asesoramiento

Si su interlocutor teme al juicio venidero y sus consecuencias:

1. Asegúrenle que Dios le ofrece Su amor, "No queriendo que ninguno perezca, sino que todos procedan al arrepentimiento" (2 Pedro 3:9). "Porque no envió Dios a su Hijo al mundo para condenar al mundo, sino para que el mundo sea salvo por él" (Juan 3:17).

2. Invítenle a que reciba a Jesucristo como su Señor y Salvador, explicándole las "Etapas para obtener la paz con Dios" de la página 11.

3. Anímenle para que adopte una posición firme por Cristo, para permanecer de pie y ser contado. Deberá leer y estudiar todos los días la palabra de Dios (Ofrézcanle enviarle *Cómo vivir en Cristo*).

4. Aconséjenle que busque compañerismo y oportunidades de adorar y servir en una iglesia local donde se enseñe la Biblia.

5. Oren con esa persona para que llegue a conocer la realidad de Cristo en su propia vida.

Si no conoce las enseñanzas bíblicas sobre los juicios:

1. Explíquenle lo que se da en los antecedentes. Nota: La mayoría de las sectas enseñan errores a este respecto.

2. Invítenle a que reciba a Cristo, si es oportuno dentro de la conversación.

3. Sigan los consejos que se dieron antes en los puntos 3, 4 y 5.

EL JUICIO

Citas bíblicas

"Ahora, pues, ninguna condenación hay para los que están en Cristo Jesús, los que no andan conforme a la carne, sino conforme al Espíritu"   (Romanos 8:1).

"Porque nadie puede poner otro fundamento que el que está puesto, el cual es Jesucristo. Y si sobre este fundamento alguno edificare oro, plata, piedras preciosas, madera, heno, hojarasca, la obra de cada uno se hará manifiesta, porque el día la declarará, pues por el fuego será revelada; y la obra de cada uno, cuál sea, el fuego la probará. Si permaneciere la obra de alguno que sobreedificó, recibirá recompensa. Si la obra de alguno se quemare, él sufrirá pérdida, si bien él mismo será salvo, aunque así como por fuego"   (1 Corintios 3:11-15).

"Y vi un gran trono blanco y al que estaba sentado en él, de delante del cual huyeron la tierra y el cielo. Y ningún lugar se encontró para ellos. Y vi a los muertos, grandes y pequeños, de pie ante Dios; y los libros fueron abiertos, y otro libro fue abierto, el cual es el libro de la vida; y fueron juzgados los muertos por las cosas que estaban escritas en los libros, según sus obras. Y el mar entregó los muertos que había en él; y la muerte y el Hades entregaron los muertos que había en ellos; y fueron juzgados cada uno según sus obras"   (Apocalipsis 20:11-14).

LOS MALOS HABITOS

Antecedentes

Se ha dicho que los seres humanos son criaturas de hábitos. Muchas de nuestras prácticas se vuelven automáticas y, con frecuencia, ni siquiera estamos conscientes de que hacemos ciertas cosas o que las realizamos de modos específicos.

El encabezado de "Malos hábitos" cubre una gama muy amplia de conductas negativas y podrían definirse como todo lo que inhibe el crecimiento cristiano u ofende a otros. Podemos estar hablando de los llamados pecados del espíritu, tales como la envidia, los celos, la malicia, las murmuraciones, las mentiras, las críticas contra otros, el egoísmo, la impaciencia, las querellas, la morosidad, etc. O bien, podemos referirnos a los actos compulsivos tales como los de comer, beber, gastar dinero, leer y ver pornografía, trabajar en exceso, las fantasías y los pensamientos malos, la masturbación, las maledicencias, etc.

El tema de los malos hábitos adquiere una importancia especial en vista de la exigencia bíblica de que los cristianos "anden en novedad de vida" (Romanos 6:4). Al entregarnos al Señor, pidiéndole que examine nuestros corazones y nos revele lo que le desagrada (Salmo 139:23,24), comenzaremos a ver muchas cosas feas que es preciso que corrijamos. Lo más importante que es preciso recordar respecto a los malos hábitos es que desagradan a Dios y, con Su ayuda, se pueden abandonar, reemplazándolos con otras alternativas más correctas.

Ninguno de nosotros es inmune al cambio. El evangelio se especializa en las transformaciones (2 Corintios 5:17). Sabemos que Dios puede obrar en nuestras vidas, con el fin de ajustar nuestra conducta a lo que le complace. "Porque somos hechura suya, creados en Cristo Jesús para buenas obras, las cuales Dios preparó de antemano para que anduviésemos en ellas" (Efesios 2:10).

Billy Graham comentó: "La fortaleza para nuestras conquistas y victorias la tomamos continuamente de Cristo...El cristiano posee ahora recursos para vivir muy por encima del mundo. La Biblia enseña que cualquiera que es nacido de Dios no practica el pecado".

Estrategia de asesoramiento

1. Alaben a su interlocutor por sentirse suficientemente interesado en su vida espiritual como para buscar soluciones para los problemas relacionados con los malos hábitos.

   El cambio es posible para todas las personas, sin tomar en cuenta la edad u otras limitaciones. "Todo lo puedo en Cristo que me fortalece" (Filipenses 4:13). La ayuda del Señor y la perspectiva de romper las cadenas de la vida egoísta deberán proporcionar suficiente motivación para obtener la victoria final.

2. Pregúntenle a su interlocutor si ha recibido alguna vez a Jesucristo como su Señor y Salvador personal.

Se puede suponer que una persona que hace preguntas sobre cómo vencer sus malos hábitos será cristiana; pero no lo den por sentado. ¿Confía en haber experimentado la relación permanente con Cristo que proporcionará el poder prometido por Dios para que se realice el cambio? Háblenle de las "Etapas para obtener la paz con Dios", página 11.

3. Recomiéndenle que se enfrente en forma específica a su o sus malos hábitos (pecados).

Es necesario identificar los aspectos que requieren un cambio. Se trata de un reto al que es preciso enfrentarse en forma realista, porque los hábitos son difíciles de romper. No se pueden eliminar simplemente con "buenos deseos". El uso de frases piadosas tiene pocos efectos positivos. Es preciso actuar, hacer un esfuerzo. El Apóstol Pablo subrayó esto con claridad, al decir: "¡Miserable de mí! ¿Quién me librará de este cuerpo de muerte?" (Romanos 7:24). Las curas no son instantáneas ni fáciles.

4. Animen a su interlocutor a que confiese sus malos hábitos al Señor, como pecados, y a que busque el perdón.

Al mismo tiempo, anímenle a que adquiera con Dios el compromiso de esforzarse para obtener la victoria. Una entrega definitiva en un momento y un lugar dados, preparará el escenario para que se produzca el cambio. Adopte una posición firme, sea vencedor de obstáculos (véase la declaración de Josué, en Josué 24:15).

5. Indíquenle a esa persona que los malos hábitos se pueden dejar atrás mediante la puesta en práctica del principio de reemplazamiento o intercambio.

El Apóstol Pablo nos habla del principio de "despojo del viejo hombre" y "revestimiento con el nuevo". "En cuanto a la pasada manera de vivir, despojaos del viejo hombre, que está viciado conforme a los deseos engañosos, y renovaos en el espíritu de vuestra mente, y vestíos del nuevo hombre, creado según Dios en la justicia y santidad de la verdad" (Efesios 4:22-24). Esto nos lo podemos representar en el sentido de quitarnos una ropa sucia y cambiarla por otra limpia. Pablo ilustra este principio como sigue: "Por lo cual, desechando la mentira, hablad verdad cada uno con su prójimo..." (Efesios 2:25) y "El que hurtaba, no hurte más, sino trabaje..." (Efesios 4:28). El aprenderse de memoria versículos de la Biblia puede ser una gran ayuda para "despojarse del viejo hombre" y "revestirse con el nuevo". Para un cristiano angustiado por su inclinación a maldecir y usar malas palabras, será útil un pasaje como el que sigue: "Ninguna palabra corrompida salga de vuestra boca, sino la que sea buena para la necesaria edificación, a fin de dar gracia a los oyentes" (Efesios 4:29). En otros momentos, se puede usar alguna frase de alabanza, como las de los Salmos 24 ó 103.

¡Asegúrenle a su interlocutor que hay una alternativa espiritual para cada mal hábito que se deseche!

6. Indíquenle que la lectura y el estudio diario de la Biblia, el aprendizaje de memoria de versículos de las Escrituras y la oración tienen un gran valor. Cuando los pensamientos de Dios invadan nuestras mentes, las cosas deberán comenzar a cambiar.

7. Recomiéndenle a esa persona que establezca algún lazo con otro cristiano para compartir mutuamente sus problemas, sus oraciones y sus triunfos. Este tipo de "sistema de compañerismo" ha sido muy útil para muchas personas.

8. Recomiéndenle que busque oportunidades para servir a Cristo.

Cuando comenzamos a compartir con otros nuestro propio yo, nuestras experiencias, los frutos de nuestro estudio de la Biblia y nuestras victorias personales, nos "fortalecemos en el hombre interior".

9. Si su interlocutor no es todavía miembro de una iglesia que enseñe las doctrinas bíblicas, deberá establecer esa relación.

Esto le dará la oportunidad de tener compañerismo con otros cristianos, orar, estudiar la Biblia y servir al Señor.

10. Anímenlo para que escoja uno de sus malos hábitos para superarlo y a que se fije alguna meta inmediata a ese respecto.

11. Oren con su interlocutor para que pueda triunfar sobre su mal hábito, para la gloria de Dios.

Citas bíblicas

"Someteos, pues, a Dios; resistid al diablo y huirá de vosotros. Acercaos a Dios y él se acercará a vosotros"   (Santiago 4:7,8).

"En mi corazón he guardado tus dichos, para no pecar contra ti"
(Salmo 119:11).

"Así también vosotros consideraos muertos al pecado, pero vivos para Dios en Cristo Jesús, Señor nuestro. No reine, pues, el pecado en vuestro cuerpo mortal, de modo que lo obedezcáis en sus concupiscencias; ni tampoco presentéis vuestros miembros al pecado como instrumentos de iniquidad, sino presentaos vosotros mismos a Dios como vivos de entre los muertos, y vuestros miembros a Dios como instrumentos de justicia. Porque el pecado no se enseñoreará de vosotros; pues no estáis bajo la ley, sino bajo la gracia" (Romanos 6:11-14).

"Antes, en todas estas cosas somos más que vencedores por medio de aquel que nos amó"   (Romanos 8:37).

"Y decía a todos: si alguno quiere venir en pos de mí, niéguese a sí mismo, tome su cruz cada día y sígame"   (Lucas 9:23).

"Porque Dios es el que en vosotros produce así el querer como el hacer, por su buena voluntad... Para que seáis irreprensibles y sencillos, hijos de Dios sin mancha en medio de una generación maligna y perversa, en medio de la cual resplandecéis como luminares en el mundo" (Filipenses 2:13,15).

Jeremías 17:9,10.

Gálatas 2:20.

2 Timoteo 2:15.

MALTRATO DE NIÑOS

Antecedentes

"El maltrato de niños es una gran tragedia en Estados Unidos", señaló un comentarista de la televisión. Los niños víctimas de la violencia en el hogar se encuentran en todos los grupos socioeconómicos, culturales, raciales y de edades. Los patrones de violencia se transmiten a menudo dentro de la familia: ¡los golpeados se convierten en golpeadores! Los malos tratos se clasifican en tres categorías: verbales, físicos y sexuales. Cualquiera de esos tipos de abusos puede ser tan devastador en la vida de un niño que es posible que nunca se recupere del daño sufrido.

Los malos tratos verbales pueden ser tan degradantes y humillantes para el niño, que puede llegar a convencerse de que cualquier castigo físico que siga a los insultos es merecido. El padre vociferante, que con frecuencia utiliza en sus amonestaciones las maldiciones y el lenguaje soez, además de sus humillaciones constantes, tales como: "Nunca haces nada bien", "Deja de actuar como un niño", "Deberías parecerte más a fulano", etc., priva al niño de su propia estima, le crea problemas de identificación, y puede llegar a deprimirlo hasta el punto de transformarlo en un incapacitado emocional.

Si se añade a esto el castigo corporal, se le estará negando al niño el desarrollo emocional apropiado que da como resultado un adulto normal y responsable. Al niño maltratado le resulta muy sencillo entregarse a las drogas, el alcohol o las conductas sexuales desviadas.

Esos niños se sienten con frecuencia deprimidos, obtienen malas calificaciones en la escuela, se comportan mal y son delincuentes. Con frecuencia son mentirosos, hacen trampas y violan los derechos de los demás. Suponiendo que la violencia es una respuesta conductual normal, recurre a ella para resolver problemas en la escuela, con sus coetáneos y familiares. A menudo será suicida y pensará en matar a sus padres. Un gran porcentaje de la población de las prisiones es el producto de la violencia dentro de la familia.

Las respuestas emocionales adecuadas son casi imposibles en esos niños; pero una actitud amable y cariñosa puede hacer que, cuando menos, se abran las puertas hacia el encuentro de alguna solución.

Estrategia de asesoramiento

1. Sean sensibles, pacientes y cuidadosos en su modo de tratar a estas personas.

   Es posible que estén hablando con un niño que es incapaz de comprender en el nivel emocional.

2. Refuercen sus motivos para llamarles.
   Díganle:
   Nos alegramos de que llamaras.
   Estamos aquí para servirte.

Dios te ama y también nosotros.

Eres especial para el Señor y para nosotros.

Dios sabe lo que estás soportando y te ayudará.

3. Pregúntenle qué piensa sobre sí mismo.

Cuando le hablen de malos tratos que puede estar recibiendo de su padre, su madre o algún hermano mayor, traten de descubrir cuáles son sus sentimientos reales respecto a los castigos constantes. Esa persona puede estar convencida de que se merece los castigos físicos que ha estado recibiendo.

4. Asegúrenle que no es necesariamente malo.

En muchas ocasiones, los padres no se dan cuenta de que están siendo abusivos. No necesitan necesariamente un motivo para castigar a sus hijos. El setenta por ciento de los padres abusivos fueron ellos maltratados durante su infancia.

5. Díganle que Jesús le ama enormemente.

Jesús murió en la cruz por él y es el único que está preparando un reino especial para los niños ("Porque de los tales es el reino de los cielos" (Mateo 19:14)).

6. Pregúntenle si ha recibido alguna vez a Jesús como su Salvador. Si no lo ha hecho, denle las "Etapas para obtener la paz con Dios" de la página 11.

7. Pregúntenle si tiene una Biblia y anímenle para que comience a leerla. Ofrézcanle enviarle ya sea *Cómo vivir en Cristo* (12 años o más de edad), o bien, *Cómo seguir a Jesús* (menos de 12 años). Esto le ayudará a comenzar a estudiar la Biblia.

8. Pregúntenle si asiste a la iglesia.

Si conoce al pastor, anímenlo para que vaya a hablar con él para contarle todo lo que le está sucediendo; aunque le resulte muy embarazoso. El pastor debe estar al tanto de los malos tratos para poder ayudar. Es poco probable que el padre abusivo cambie de modo de actuar, a menos que se le obligue a enfrentarse a las implicaciones legales de su conducta. De ahí la necesidad de que el pastor esté informado. Podrá hablar con los padres, tomar disposiciones para proporcionarles asesoramiento, o bien, en caso necesario, ponerse en contacto con las autoridades competentes.

9. Oren con el niño, para darle ánimo.

Citas bíblicas

"Jesús dijo: Dejad a los niños venir a mí, y no se lo impidáis"
(Mateo 19:14).

"Venid a mí todos los que estáis trabajados y cargados, y yo os haré descansar" (Mateo 11:28).

"Echando toda vuestra ansiedad sobre él, porque él tiene cuidado de vosotros" (1 Pedro 5:7).

EL MATRIMONIO
(Cómo conquistar al esposo o la esposa para Cristo)

Antecedentes

En cierta ocasión, Jesús asombró a Sus discípulos con una paradoja. "No penséis que he venido para traer paz a la tierra; no he venido para traer paz, sino espada. Porque he venido para poner en disensión al hombre contra su padre, a la hija contra su madre, y a la nuera contra su suegra; y los enemigos del hombre serán los de su casa" (Mateo 10:34-36).

En ninguna situación es más evidente el costo del discipulado que en un matrimonio en el que uno de los cónyuges es cristiano y el otro no. En esas condiciones, la vida se complica muchas veces, porque los intereses, las actividades y las metas son diferentes. La conversión a Cristo de uno de los cónyuges debe tener la mayor prioridad; pero se debe tener un cuidado extremo en lo que se refiere a los métodos seguidos para tratar de alcanzar ese objetivo. Muchos matrimonios terminan en divorcio debido a la insensibilidad y el celo excesivo del cónyuge cristiano que trata de dar el mensaje del Señor.

Estrategia de asesoramiento

1. Feliciten a su interlocutor por su deseo de compartir la experiencia más hermosa de su vida con alguien que le es tan cercano. Sin embargo, esa persona deberá estar consciente de que se incluye la "espada" en la cita bíblica anterior.

2. Aconséjenle que no trate de comportarse como si fuera Dios. No le será posible forzar a su cónyuge a aceptar a Cristo, ni podrá hacerlo uno de los esposos por el otro. Quienes tratan de tomar esas cosas en sus propias manos pueden encaminarse hacia el desastre.

3. Aconséjenle que no insista demasiado y que mantenga una actitud de humildad, en lugar de emitir juicios duros. En este caso, la actitud es extremadamente importante.

4. Aconséjenle al cristiano que trate de alcanzar la madurez espiritual personal, mediante la lectura y el estudio de la palabra de Dios, que aprenda a orar y que practique todo esto con fidelidad. La oración tiene un gran valor. Confíen su cónyuge al Señor y, por fe, pidan su conversión. Sería conveniente que ni siquiera revelaran el objeto de sus oraciones. Confíen en Dios. El Señor resuelve todas las cosas de un modo maravilloso.

5. El ejemplo es muy poderoso. Permitan que el cónyuge vea a Jesús en las actitudes y los actos de su esposo o esposa.

   Hagan que el amor se desborde. El verdadero amor no se puede fingir. Pablo dice: "El amor es sufrido, es benigno. El amor nunca deja de ser" (1 Corintios 13:4,8). Traten de demostrar que "Dios derramó su amor en nuestros corazones…" (Romanos 5:5).

6. No traten nunca de salir adelante mediante disputas o sermones. Esto producirá con frecuencia antagonismo y profunda resistencia. El Apóstol Pablo recomienda la coexistencia pacífica. Véase 1 Corintios 7:12-15.

Billy Graham se ocupó de este tema. "El Apóstol Pedro dijo algo a este respecto: 'Asimismo, vosotras, mujeres, estad sujetas a vuestros maridos; para que también los que no creen a la palabra, sean ganados sin palabras por la conducta de sus esposas' (1 Pedro 3:1). No se trata de ninguna manera de una tarea sencilla; pero son ustedes y no sus maridos, quienes tienen la responsabilidad de darles ánimos para que tomen su propia decisión. Esto no se puede hacer mediante asedios ni sermones, sino por medio de la manifestación de un espíritu de mansedumbre y sumisión que no hayan visto todavía en ustedes. Tanto si el cristiano es el marido como si lo es la esposa, siempre deberá esperar y aceptar ciertas burlas o incluso malos tratos debido a la fe. Simplemente, recuerden esto: nadie está en mejor relación para ganar a otro para Cristo que un cónyuge que lo será para toda la vida".

---

7. No insistan en que su cónyuge asista a la iglesia o a servicios cristianos especiales, a menos que parezca tener disposición para ello. Una alternativa a la iglesia sería el presentarle a amigos cristianos en ocasiones sociales. El esposo o la esposa deberá ver la diferencia en su vida. Ya llegará el momento oportuno para presentarle a Cristo.

8. Oren con su interlocutor para tener percepción, sabiduría y paciencia para esperar el momento oportuno, poniendo en práctica todo lo indicado antes.

Citas bíblicas

"Asimismo, vosotras, mujeres, estad sujetas a vuestros maridos; para que también los que no creen a la palabra, sean ganados sin palabra por la conducta de sus esposas., considerando vuestra conducta casta y respetuosa. Vuestro atavío no sea el externo de peinados ostentosos, de adornos de oro o de vestidos lujosos, sino el interno, el del corazón, en el incorruptible ornato de un espíritu afable y apacible, que es de grande estima delante de Dios"   (1 Pedro 3:1-4).

"Y si alguno de vosotros tiene falta de sabiduría, pídala a Dios, el cual da a todos abundantemente y sin reproche, y le será dada"
                                                                    (Santiago 1:5).

"Pero la sabiduría que es de lo alto es primeramente pura, después pacífica, amable, benigna, llena de misericordia y de buenos frutos, sin incertidumbre ni hipocresía"   (Santiago 3:17).

"Por nada estéis afanosos, sino sean conocidas vuestras peticiones delante de Dios en toda oración y ruego, con acción de gracias. Y la paz de Dios, que sobrepasa todo entendimiento, guardará vuestros corazones y vuestros pensamientos en Cristo Jesús"   (Filipenses 4:6,7).

PLANES DE MATRIMONIO

Antecedentes

El matrimonio es el contrato a largo plazo más importante que establecerá una pareja en toda su vida; sin embargo, hay muchos que se casan sin madurez ni conocimientos. La cantidad creciente de divorcios muestra lo indispensable que es que los jóvenes estén preparados adecuadamente para el matrimonio.

He aquí unos cuantos principios útiles sobre el matrimonio, para quienes estén pensando pronunciar sus votos matrimoniales:

- Un buen matrimonio no se hace en los cielos, sino en la tierra. El amor es un artículo muy frágil que se debe cuidar y alimentar constantemente. Por supuesto, los que piensen casarse deberán volverse hacia Dios en busca de Su guía; pero el éxito del matrimonio dependerá en gran parte de la pareja y de sus esfuerzos para responder a la dirección de Dios.

- Un buen matrimonio no se basa en el idealismo, sino en la realidad. El síndrome de la Cenicienta, según el cual cada doncella encuentra un príncipe y "vive felizmente para siempre" suele ser un simple cuento de hadas. Demasiadas personas se casan con esperanzas demasiado elevadas y poco realistas y, luego, se pasan muchos años sufriendo y tratando de ajustarse—si permanecen casadas todo ese tiempo.

- Un buen matrimonio se basa en el respeto propio y el del cónyuge.

  Una imagen propia baja, heredada de un hogar paterno lleno de tensiones o debida a la inmadurez, puede provocar muchas tormentas. El tener una relación sólida con Jesucristo y el entenderse uno mismo en virtud de esa relación, son cosas sumamente importantes.

  El no conocerse bien el uno al otro puede provocar también malentendidos y conflictos. No hace falta mucho discernimiento para darse cuenta de que los varones y las mujeres son físicamente diferentes; pero, ¿cuántos se dan cuenta de que su futuro cónyuge es igualmente distinto en lo emocional y lo mental? Cada uno de los cónyuges debe entender esto y estar preparado para hacer las concesiones y los ajustes que sean precisos. "Varón y hembra los creó y los bendijo…" (Génesis 5:2).

- Un matrimonio en el que los dos cónyuges tengan muchas similitudes tendrán más probabilidades de tener éxito. Esto implica:

  Las mismas bases religiosas.

  Antecedentes culturales y sociales similares.

  Niveles económicos comparables.

  Las mismas ventajas educativas.

  Una situación estable en el hogar.

- ¡El matrimonio nunca se planeó como si fuera un "reformatorio"! Alguien que se case con otra persona con la esperanza de "corregir" algún tipo de conducta problemática, se enfrentará probablemente a un futuro desastroso. Lo que no se pueda cambiar antes del matrimonio tendrá muy pocas probabilidades de cambiar alguna vez. Este se debe tomar con seriedad en los casos en que participen el alcohol, las drogas o la inmoralidad.

• Las parejas que se casan "en el Señor" (1 Corintios 7:39) tienen potencial para una relación mucho mejor que la de los que están sin Cristo.

Billy Graham aconseja: "El hogar sólo desempeña su verdadera finalidad cuando lo controla Dios. Si dejan a Jesucristo fuera de su vida, su hogar perderá su sentido. Sin embargo, tomen a Cristo en su corazón, su vida y su familia, y el Señor transformará su hogar".

Estrategia de asesoramiento

1. Feliciten a su interlocutor por haber tomado la iniciativa de buscar consejos respecto a su matrimonio planeado. Compartan con esa persona los siguientes pasajes de las Escrituras:

    "Y dijo Jehová Dios: No es bueno que el hombre esté solo; le haré ayuda idónea para él" (Génesis 2:18).

    "El que halla esposa halla el bien, y alcanza la benevolencia de Jehová" (Proverbios 18:22).

2. Aconséjenle que, para tener la presencia y la dirección de Dios en su vida y su matrimonio, convendrá que le confíe su corazón y su vida a Jesucristo. Compartan con esa persona las "Etapas para obtener la paz con Dios" de la página 11.

3. Aconséjenle a su interlocutor que adopte una posición firme por Jesucristo, tanto si era cristiano desde antes como si acaba de recibir a Cristo. Deberá comenzar también a leer y estudiar la palabra de Dios, a orar respecto a todas las cosas, y a identificarse con una iglesia en la que se enseñe la Biblia. Todas estas cosas enriquecerán profundamente su vida, permitiéndole ofrecer mucho más para su matrimonio.

4. Cuando el individuo se casa, que se asegure de hacerlo "en el Señor" (1 Corintios 7;39). "No os unáis en yugo desigual con lo incrédulos; porque, ¿qué compañerismo tiene la justicia con la injusticia? ¿Y qué comunión la luz con las tinieblas?" (2 Corintios 6:14).

5. Antes del matrimonio, el interlocutor debe realizar sus oportunidades para que tenga éxito:

    A. Buscando el control y las bendiciones de Dios sobre su propia vida y la de su cónyuge, por medio de la oración.

    B. Asimilando todos los conocimientos que pueda sobre el hogar y el matrimonio centrados en Cristo.

PLANES DE MATRIMONIO

C. Buscar en la Escrituras pasajes sobre el hogar y el matrimonio.

D. Leer libros escritos por pastores y consejeros cristianos, que se podrán conseguir en las librerías cristianas. Muchas bibliotecas de iglesias tienen una buena cantidad de libros sobre el matrimonio y el hogar.

E. Aprovechar las conferencias, los cursos y las películas que existen con esa finalidad.

F. Tratar de obtener los consejos de un pastor competente, un consejero familiar o un psicólogo cristiano. Ese asesoramiento deberá incluir un análisis a fondo del matrimonio, con temas personales, espirituales, económicos y sexuales.

6. Después de casarse, practiquen lo que sigue:
Identifíquense con una iglesia local en la que se enseñe la Biblia, donde el matrimonio tendrá oportunidades de florecer espiritualmente y donde la futura familia pueda ser recibida y alimentada en las cosas eternas. Tomen la resolución de comunicarse libre y sinceramente con su cónyuge en todos los niveles de la vida: mental, emocional y físico. Esa práctica ayudará mucho en la resolución de problemas, cuando se presenten dificultades en el matrimonio.

7. Oren con su interlocutor, pidiendo las bendiciones, la presencia y la guía del Señor en su vida y su futuro matrimonio.

Citas bíblicas

"Someteos unos a otros en el temor de Dios. Las casadas estén sujetas a sus propios maridos, como al Señor"   (Efesios 5:21,22).

"Vosotros, maridos, igualmente, vivid con ellas sabiamente, dando honor a la mujer como a vaso más frágil, y como a coherederas de la gracia de la vida, para que vuestras oraciones no tengan estorbo"
(1 Pedro 3:7).

"Con sabiduría se edificará la casa, y con prudencia se afirmará; y con ciencia se llenarán las cámaras de todo bien preciado y agradable"
(Proverbios 24:3,4).

"¿Andarán dos juntos, si no estuvieren de acuerdo?"   (Amós 3:3).

2 Corintios 6:14-15.

EL MATRIMONIO
(Presiones para obrar mal en asuntos de conciencia)

Antecedentes

Cuando una persona se convierte a Cristo, su cuerpo se convierte en morada del Espíritu Santo (1 Corintios 6:19,20), y su conciencia está sujeta a la palabra y la voluntad de Dios.

La conciencia del cristiano queda limpia de los pecados y la desobediencia del pasado, para que pueda servir al Dios vivo (Hebreos 9:14).

La conciencia del cristiano se hace santa y sincera, de conformidad con la palabra de Dios, para que pueda caminar con integridad en este mundo. "Porque nuestra gloria es ésta: el testimonio de nuestra conciencia, que con sencillez y sinceridad de Dios, no con sabiduría humana, sino con la gracia de Dios, nos hemos conducido en el mundo, y mucho más con vosotros" (2 Corintios 1:12).

Si un cristiano tiene una conciencia débil, tendrá probabilidades de someterse al mal y envilecerse (véase 1 Corintios 8:7).

Nuestra meta como cristianos debe ser la del Apóstol Pablo: "Y por esto procuro siempre tener una conciencia sin ofensa ante Dios y ante los hombres" (Hechos 24:16).

Muchos cristianos tienen problemas en el campo de la conciencia. Por ejemplo, alguien puede estar casado o casada con un inconverso o haberse convertido a Cristo después de su matrimonio y descubrir que tiene que soportar presiones para actuar contrariamente a las Escrituras en su conducta, su participación en el mundo e incluso las prácticas sexuales. Esto puede provocar conflictos e infelicidad en el matrimonio.

La Biblia enseña que el papel de una esposa es el de ser sumisa; pero también ordena al marido que ame a su esposa como a su propio cuerpo (véase Efesios 5:22,28). Así, ninguno de los cónyuges tiene derecho a ordenarle al otro que haga algo contrario a las Escrituras y que ofenda su conciencia.

Estrategia de asesoramiento

1. Si se presenta este problema, feliciten a su interlocutor por ser sensible a la dirección del Espíritu Santo en su vida y por desear hacer lo correcto.

2. Anímenle a que adopte una posición firme por Cristo, de conformidad con lo que se nos dice en Romanos 12:1,2.

3. Inviten a esa persona a que haga todo lo posible para mantener abiertas las comunicaciones con su cónyuge, con el fin de debatir libre y plenamente los problemas implícitos y las razones por las que no es posible aceptar esas peticiones.

   Hagan un esfuerzo para no mostrarse críticos ni emitir juicios duros.

EL MATRIMONIO (Presiones)

"Atrapamos más moscas con miel que con vinagre". Si no se tiene mucho cuidado en esto, se podrá llegar con rapidez al punto sin regreso, provocando conflictos y hostilidad.

4. El amor cubre una gran multitud de pecados. Aconséjenle a su interlocutor que ame a su cónyuge sinceramente, demostrándoselo de palabra y obra. El cónyuge cristiano debe expresar aprecio, admiración y alabanza con tanta frecuencia como le sea posible, en los puntos en que se justifique.

5. Anímen a su interlocutor a que ore, pidiendo primordialmente sabiduría y dirección tanto en el debate como en las medidas recomendadas (véase Santiago 1:5) y, luego, obediencia del cónyuge a la palabra de Dios y entrega a la fe personal de Cristo. Cuidado: no se debe ser demasiado agresivo al tratar de ganar a su cónyuge para Cristo. Tengan la bondad de ver la sección sobre EL MATRIMONIO (Cómo conquistar al esposo o la esposa para Cristo).

6. Oren con su interlocutor para fortalecer su resolución.

Billy Graham comentó: "La satisfacción completa en el matrimonio no se puede obtener fuera de la vida en Cristo. En las Escrituras se indica que Cristo vino al mundo a destruir las obras del diablo. El poder de Cristo sobre el diablo está a disposición del cristiano, y al destructor del hogar ideal sólo se puede hacer que huya mediante el poder de Cristo.

Citas bíblicas

"¿Cuánto más la sangre de Cristo, el cual mediante el Espíritu eterno se ofreció a sí mismo sin mancha a Dios, limpiará vuestras conciencias de obras muertas para que sirváis al Dios vivo?"   (Hebreos 9:14).

"Es necesario obedecer a Dios antes que a los hombres" (Hechos 5:29).

"Asimismo, vosotras, mujeres, estad sujetas a vuestros maridos, para que también los que no creen a la palabra, sean ganados sin palabra por la conducta de sus esposas, considerando vuestra conducta casta y respetuosa...Porque así también se ataviaban en otro tiempo aquellas santas mujeres que esperaban en Dios, estando sujetas a sus maridos ...Vosotros, maridos, igualmente, vivid con ellas sabiamente, dando honor a la mujer como a vaso más frágil, y como a coherederas de la gracia de la vida, para que vuestras oraciones no tengan estorbo. Finalmente, sed todos de un mismo sentir, compasivos, amándoos fraternalmente, misericordiosos, amigables...Sino santificad a Cristo el Señor en vuestros corazones, y estad siempre preparados para presentar defensa con mansedumbre y reverencia ante todo el que os demande razón de la esperanza que hay en vosotros; teniendo buena conciencia, para que en lo que murmuran de vosotros como de malhechores, sean avergonzados los que calumnian vuestra buena conducta en Cristo"   (1 Pedro 3:1,2,5,7,8,15,16).

PROBLEMAS MATRIMONIALES

Antecedentes

Cuando dos vidas se unen en una relación íntima y a largo plazo, es forzoso que se presente algún problema ocasional. Muchas parejas se casan sin estar preparadas para ello. A veces, carecen de suficiente madurez emocional, estabilidad o flexibilidad—que se requieren en cualquier unión para que pueda tener éxito.

¿Cuáles son los componentes de un buen matrimonio?

- *Respeto mutuo.*

    Respeto significa que cada quien acepta a su cóyuge tal y como es, sin tratar de manipularlo, y esforzándose en darle lo que necesite, sin egoísmos, para que se convierta en la persona que Dios desea que sea. El respeto distingue entre lo ideal y lo real, y no exige demasiado. "Cada uno de vosotros ame también a su mujer como a sí mismo; y la mujer respete a su marido" (Efesios 5:33).

- *Verdadera entrega.*

    Los votos matrimoniales dicen: "Abandonando a todos los demás". Las Escrituras indican: "Por esto el hombre dejará padre y madre, y se unirá a su mujer, y los dos serán una sola carne" (Mateo 19:5). El tiempo y la experiencia en el matrimonio revelan que el ser "una carne" no implica un abandono de la personalidad o los derechos individuales. En lugar de ello, es una satisfacción.

- *Buena comunicación.*

    Para poder comunicarse, debe haber comprensión de las diferencias emocionales, mentales y físicas entre los hombres y las mujeres. Es preciso que haya compañerismo. "Preferiría estar con mi cónyuge que con cualquier otra persona". Deberá haber conversación, no sólo una discusión de las diferencias cuando se presenten, sino un intercambio significativo al nivel intelectual y emocional.

- *Tiempo y esfuerzo.*

    Al amor se le debe dar la oportunidad de madurar. El clima para esto se establece en la palabra de Dios. Cuando las cosas se hacen difíciles, una pareja no "se desenamora", sino que permanece unida y resuelve los problemas. Los cónyuges no se consideran como víctimas de un "mal negocio", sino como "coherederos juntos de la gracia de la vida" (1 Pedro 3:7). "Cada uno de vosotros ame también a su mujer como a sí mismo; y la mujer respete a su marido" (Efesios 5:33).

    Los problemas y las diferencias se resuelven por medio del perdón. "Antes sed benignos unos con otros, misericordiosos, perdonándoos unos a otros, como Dios también os perdonó a vosotros en Cristo" (Efesios 4:32).

    Cliff Barrows les da con frecuencia un mensaje a las parejas casadas, con el título de "Diez palabras que salvaguardan el matrimonio". Son:

Estaba equivocado.

Lo siento mucho.

Perdóname, por favor.

Te amo.

Esta misma fórmula servirá también para la salvaguarda de la vida espiritual propia. Las parejas deben aprender a limar las asperezas en cuanto se presenten y a hacer borrón y cuenta nueva cada día. Véase Efesios 4:26.

- *Unidad espiritual.*

El comprender la dimensión espiritual del matrimonio tiene implicaciones profundas. Pablo comparó el matrimonio—la unión del marido con su mujer—a la relación eterna entre Cristo y la Iglesia (véase Efesios 5:22-33).

Billy Graham escribió: "El matrimonio perfecto es la unión de tres personas: un hombre, una mujer y Dios. Esto es lo que hace que el matrimonio sea santo. La fe en Cristo es el más importante de todos los principios en la edificación de un buen matrimonio y un hogar feliz".

Estrategias de asesoramiento

1. Denle ánimo y respaldo a su interlocutor. Escuchen atentamente y esforzándose en comprender. No emitan juicios. Sean imparciales. A veces, el interlocutor está en el error.

2. Traten de descubrir razones para los desacuerdos y los problemas. En caso necesario, hagan preguntas. ¿Considera el interlocutor que tiene responsabilidad por algún desarrollo negativo?

   Pregúntenle a esa persona cómo calificaría su unión a la luz de "Lo que constituye un buen matrimonio", de los ANTECEDENTES. ¿Qué deficiencias ha tenido? ¿Qué se puede hacer para mejorar la relación? Con humildad, esa persona podría pedir perdón por casos de falta de sensibilidad, heridas y ofensas. Es posible que esto requiera tiempo; pero vale la pena hacer el esfuerzo.

3. Pregúntenle si Dios entró alguna vez a su vida y su matrimonio. Compartan con su interlocutor las "Etapas para obtener la paz con Dios" de la página 11.

4. ¿Qué deberá hacer a continuación el individuo? Explíquenle lo que sigue:

   A. Leer y estudiar la Palabra de Dios, y aplicar sus enseñanzas a su propia vida y su matrimonio.

   B. Aprender a orar diariamente, orar el uno por el otro y por los problemas existentes o potenciales. "Echando toda vuestra ansiedad sobre él, porque él tiene cuidado de vosotros" (1 Pedro 5:7). Las actitudes mejoradas conducen a una mayor sensibilidad para las necesidades del cónyuge, lo que genera mejores relaciones. Este es uno de los valores de la lectura y el estudio de la Biblia: nos ayudará a anticiparnos a los problemas, al volvernos más sensibles desde el punto de vista espiritual.

C.   Unirse con el cónyuge y la familia a una iglesia en la que se enseñe la Biblia. La participación activa en una iglesia dinámica puede crear una verdadera revolución en el matrimonio y la familia. Se pueden encontrar recursos y respaldo espiritual en la comunión con cristianos consagrados y al pedir consejos a un pastor entregado al servicio del Señor.

D.   En caso de que se necesiten consejos adicionales, y eso es algo que sucede con frecuencia en los matrimonios que tienen dificultades, se puede obtener ayuda por medio de un pastor competente, un psicólogo o consejero matrimonial cristiano.

Si el interlocutor es cristiano, anímenle para que obtenga el asesoramiento serio de un pastor competente o un servicio cristiano de consejeros matrimoniales. Con frecuencia, ambos cónyuges tienen que hacer muchas concesiones y ajuste, lo que requiere sesiones profesionales prolongadas. Lo verdaderamente importante es que los dos afronten sinceramente su situación en vista de la palabra de Dios. Un buen lugar para comenzar puede ser la aplicación de la fórmula de Cliff Barrows que se da en los ANTECEDENTES.

Citas bíblicas

"Nada hagáis por contienda o por vanagloria; antes bien, con humildad, estimando cada uno a los demás como superiores a él mismo; no mirando cada uno por lo suyo propio, sino cada cual también por lo de los otros. Haya, pues, en vosotros este sentir que hubo también en Cristo Jesús"
                                                                    (Filipenses 2:3-5).

"El marido cumpla con la mujer el deber conyugal, y asimismo la mujer con el marido. La mujer no tiene potestad sobre su propio cuerpo, sino el marido; ni tampoco tiene el marido potestad sobre su propio cuerpo, sino la mujer"
                                                                    (1 Corintios 7:3,4).

"Vosotros, maridos, igualmente, vivid con ellas sabiamente, dando honor a la mujer como a vaso más frágil, y como a coherederas de la gracia de la vida, para que vuestras oraciones no tengan estorbo"
                                                                    (1 Pedro 3:7).

Efesios 5:22-33.

LA MAYORDOMIA
(Ofrendas y diezmos)

Antecedentes

El plan de Dios es que los cristianos sostengan la obra de Cristo Jesús en el mundo, por medio de sus diezmos y ofrendas. "Cada primer día de la semana, cada uno de vosotros ponga aparte algo, según haya prosperado" (1 Corintios 16:2).

El concepto del diezmo se remonta a la primera época de la historia bíblica. Abraham pagó sus diezmos a Melquisedec, al regresar de la guerra contra los reyes (Hebreos 7:6). En la Ley se estableció que los levitas debían recibir los diezmos del pueblo (Hebreos 7:5). Aunque el diezmo de nuestros ingresos se estableció como la porción dedicada al Señor, esto no debe limitar a los que tienen los medios y la disposición de dar más.

El Nuevo Testamento enseña que los cristianos deben dar individual, regular, metódica y proporcionalmente de sus ingresos a fin de sostener la iglesia local, a los necesitados, el evangelismo, y las misiones (1 Corintios 16:2).

Una de las características del creyente que ha experimentado el nuevo nacimiento es dar con el corazón henchido del amor de Dios. "Pero esto digo: El que siembra escasamente, también segará escasamente; y el que siembra generosamente, generosamente también segará. Cada uno dé como propuso en su corazón: no con tristeza, ni por necesidad, porque Dios ama al dador alegre. Y poderoso es Dios para hacer que abunde en vosotros toda gracia, a fin de que, teniendo siempre en todas las cosas todo lo suficiente, abundéis para toda buena obra" (2 Corintios 9:6-8).

Dios nos prometió que nuestras necesidades quedarán satisfechas si respondemos a las necesidades de Su obra y Sus siervos. "Mi Dios, pues, suplirá todo lo que os falta, conforme a sus riquezas en gloria en Cristo Jesús" (Filipenses 4:19).

Billy Graham comentó: "En nuestro hogar descubrimos, como lo han hecho miles de otros, que cuando diezmamos, la bendición de Dios sobre los nueve décimos restantes hace que alcancen más allá de lo que lograríamos con los diez décimos, sin Su bendición. El modo en que manejemos nuestro dinero es opcional. Dios no nos obliga a distribuirlo de una manera u otra. Sin embargo, hay ciertos principios bíblicos en los que se basa la filosofía cristiana de la mayordomía. Por un lado, Dios es el dueño de todas las cosas y nosotros somos, por así decirlo, custodios de Sus propiedades. Cualquier cosa que le demos a El es, por definición, Su propiedad absoluta. En segundo lugar, lo que le demos debe ser bajo impulso del amor, motivado por la consagración personal a Cristo. En

LA MAYORDOMIA

tercer lugar, aunque la mayordomía cristiana no se basa en las recompensas, ciertamente reconoce que no hay mejor inversión posible en lo que respecta al pago. En Marcos 4, Cristo se refirió al rendimiento de treinta, sesenta y cien...Si el diezmar era apropiado bajo la Ley, lo es todavía más bajo la libertad y la gracia...Trate de dar el diezmo y algo más, por encima de él, con gozo y liberalidad, y vea lo que puede suceder".

Estrategia de asesoramiento

1. Determine si su interlocutor es cristiano.

   El primer regalo que Dios espera de nosotros es nosotros mismos. Explíquenle a esa persona las "Etapas para obtener la paz con Dios" de la página 11. Aliéntenla a tomar una posición positiva respecto a Cristo, a saturarse de la palabra de Dios, a cultivar el hábito de la oración, a participar activamente en una iglesia en la que se enseñe la Biblia, para tener compañerismo con los demás creyentes, analizar la palabra y servir.

2. A cualquier persona que les pida consejos sobre el dar, díganle lo siguiente.

   A. Que se convierta en cristiano activo y decidido en alguna iglesia local en la que se enseñe la Biblia. El participar en el compañerismo de los creyentes le presentará tanto metas que alcanzar como motivación y perspectivas en el dar.

   B. Ore pidiendo sabiduría para dar y, luego, investigue para saber a quién le está dando. Hay muchas organizaciones no evangélicas o de sectas extrañas que reciben donativos regulares de cristianos evangélicos que carecen del discernimiento espiritual necesario. ¡Infórmese antes de dar!

   C. ¿A quién debe dar el cristiano evangélico?

      1) Una parte substancial de sus diezmos y ofrendas debe ir a su propia iglesia local.

      2) Otra porción debe separarse y utilizarse para los pobres o aquellos que tengan necesidades especiales. También esto se puede realizar por mediación de la iglesia local.

      3) Hay muchos ministerios dentro del evangelismo, las misiones y la beneficencia que merecen el apoyo del cristiano. Tome medidas para contribuir a algunos de ellos.

Citas bíblicas

"Honra a Jehová con tus bienes y con las primicias de todos tus frutos; y serán llenos tus graneros con abundancia y tus lagares rebosarán de mosto"   (Proverbios 3:9,10).

"Dad, y se os dará; medida buena, apretada, remecida y rebosando darán en vuestro regazo; porque con la misma medida con que medís, os volverán a medir"   (Lucas 6:38).

"Traed todos los diezmos al alfolí y haya alimento en mi casa; y probadme ahora en esto, dice Jehová de los ejércitos, si no os abriré las ventanas de los cielos, y derramaré sobre vosotros bendición hasta que sobreabunde"   (Malaquías 3:10).

"Mi Dios, pues, suplirá todo lo que os falta conforme a sus riquezas en gloria en Cristo Jesús"   (Filipenses 4:19).

"A los ricos de este siglo manda que no sean altivos, ni pongan la esperanza en las riquezas, las cuales son inciertas, sino en el Dios vivo, que nos da todas las cosas en abundancia para que las disfrutemos. Que hagan bien, que sean ricos en buenas obras, dadivosos, generosos; atesorando para sí buen fundamento para lo por venir, que echen mano de la vida eterna"   (1 Timoteo 6:17-19).

"Cuando, pues, des limosna no hagas tocar trompeta delante de ti, como hacen los hipócritas en las sinagogas y en las calles, para ser alabados por los hombres; de cierto os digo que ya tienen su recompensa. Mas tú, cuando des limosna, no sepa tu izquierda lo que hace tu derecha, para que sea tu limosna en secreto, y tu Padre que ve en lo secreto, te recompensará en público"   (Mateo 6:2-4).

Romanos 12:1.

LA MUERTE

Antecedentes

La Biblia menciona la muerte varios cientos de veces. Se trata de un enemigo formidable: "Y el postrer enemigo que será destruido es la muerte" (1 Corintios 15:26); pero se trata de un adversario vencido: "Sorbida es la muerte en victoria" (1 Corintios 15:54).

Jesucristo cambió el significado de la muerte y la Biblia respalda ampliamente esta premisa.

Al morir, el espíritu del cristiano creyente entra directamente a la presencia del Señor. La muerte física no es más que una transición de la vida en la tierra con Jesús a la vida en el cielo con Cristo. La muerte no altera la continuidad de la relación; sólo la enriquece.

"El estar con Cristo es mucho mejor" (Filipenses 1:23). El apóstol confirma que la transición es inmediata: "Pero confiamos, y más quisiéramos estar ausentes del cuerpo, y presentes al Señor" (2 Corintios 5:8).

La Biblia enseña que, un día, los "muertos en Cristo" resucitarán y entonces recibiremos nuevos cuerpos. No sabemos exactamente qué o cómo serán esos nuevos cuerpos, aparte de que serán espirituales, permanentes y gloriosos.

"Y así como hemos traído la imagen del terrenal, traeremos también la imagen del celestial" (1 Corintios 15:49). "Pero sabemos que cuando él (Cristo) se manifieste, seremos semejantes a él, porque le veremos tal como él es" (1 Juan 3:2) (Véase también 1 Corintios 15:51-58).

Billy Graham escribió sobre "La resurrección que destruye la finalidad de la muerte, proporcionando una alternativa a la rigidez del polvo de la muerte y abriendo el camino a la nueva vida".

En la segunda venida de nuestro Señor Jesús, los creyentes muertos resucitarán y se reunirán con El inmediatamente. "Los muertos en Cristo resucitarán primero. Luego nosotros los que vivimos, los que hayamos quedado, seremos arrebatados juntamente con ellos en las nubes para recibir al Señor en el aire, y así estaremos siempre con el Señor" (1 Tesalonicenses 4:16-17).

¡Tenemos esperanza más allá de la tumba! "Si en esta vida solamente esperamos en Cristo, somos los más dignos de conmiseración de todos los hombres" (1 Corintios 15:19). La reunión de los creyentes vivos con los fallecidos, antes de la venida de nuestro Señor, se denomina nuestra bendita esperanza (véase Tito 2:13).

Así, el cristiano debe ser capaz de enfrentarse a la muerte en forma realista; pero victoriosa. Aunque inevitable y con frecuencia inesperada, nunca debe tomarnos completamente desprevenidos. La muerte no tiene que ser nunca la "gran incógnita" que produce miedo y terror; en lugar del momento en que ya no "veamos como por espejo, obscuramente", sino "cara a cara" (1 Corintios 13:12).

Estrategia de asesoramiento

1. Si el interlocutor es cristiano, será preciso recordar que la muerte y el luto producen cambios y ajustes.

    Traten de mostrarse comprensivos y atentos. "Por tanto, alentaos los unos a los otros con estas palabras" (1 Tesalonicenses 4:18). Al compartir con esa persona las citas bíblicas de los ANTECEDENTES, recomiéndenle que tome nota de ellas, que las examine después y, si es posible, que se las aprenda de memoria, para tener mayor fortaleza y consuelo. Sean sensibles para guiarle hacia una nueva entrega y una nueva devoción personal con Jesucristo. Denle las "Etapas para obtener la paz con Dios", página 11.

2. Si el interlocutor no es cristiano, recalquen que para estar preparada adecuadamente para la muerte, una persona debe tomar la decisión crucial respecto a la relación eterna durante esta vida.

    Invítenle a que reciba a Jesucristo como su Señor y Salvador personal. Denle las "Etapas para obtener la paz con Dios", página 11.

3. Anímenlo para que lea y estudie la Biblia y para que cultive sus hábitos de oración.

4. Invítenle a que participe en una iglesia que enseñe la Biblia, para obtener compañerismo, adoración, y estudios bíblicos. Esto le ayudará también a recibir seguridad respecto a la "bendita esperanza".

Citas bíblicas

"Aunque ande en valle de sombra de muerte, no temeré mal alguno, porque tú estarás conmigo; tu vara y tu cayado me infundirán aliento"
(Salmo 23:4).

"No se turbe vuestro corazón; creéis en Dios, creed también en mí. En la casa de mi padre muchas moradas hay; si así no fuera, yo os lo hubiera dicho; voy, pues, a preparar lugar para vosotros. Y si me fuere y os preparare lugar, vendré otra vez y os tomaré a mí mismo, para que donde yo estoy, vosotros también estéis"
(Juan 14:1-3).

"Le dijo Jesús: "Yo soy la resurrección y la vida; el que cree en mí, aunque esté muerto, vivirá"
(Juan 11:25).

"Porque para mí el vivir es Cristo y el morir es ganancia"
(Filipenses 1:21).

"Antes bien, como está escrito: cosas que ojo no vio. ni oído oyó, ni han

LA MUERTE

subido en corazón de hombre, son las que Dios ha preparado para los que le aman. Pero Dios nos las reveló a nosotros por el Espíritu; porque el Espíritu todo lo escrudriña, aun lo profundo de Dios"

(1 Corintios 2:9,10).

"Mas nuestra ciudadanía está en los cielos, de donde también esperamos al Salvador, al Señor Jesucristo, el cual transformará el cuerpo de la humillación nuestra, para que sea semejante al cuerpo de la gloria suya"

(Filipenses 3:20).

Véase también AFLICCION Y LUTO.

LA MUNDANALIDAD

Antecedentes

Ser mundano o tener mentalidad mundana es, por definición, dedicarse o estar embebido en los intereses terrenales, por oposición a las cuestiones espirituales.

El cristiano mundano o carnal se olvida a menudo de que "todas las cosas que pertenecen a la vida y a la piedad nos han sido dadas por su divino poder, mediante el conocimiento de aquel que nos llamó por gloria y excelencia" (2 Pedro 1:3). Más bien, se caracteriza por la indiferencia espiritual, la inestabilidad, y es indisciplinado. Se engaña a sí mismo (Santiago 1:26) y es rebelde a Dios (Santiago 4:4). De él se dice que es un "amigo del mundo" (Santiago 4:4), que tiene una identidad espiritual dudosa y que es "amador de los deleites más que de Dios" (2 Timoteo 3:4).

Muestra un interés tibio por las cosas que atañen al reino de Dios, de donde, es víctima fácil de casi cualquier tentación o secta que cruce su camino. Defiende "de labios" ciertas formas de doctrinas; pero carece de conocimientos verdaderamente substanciales. El Apóstol Pablo aconseja "A estos evita" (2 Timoteo 3:5).

El cristiano espiritualmente preocupado es, por otro lado, aquel que "primeramente busca las cosas de Dios y Su justicia" (véase Mateo 6:33). Adopta una posición firme contra el "espíritu de este siglo", identificándose plenamente con la familia de Dios. Goza de un buen grado de percepción y discernimiento espirituales que se derivan de la oración y el caminar en el espíritu (Filipenses 1:6-11).

Aunque estará muy lejos de ser perfecto y habrá ocasiones en que se mostrará débil y lleno de dudas, buscará y experimentará una renovación constante al pie de la cruz (1 Juan 1:9 y 2:1). Su deseo sincero es estar lleno de los "frutos de justicia que son por medio de Jesucristo. para gloria y alabanza de Dios" (Filipenses 1:1).

Sabe perfectamente que el ocuparse del Espíritu es "vida y paz" (Romanos 8:6).

Billy Graham comentó: "La Biblia enseña que debemos vivir en este mundo; pero no participar de sus males. Tenemos que separarnos del mal del mundo. Cuando me enfrento a algo de este mundo, me pregunto: '¿Viola esto algún principio de las Escrituras? ¿Limita en algo mi vida cristiana? ¿Puedo pedirle a Dios que me bendiga en ello? ¿Será una piedra de tropiezo para los demás? ¿Me gustaría estar allí, leyendo o viendo eso, si Cristo volviera en este momento?' La mundanalidad no cae como avalancha sobre una persona y la arrastra consigo. Es más bien un deseo constante y lento que erosiona la roca. El mundo ejerce una presión constante sobre nosotros, día tras día. La mayoría quedaríamos devastados si no fuera por el Espíritu Santo que vive dentro de nosotros, que nos sostiene y protege."

Estrategia de asesoramiento

1. Si un cristiano les pregunta cómo salir victorioso en la lucha contra el mundo y cómo convertirse en un ser espiritual, felicítenlo por su interés en su crecimiento personal.

2. Para que pueda establecer las bases para nuevas actitudes y metas, aconséjenle que renuncie conscientemente a sus deseos pecaminosos y egoístas, que pida perdón a Dios por ellos y, al mismo tiempo, que busque su renovación espiritual. "....Escogeos hoy a quién sirváis... Pero yo y mi casa serviremos a Jehová" (Josué 24:15).

   Compartan los conceptos de la "Restauración" de la página 17, haciendo hincapié en 1 Juan 1:9 y 2:1. Léanle también Romanos 12:1, pidiéndole que consagre plena y fervientemente su cuerpo (vida) a Dios.

3. Aconséjenle prepararse para adversidades, tentaciones y fracasos, que nos sobrevienen a todos cuando tomamos la determinación de mantenernos "sin mancha del mundo" (Santiago 1:27). Dios no permitirá que las tentaciones nos abrumen (1 Corintios 10:13) y nunca nos dejará ni nos abandonará (Hebreos 13:5 y Juan 14:16).

4. Aconséjenle que lea y estudie fielmente las Sagradas Escrituras, y que cultive y practique cada día la oración. No hay ningún substituto para estas dos cosas, si la persona desea crecer en gracia y conocimientos de nuestro Señor Jesucristo. Al practicar estas disciplinas, desarrollamos un hambre y una sed de justicia que nos harán volver una y otra vez a la presencia de Dios para confesarnos, renovarnos, crecer y aprender. "Si alguno tiene sed, venga a mí y beba. El que cree en mí, como dice la Escritura, de su interior correrán ríos de agua viva" (Juan 7:37,38). Este ciclo habitual de tener sed y allegarse a la fuente de agua se convertirá en parte indispensable de nuestra existencia.

5. Con frecuencia es necesario alterar el estilo de vida y el círculo de amistades de la persona, con el fin de alcanzar una vida en el Espíritu sin obstáculos. Aconséjenle a su interlocutor que cultive la amistad de cristianos consagrados y desarrolle nuevos intereses y expresiones a través del servicio en una iglesia con buenas bases bíblicas. "Y considerémonos unos a otros para estimularnos al amor y a las buenas obras; no dejando de reunirnos, como algunos tienen por costumbre, sino exhortándonos, y tanto más, cuanto veis que aquel día se acerca" (Hebreos 10:24,25).

6. Oren con el interesado en favor de una consagración genuina, y rueguen por victorias espirituales inmediatas que la confirmen.

7. Por último, impúlsenle a establecer metas espirituales inmediatas y a

que se esfuerce en alcanzarlas, siguiendo de cerca su progreso que lo lleve de victoria en victoria.

Citas bíblicas

"Si, pues, habéis resucitado con Cristo, buscad las cosas de arriba, donde está Cristo sentado a la diestra de Dios. Poned la mira en las cosas de arriba, no en las de la tierra. Y todo lo que hacéis, sea de palabra o de obra, hacedlo todo en el nombre del señor Jesús, dando gracias a Dios Padre por medio de El" (Colosenses 3:1,2,17).

"No améis al mundo, ni las cosas que están en el mundo. Si alguno ama al mundo, el amor del Padre no está en él. Porque todo lo que hay en el mundo, los deseos de la carne, los deseos de los ojos, y la vanagloria de la vida, no proviene del Padre, sino del mundo. Y el mundo pasa, y sus deseos; pero el que hace la voluntad de Dios permanece para siempre" (1 Juan 2:15-17).

"Pero cuantas cosas eran para mí ganancia, las he estimado como pérdida por amor de Cristo. Y ciertamente, aun estimo todas las cosas como pérdida, por la excelencia del conocimiento de Cristo Jesús, mi Señor, por amor del cual lo he perdido todo, y lo tengo por basura, para ganar a Cristo, y ser hallado de él, no teniendo mi propia justicia, que es por la ley, sino la que es por la fe de Cristo, la justicia que es de Dios por la fe; a fin de conocerle, y el poder de su resurrección, y la participación de sus padecimientos, llegando a ser semejante a él en su muerte, si en alguna manera llegase a la resurrección de entre los muertos" (Filipenses 3:7-11).

"Ocupaos en vuestra salvación con temor y temblor, porque Dios es el que en vosotros produce así el querer como el hacer, por su buena voluntad. Haced todo sin murmuraciones y contiendas, para que seáis irreprensibles y sencillos, hijos de Dios sin mancha en medio de una generación maligna y perversa, en medio de la cual resplandecéis como luminares en el mundo; asidos de la palabra de vida" (Filipenses 2:12-16).

"Gozosos en la esperanza…unánimes entre vosotros…no paguéis a nadie mal por mal…Estad en paz con todos los hombres…No seas vencido de lo malo, sino vence con el bien el mal" (Romanos 12:12-21). (Frases selectas).

"Así que, sigamos lo que contribuye a la paz y a la mutua edificación …bueno es no comer carne, ni beber vino, ni nada en que tu hermano tropiece, o se ofenda, o se debilite" (Romanos 14:19,21).

LA OBEDIENCIA

Antecedentes

Cada cristiano tiene la responsabilidad de averiguar cuál es la voluntad de Dios para él y hacerla. Con frecuencia nos resulta más fácil hacer algo diferente a la voluntad del Señor, desviándonos así de lo esencial y substituyéndolo con una actividad frenética. Sin embargo "el obedecer es mejor que el sacrificio" (1 Samuel 15:22). "Mi comida es que haga la voluntad del que me envío, y que acade su obra", dijo Jesús (Juan 4:34).

Billy Graham dijo: "Sólo mediante una vida de obediencia a la voz del Espíritu, el negarse diariamente uno mismo, la consagración total a Cristo y la comunión constante con el Señor, podemos llevar una vida piadosa y llena de influencia en el mundo pecador que nos rodea".

El primer paso hacia la obediencia es comprometernos a obedecer a Dios. Josué dijo: "Ahora, pues, temed a Jehová, y servidle con integridad…pero yo y mi casa, serviremos a Jehová" (Josué 24:14,15). Una decisión consciente de obedecer lleva al sometimiento, al principio de la obediencia. "Os ruego que presentéis vuestros cuerpos en sacrificio vivo…a Dios, que es vuestro culto racional" (Romanos 12:1).

La segunda etapa es la disciplina, porque la obediencia es progresiva y conduce al crecimiento, al vivir bajo la luz que hemos recibido. Se trata de un proceso de aprendizaje. Jesús "por lo que padeció aprendió la obediencia" (Hebreos 5:8).

Conforme maduramos en Cristo y el conocimiento de Su palabra, Dios espera de nosotros una obediencia cada vez más profunda. Al entender las nuevas exigencias, debemos responder de modo inmediato e irrevocable, con el fin de que el Señor pueda revelarnos niveles todavía más profundos de Su voluntad para nuestra vida. Quiere que estemos siempre "llevando cautivo todo pensamiento a la obediencia a Cristo" (2 Corintios 10:5).

Estrategia de asesoramiento

1. Una persona que hace preguntas sobre la voluntad de Dios para su vida y la obediencia a la voluntad del Señor es un cristiano que madura y está interesado en andar más estrechamente con Dios. Felicítenle por su deseo y asegúrenle que Dios está dispuesto a hacerle llegar tan lejos como lo permita su disposición para obedecer al Señor en todo.

2. Dediquen tiempo a escuchar sus preocupaciones y deseos. Quizá sea útil que se refieran a alguno de los aspectos que se desarrollan en los antecedentes, con el fin de darle más ánimos y una buena guía.

3. Inviten a su interlocutor a que se arrepienta de cualquier desobediencia o titubeo. Sólo podemos aspirar a una consagración más profunda si confesamos todos nuestros pecados conocidos.

4. Anímenle a que profundice en la Biblia. No hay atajos en la vida de obediencia. Nuestra mente debe estar siempre dispuesta a descubrir la voluntad del Señor. El seguir la disciplina progresiva que se revela mediante la palabra de Dios llevará aparejado el vivir en obediencia al Señor. Debemos tener "hambre y sed de justicia" (Mateo 5:6).

5. Oren con esa persona para que se realice su deseo de obedecer a Dios.

6. Anímenle para que cultive la comunión con cristianos espirituales, en una iglesia en la que se enseñe la Biblia y donde podrá aprender más sobre la voluntad y los caminos de Dios.

Citas bíblicas

"Si me amáis, guardad mis mandamientos...El que tiene mis mandamientos y los guarda, ese es el que me ama; y el que me ama, será amado por mi Padre, y yo le amaré, y me manifestaré a él"

(Juan 14:15,21).

"Pero el que guarda su palabra, en éste verdaderamente el amor de Dios se ha perfeccionado; por esto sabemos que estamos en él" (1 Juan 2:5).

"Y Samuel dijo: ¿Se complace Jehová tanto en los holocaustos y víctimas, como en que se obedezca a las palabras de Jehová? Ciertamente el obedecer es mejor que los sacrificios, y el prestar atención que la grosura de los carneros" (1 Samuel 15:22).

"He aquí yo pongo hoy delante de vosotros la bendición y la maldición: la bendición, si oyereis los mandamientos de Jehová vuestro Dios, que yo os prescribo hoy, y la maldición, si no oyereis los mandamientos de Jehová vuestro Dios y os apartareis del camino que yo os ordeno hoy, para ir en pos de dioses ajenos que no habéis conocido"

(Deuteronomio 11:26-28).

"¿Por qué me llamáis Señor, Señor, y no hacéis lo que yo digo?"

(Lucas 6:46).

1 Pedro 2:13-16.

EL OCULTISMO

Antecedentes

Un escritor de un periódico nacional señaló hace poco tiempo que el ocultismo es la religión que crece con mayor rapidez en Estados Unidos. Cuando existe un vacío espiritual, los vacíos, curiosos y crédulos tienen probabilidades de tratar de llenarlo con cualquier cosa. El ocultismo es un signo preocupante de la desintegración creciente de nuestra cultura.

El término "ocultismo" es bastante ambiguo y cubre una gama amplia de cosas que se consideran como secretas o escondidas, tanto místicas como metafísicas, que a menudo llegan a los niveles supersensoriales. En general, lo que sigue se identifica como ocultismo:

Espiritismo: La creencia de que las personas se pueden poner en contacto con los muertos por mediación de un médium, con el fin de recibir revelaciones del más allá.

Clarividencia: La creencia de que algunas personas poseen capacidades extrasensoriales para percibir lo que no se puede ver con claridad.

Adivinación: La pretensión de que se conoce el futuro mediante la lectura de hojas de té, la palma de la mano, las cartas del tarot, etc.

Astrología: La creencia de que se puede predecir el futuro, estudiando las posiciones relativas del sol, la luna, las estrellas y los planetas.

Horóscopos: Una derivación de la astrología en la que se usan predicciones basadas en una gráfica con los signos del Zodiaco. Se ofrecen consejos (a menudo en los periódicos), sobre la base de la predicción de sucesos futuros.

Hechicería: Este sistema religioso falso tiene sus raíces en las antiguas prácticas paganas. Usando sacerdotes y sacerdotisas, ritos y cánticos, y enseñando del Libro de las Sombras, los brujos pretenden poder ponerse en contacto y utilizar los poderes del mundo invisible.

Algunas de las personas que se identifican con algunas de las creencias mencionadas y las practican, se han dedicado al abuso de las drogas y la promiscuidad sexual.

La Biblia prohíbe cualquier relación con el ocultismo:

"No sea hallado en ti quien haga pasar a su hijo o a su hija por el fuego, ni quien practique adivinación, ni agorero, ni sortílego, ni hechicero, ni encantador, ni adivino, ni mago, ni quien consulte a los muertos. Porque es abominación para con Jehová cualquiera que hace estas cosas" (Deuteronomio 18:10-12).

"Y manifiestas son las obras de la carne, que son: adulterio, fornicación, inmundicia, lascivia, idolatría, hechicerías, enemistades, pleitos, celos, iras, contiendas, disensiones, herejías, envidias, homicidios, borracheras, orgías, y cosas semejantes a estas; acerca de las cuales os amonesto, como ya os lo he dicho antes, que los que practican tales cosas no heredarán el reino de Dios" (Gálatas 5:19-21).

Dios se sintió ofendido cuando Saúl recurrió a la adivina de Endor. "Así murió Saúl por su rebelión con que prevaricó contra Jehová, contra la palabra de Jehová, la cual no guardó, y porque consultó a una adivina, y no consultó a Jehová; por esta causa lo mató, y traspasó el reino a David hijo de Isaí" (1 Crónicas 10:13,14).

En Apocalipsis 21:8 se condena a quienes practican artes mágicas. Al pronunciar juicio contra Babilonia en Isaías 47:11-15, el Señor enumera una larga lista de las prácticas ocultas de esa nación.

A partir de las pruebas bíblicas de que disponemos, deducimos que es preciso rechazar todo lo que tienda a ser un menosprecio para el Dios omnisciente, omnipotente y todo amor y para Sus objetivos para la vida humana.

Estrategia de asesoramiento

Para el cristiano:

1. Infórmenle que cualquier identificación con lo oculto desagrada a Dios (véanse los ANTECEDENTES).

2. Si esa persona se siente ansiosa por las incertidumbres de la vida y desea conocer el futuro, indíquenle que Dios ha prometido "no abandonarnos ni dejarnos nunca" (Hebreos 13:5). Debemos "buscar primeramente el reino de Dios y su justicia y todas esas cosas os serán añadidas" (Mateo 6:33). La Biblia dice que "no quitará el bien a los que andan en integridad" (Salmo 84:11).

   ¡Podemos confiárselo todo al Señor! (Véase también Filipenses 4:6).

3. Aconséjenle al cristiano que busque el perdón de Dios por su participación en esas cosas. Vean con su interlocutor lo relativo a la "Restauración" de la página 17. Compartan también con él la "Seguridad" de la página 15.

4. Aconséjenle que ore en especial por su participación en lo oculto, para no volver a tener ninguna relación con eso. Deberá comenzar a leer y estudiar la palabra de Dios. Este es un modo de redimir las horas mal aprovechadas que se dedicaron al ocultismo. "Aprovechando bien el tiempo, porque los días son malos" (Efesios 5:16). Ofrézcanle enviarle *Cómo vivir en Cristo,* lo que le ayudará a comenzar a estudiar la Biblia.

5. Inviten a su interlocutor a que busque el compañerismo de cristianos consagrados y a identificarse con una iglesia en la que se enseñe la Biblia, con fines de adoración, estudio bíblico, oración y testimonio. Al buscar su nueva identidad, esa persona deberá cortar todas sus relaciones con antiguos amigos y destruir todos los libros sobre el ocultismo que posea.

6. Oren con esa persona para que se vea totalmente libre y para que regrese al Señor.

EL OCULTISMO

Para el no cristiano que participa en lo oculto:

1. Alaben su deseo evidente de descubrir la verdad. La palabra de Dios tiene una respuesta para el ocultismo.

2. Señálenle que cualquier participación en lo oculto desagrada a Dios (Léanse los ANTECEDENTES).

3. Invítenle a que reciba a Jesucristo como su Señor y Salvador personal. Explíquenle las "Etapas para obtener la paz con Dios" de la página 11.

4. Aconséjenle a su interlocutor que corte todos sus lazos con personas que participen en el ocultismo, y a deshacerse de todos los libros y los objetos relacionados con la magia y lo oculto, incluso los horóscopos.

5. Anímenle a leer y estudiar la palabra de Dios. Ofrézcanle enviarle *Cómo vivir en Cristo* y explíquenle la finalidad de este folleto.

6. Aconséjenle que busque el compañerismo de cristianos consagrados en una iglesia en que se enseñe la Biblia, con el fin de que pueda adorar, estudiar la Biblia, orar y servir con ellos. El desarrollo de nuevas relaciones será una gran ayuda para borrar el pasado.

7. Oren con esa persona para que quede totalmente liberada de sus antiguos intereses por las prácticas ocultas y para que se entregue plenamente a Cristo.

Citas bíblicas

El texto de las Escrituras que sigue proporciona discernimiento sobre el "espíritu de la época" en que vivimos, y consejos sobre cómo contrarrestarlo.

"También debes saber esto: que en los postreros días vendrán tiempos peligrosos. Porque habrá hombres amadores de sí mismos, avaros, vanagloriosos, soberbios, blasfemos, desobedientes a los padres, ingratos, impíos, sin afecto natural, implacables, calumniadores, intemperantes, crueles, aborrecedores de lo bueno, traidores, impetuosos, infatuados, amadores de los deleites más que de Dios, que tendrán apariencia de piedad, pero negarán la eficacia de ella; a estos evita...hombres corruptos de entendimiento, réprobos en cuanto a la fe...Pero persiste tú en lo que has aprendido y te persuadiste, sabiendo de quién has aprendido; y que desde la niñez has sabido las Sagradas Escrituras, las cuales te pueden hacer sabio para la salvación por la fe que es en Cristo Jesús. Toda la Escritura es inspirada por Dios, y útil para enseñar, para redargüir, para corregir, para instruir en justicia, a fin de que el hombre de Dios sea perfecto, enteramente preparado para toda buena obra" (2 Timoteo 3:1-17).

LA ORACION

Antecedentes

En la Biblia se indica que la oración tiene una importancia primordial. Algunos de los pasajes más trascendentes de las Escrituras se ocupan de oraciones que expresan alabanza, adoración, gratitud, confesión o súplica. Los personajes más sobresalientes del pueblo de Dios, tanto en el Antiguo como en el Nuevo Testamento, se caracterizaban por orar mucho. Todos los avivamientos de la historia tuvieron su origen en la oración. Todo lo que es valioso en el reino de Dios se inicia en la oración y depende de ella.

La Biblia nos invita a orar. "Acerquémonos, pues, confiadamente, al trono de la gracia" (Hebreos 4:16).

La Biblia nos ordena que oremos. "Orad sin cesar" (1 Tesalonicenses 5:17).

Las Escrituras nos enseñan a orar: Algunos buenos ejemplos son:
- La oración del Señor (Mateo 6:6-14; Lucas 11:1-13).
- Las oraciones registradas en la Biblia. Un estudio de estas últimas puede ser una experiencia que transforme nuestra vida.
- Hay muchas enseñanzas individuales sobre la oración.

> "No uséis vanas repeticiones, como los gentiles" (Mateo 6:7).
>
> "Sean conocidas vuestras peticiones delante de Dios" (Filipenses 4:6).
>
> "Ora a tu Padre que está en secreto" (Mateo 6:6).
>
> "No recibís, porque no pedís" (Santiago 4:2).
>
> "Pedid y recibiréis, para que vuestro gozo sea cumplido" (Juan 16:24).
>
> "Vosotros, pues, oraréis así: Padre nuestro que estás en los cielos" (Mateo 6:9).
>
> "Pues qué hemos de pedir como conviene, no lo sabemos" (Romanos 8:26).
>
> "Pedid todo lo que queréis, y os será hecho" (Juan 15:7).
>
> "Mi Dios, pues, suplirá todo lo que os falta" (Filipenses 4:19).
>
> "Necesidad de orar siempre y no desmayar" (Lucas 18:1).
>
> "Velad, pues, en todo tiempo, orando" (Lucas 21:36).

Jesús oró:
- Por los Suyos (Juan 17).
- En Getsemaní (Mateo 26:36-46).
- En el monte de la Transfiguración (Lucas 9:28-36).
- Desde la cruz (Lucas 23:26-49).

Billy Graham hace hincapié en la oración: "La Biblia dice: 'Orad sin cesar '. Esto quiere decir que debemos estar siempre dispuestos a orar. La oración es como la comunión de un niño con su padre. Puesto que el cristiano ha nacido en la familia de Dios, es natural para él el orar, en la misma forma que lo es para un niño el pedirle a su padre las cosas que necesita. Estamos viviendo días peligrosos, y está es quizá la época en que más necesitamos orar. Puesto que se puede lograr más orando que en ninguna otra forma, la oración es nuestra arma principal".

Estrategia de asesoramiento

Muchas personas piden oraciones. Debemos estar dispuestos a darles ánimo y a orar con ellas por sus peticiones. Sus oraciones tendrán para ellas un valor mucho mayor de lo que suponemos.

1. Cuando alguien pida oraciones, denle ánimos. Díganle que están encantados de compartir sus preocupaciones, porque Dios las conoce, se ocupa de ellas y ha prometido responder a nuestros ruegos. Díganle que atenderán su petición dentro de un momento; pero que antes les gustaría preguntarle algo.

2. Pregúntenle si ha invitado alguna vez a Jesucristo a entrar a su vida como su Señor y Salvador. Una de las oraciones que son un deleite para el corazón del Señor es la de Lucas 18:13. "Dios, sé propicio a mí, pecador". Si es apropiado, explíquenle las "Etapas para obtener la paz con Dios" de la página 11 y las etapas de seguimiento.

3. Refuercen su fe, citando dos promesas para la oración: "Y todo lo que pidiéreis en oración, creyendo, lo recibiréis" (Mateo 21:22).
   "Si dos de vosotros se pusieren de acuerdo en la tierra acerca de cualquier cosa que pidieren, les será hecho por mi Padre que está en los cielos" (Mateo 18:19). Luego, presenten sus peticiones al Señor en oración.

4. Algunas veces, un cristiano se quejará de que Dios parece no querer responderle. Anímenle a que siga orando fielmente, que sea persistente, como la mujer de Lucas 11:5-9. También, recomiéndenle que se asegure de que sus motivos sean puros (véase Santiago 4:3).

Billy Graham ofrece varias recomendaciones útiles a los cristianos con oraciones sin respuesta:

1. "La oración es para los hijos de Dios".

2. "La oración eficaz se ofrece con fe. La Biblia dice: 'Por

tanto, os digo que todo lo que pidiéreis orando, creed que lo recibiréis, y os vendrá' (Marcos 11:24)".

3. "La oración dinámica surge de un corazón obediente. La Biblia dice: 'Y cualquier cosa que pidamos, la recibiremos de él, porque guardamos sus mandamientos, y hacemos las cosas que son agradables delante de él' (1 Juan 3:22)".

4. "Debemos orar en el nombre de Cristo, dijo Jesús. ' Y todo lo que pidiéreis al Padre en mi nombre, lo haré, para que el Padre sea glorificado en el Hijo' (Juan 14:13). No somos dignos de acercarnos al trono santo de Dios, excepto por mediación de nuestro Salvador, Jesucristo".

5. "Debemos desear la voluntad de Dios. Incluso nuestro Señor, en contra de Su propio deseo del momento, dijo: 'Padre mío, si no puede pasar de mí esta copa sin que yo la beba, hágase tu voluntad' (Mateo 26:42)".

6. "Nuestra oración debe ser para la gloria de Dios. La oración modelo que nos dio Jesús concluye como sigue: 'Porque tuyo es el reino, el poder y la gloria '. Para que nuestras oraciones tengan respuesta, debemos darle gloria a Dios".

Citas bíblicas

Aliento para orar:

"Mas tú, cuando ores, entra en tu aposento, y cerrada la puerta, ora a tu Padre que está en secreto; y tu padre que ve en lo secreto, te recompensará en público. Y orando, no uséis vanas repeticiones, como los gentiles, que piensan que por su palabrería serán oídos. No os hagáis, pues, semejantes a ellos; porque vuestro Padre sabe de qué cosas tenéis necesidad, antes que vosotros le pidáis"   (Mateo 6:6,7,8).

"Acerquémonos, pues, confiadamente, al trono de la gracia, para alcanzar misericordia y hallar gracia para el oportuno socorro"
(Hebreos 4:16).

"Orando en todo tiempo con toda oración y súplica en el Espíritu, y velando en ello con toda perseverancia y súplica por todos los santos"
(Efesios 6:18).

Promesas para la oración:

"Y todo lo que pidiéreis al Padre en mi nombre, lo haré, para que el

Padre sea glorificado en el Hijo. Si algo pidiéreis en mi nombre, yo lo haré" (Juan 14:13,14).

"Si permanecéis en mí, y mis palabras permanecen en vosotros, pedid todo lo que queráis, y os será hecho" (Juan 15:7).

"En quien tenemos seguridad y acceso con confianza, por medio de la fe en él" (Efesios 3:12).

"Y yo os digo: Pedid y se os dará; buscad, y hallaréis; llamad, y se os abrirá. Porque todo aquel que pide, recibe; y el que busca, halla; y al que llama, se le abrirá" (Lucas 11:9-10).

Cómo orar:

"Vosotros, pues, oraréis así: Padre nuestro que estás en los cielos, santificado sea tu nombre. Venga tu reino. Hágase tu voluntad, como en el cielo, así también en la tierra. El pan nuestro de cada día, dánoslo hoy. Y perdónanos nuestras deudas, como también nosotros perdonamos a nuestros deudores. Y no nos metas en tentación, mas líbranos del mal" (Mateo 6:9-13).

"Quiero, pues, que los hombres oren en todo lugar, levantando manos santas, sin ira ni contienda" (1 Timoteo 2:8).

LA PACIENCIA

Antecedentes

La paciencia es una cualidad admirable en la vida que pocas personas parecen poseer, incluso los cristianos. Según la palabra de Dios, nuestra vida se debe caracterizar por la paciencia, porque es importante para desarrollar el carácter maduro y estable que el Señor desea que se produzca en Su pueblo. "El amor es sufrido, es benigno...no se irrita" (1 Corintios 13:4,5).

La paciencia es la capacidad de absorber problemas y tensiones sin quejarse, y no verse afectado por los obstáculos, los retrasos y los fracasos. Dios permite que tengamos dificultades, inconvenientes, pruebas e incluso sufrimientos, con un fin específico: nos ayudan a desarrollar la actitud apropiada para que crezca nuestra paciencia. Cuando el cristiano ve que esas pruebas se resuelven en su provecho, permitiéndole alcanzar resultados convenientes y de refuerzo para su carácter, se prepara el escenario para el desarrollo de un espíritu paciente. A continuación, el Espíritu Santo de Dios podrá desarrollar el fruto de la paciencia en su vida. "Pero el fruto del Espíritu es amor, gozo, paz, paciencia..." (Gálatas 5:22).

Sobre la falta de paciencia que caracteriza a nuestra generación, Billy Graham comentó lo que sigue: "Esta es una época altiva, neurótica y llena de impaciencia. Nos apresuramos cuando no hay necesidad—sólo por apresurarnos. Esta época acelerada ha producido más problemas y menos moralidad que las generaciones anteriores, y nos ha provocado males nerviosos. La impaciencia ha producido una secuela de hogares destruidos, úlceras, etc., y ha preparado la escena para más guerras mundiales".

Un poco de introspección y análisis de la impaciencia por nuestra parte puede ser conveniente y útil. ¿Qué me hace ser impaciente?

- ¿Soy inmaduro? ¿Soy quisquilloso?
  "Pero el alimento sólido es para los que han alcanzado madurez, para los que por el uso tienen los sentidos ejercitados en el discernimiento del bien y el mal" (Hebreos 5:14).

- ¿Soy egoísta, legalista o exigente? ¿Soy capaz de dejar margen para las equivocaciones y las imperfecciones de los demás, recordando que Dios está actuando también sobre ellos?
  "...Que seáis pacientes para con todos. Mirad que ninguno pague a otro mal por mal; antes seguid siempre lo bueno unos para con otros, y para con todos" (1 Tesalonicenses 5:14,15).

- ¿Me irrito con facilidad "porque alguien se está saliendo con la suya"?
  "No te impacientes a causa de los malignos" (Salmo 37:1).

- ¿Soy envidioso o celoso?

  "Tened también vosotros paciencia, y afirmad vuestros corazones. Hermanos, no os quejéis unos contra otros, para que no seáis condenados" (Santiago 5:8,9).

- ¿Soy materialista? ¿Estoy dominado por el espíritu de este mundo?

  "Si, pues, habéis resucitado con Cristo, buscad las cosas de arriba…" (Colosenses 3:1).

- ¿He superado realmente la "mentalidad secular"?

  "…pues he aprendido a contentarme, cualquiera que sea mi situación" (Filipenses 4:11).

- ¿Estoy siendo insensible a los esfuerzos de Dios para ocuparse de mí, permitiendo que sufra circunstancias adversas, irritaciones y tensiones, con el fin de que, por medio de Su gracia, aprenda a trascender el yo y a crecer en amor y estatura espiritual?

  "Hermanos míos, tened por sumo gozo cuando os halléis en diversas pruebas, sabiendo que la prueba de vuestra fe produce paciencia. Mas tenga la paciencia su obra completa, para que seáis perfectos y cabales, sin que os falte cosa alguna" (Santiago 1:2-4).

Estrategia de asesoramiento

1. Con tacto, pregúntenle a su interlocutor si ha recibido alguna vez a Jesucristo como su Señor y Salvador. Explíquenle las "Etapas para obtener la paz con Dios" de la página 11.

2. Traten la impaciencia como sigue:

   A. Inviten a su interlocutor a que admita que tiene un problema. La impaciencia es un pecado y se debe superar.

   B. Anímenle a identificar las áreas de su impaciencia y las circunstancias que provocan respuestas negativas.

   C. Anímenle para que ore todos los días respecto a sus circunstancias.

   1) Que confiese su impaciencia como pecado, pidiéndole perdón a Dios (1 Juan 1:9).

   2) Pídanle a Dios que haga que esa persona sea sensible a esta esfera de fracaso y que le ayuda a controlarla.

   D. Resuelvan esforzarse para superar el problema.

   1) Puesto que las personas impacientes parecen estar dominadas por una actitud mental que les hace responder negativamente a las irritaciones, las tensiones y las provocaciones, el interlocutor debe estar dispuesto a permitirle a Dios actuar en él para que le dé paciencia.

      Esa persona debe tomar la resolución de "hacer todos sus pensamientos cautivos de la obediencia a Cristo" (2 Corintios 10:5) y hacer un pacto con Dios para convertirse en "triunfador".

2) Puesto que la impaciencia es una característica de la "naturaleza vieja" o "adánica" (Colosenses 3:9,10), se debe poner en práctica el principio de "despojo" y "revestimiento". La impaciencia es una respuesta que debemos "desaprender". Pablo dice: "Pero veo otra ley en mis miembros, que se rebela contra la ley de mi mente y que me lleva cautivo a la ley del pecado…¡Miserable de mí!¿Quién me librará de este cuerpo de muerte? Gracias doy a Dios, por Jesucristo Señor nuestro" (Romanos 7:23-25).

Así pues:

* Debo renunciar a mi impaciencia—"Despojarme" de ella.
* Me debo rendir un poco más cada día, al pedir el poder de Dios con fe—"Despojo" + "revestimiento" (2 Timoteo 1:7, Gálatas 2:20).
* Luego, proclamaré la victoria del Señor, Su amor y Su paciencia, como frutos del Espíritu Santo—"Revestimiento" (1 Corintios 13:4,4; Gálatas 5:22).

E. Recomiéndenle al interlocutor que busque la ayuda de otro cristiano para que supervise sus respuestas y lleve cuenta de sus triunfos y derrotas.

F. Anímenle para que desarrolle la disciplina de lectura y estudio diario de la Biblia, el aprendizaje de memoria de versículos de las Escrituras y la oración.

G. Invítenle a que busque a otros cristianos de ideas similares, en una iglesia en la que se enseñe la Biblia, con el fin de tener compañerismo y oportunidades para estudiar la Palabra de Dios.

Citas bíblicas

"El amor es sufrido, es benigno; el amor no tiene envidia; el amor no es jactancioso, no se envanece; no hace nada indebido, no busca lo suyo, no se irrita, no guarda rencor" (1 Corintios 13:4,5).

"Mas el fruto del Espíritu es amor, gozo, paz, paciencia, benignidad, bondad, fe, mansedumbre, templanza; contra estas cosas no hay ley" (Gálatas 5:22,23).

"…sino que también nos gloriamos en las tribulaciones, sabiendo que la tribulación produce paciencia; y la paciencia, prueba; y la prueba, esperanza; y la esperanza no avergüenza…" (Romanos 5:3-5).

"Con Cristo estoy juntamente crucificado, y ya no vivo yo, mas vive Cristo en mí; y lo que ahora vivo en la carne, lo vivo en la fe del Hijo de Dios, el cual me amó y se entregó a sí mismo por mí" (Gálatas 2:20).

"Por tanto, hermanos, tened paciencia hasta la venida del Señor. Mirad cómo el labrador espera el precioso fruto de la tierra, aguardando con paciencia hasta que reciba la lluvia temprana y la tardía. Tened también vosotros paciencia, y afirmad vuestros corazones, porque la venida del Señor se acerca. Hermanos, no os quejéis unos contra otros, para que no seáis condenados; he aquí, el juez está delante de la puerta"

(Santiago 5:7,8).

"Guarda silencio ante Jehová y espera en él. No te alteres con motivo del que prospera en su camino, por el hombre que hace maldades"

(Salmo 37:7).

Colosenses 3:9,10.
2 Pedro 1:5-9.

LA PAZ

Antecedentes

En nuestra época llena de inquietud, todo el mundo ansía la paz. Del libro *Paz con Dios* de Billy Graham se han vendido millones de ejemplares en muchos idiomas, como indicación de esta ansiedad. En algunas lenguas, tales como el árabe ye el hebreo, el saludo habitual es "Paz". Sin embargo, sólo cuando Jesucristo posee nuestros corazones podemos tener verdadera paz. En esta sección vamos a ocuparnos sólo de dos aspectos de este tema.

Paz con Dios:

La paz con Dios llega a nosotros mediante el perdón del pecado por los méritos y el sacrificio de nuestro Salvador.

La paz con Dios implica un cese de las hostilidades. Cuando una persona confiesa su soberbia pecaminosa, acepta su derrota y se somete a Dios, su guerra contra el Señor concluye. "Justificados, pues, por la fe, tenemos paz para con Dios por medio de nuestro Señor Jesucristo" (Romanos 5:1).

La paz con Dios significa reconciliación con El. Ya no estamos enajenados. "Y a vosotros también, que erais en otro tiempo extraños y enemigos en vuestra mente, haciendo malas obras, ahora os ha reconciliado en su cuerpo de carne, por medio de la muerte, para presentaros santos y sin mancha e irreprensibles delante de él" (Colosenses 1:21,22).

"Y por medio de él reconciliar consigo todas las cosas, así las que están en la tierra como las que están en los cielos, haciendo la paz mediante la sangre de su cruz" (Colosenses 1:20). "Que Dios estaba en Cristo, reconciliando consigo al mundo, no tomándoles en cuenta a los hombres sus pecados" (2 Corintios 5:19).

La paz con Dios produce una sensación de bienestar y confianza. "Y el Dios de esperanza os llene de todo gozo y paz en el creer, para que abundéis en esperanza por el poder del Espíritu Santo" (Romanos 15:13).

Paz de Dios:

La paz de Dios es el legado a los creyentes cristianos y se presenta cuando caminamos en obediencia a Su voluntad para nuestra vida.

Muchos cristianos tienen paz con Dios; pero nunca han experimentado la paz de Dios en su vida. Están desgarrados por las ansiedades y los temores que destruyen la estabilidad espiritual y el gozo en el Señor. La paz es un don de Dios y el legado de todos los creyentes; pero hay demasiados que no la gozan. La paz de Dios se deriva de un compañerismo pleno y sincero con El, que es nuestra paz.

He aquí una fórmula simple, tomada de la Palabra de Dios, para gozar de la paz del Señor.

El Salmo 37:1-5 nos dice:
1. No os angustiéis (v.1).

2. Confiad en el Señor (v.3).
3. Deleitaos en el Señor (v.4).

En Filipenses 4:6,7 se nos dice:
1. No estéis afanosos por nada (v.6).
2. Llevad todo en oración (v.6).
3. Estad agradecidos por todo (v.6).

"Y la paz de Dios, que sobrepasa todo entendimiento, guardará vuestros corazones y vuestros pensamientos en Cristo Jesús" (Filipenses 4:7).

Estrategia de asesoramiento

Para el no cristiano:

1. Explíquenle las "Etapas para obtener la paz con Dios" de la página 11.

2. Aconséjenle que adopte una posición firme por Cristo, que lea y estudie la palabra de Dios todos los días. Ofrézcanle enviarle el folleto *Cómo vivir en Cristo*.

3. Recomiéndenle a su interlocutor que asista a una iglesia en la que se enseñe la Biblia, para obtener compañerismo y poder adorar, estudiar las Escrituras y orar.

4. Oren con esa persona, para que pueda experimentar abundantemente en su vida la paz de Dios.

Para el cristiano:

1. Aconséjenle a su interlocutor que confiese todos los pecados, los errores, la irritación, la ira o la amargura que pueden estar impidiendo que tenga en su vida la paz de Dios.

2. Explíquenle algunos de los pensamientos sobre la paz de Dios que se dan en los ANTECEDENTES.

3. Anímenle a que desarrolle una vida devocional diaria, como medio para "deleitarse en el Señor" y experimentar Su paz. Debe:

   A. Leer y estudiar la palabra del Señor todos los días. Ofrézcanle enviarle *Cómo vivir en Cristo*.

   B. Orar por todas las cosas y confiar en que Dios actuará como se dice en Romanos 8:28.

   C. Encomendar todos los días su vida a Dios en el espíritu de lo que se dice en Proverbios 3:5,6.

4. Aconséjenle al interlocutor que se identifique con una iglesia en la que se enseñe la Biblia, donde podrá tener compañerismo, adoración, estudio bíblico y servicio.

5. Oren con él para que Dios le dé paz, victoria y gozo.

Citas bíblicas

Juan 14:27.
Juan 16:33.
Salmo 34:14.
Isaías 26:3.
Romanos 8:6.

EL PECADO IMPERDONABLE

Antecedentes

De vez en cuando, oímos que alguien expresa una gran preocupación porque piensa que cometió el "pecado imperdonable". De hecho, esta persona puede sentirse culpable de un pecado realmente grave como, por ejemplo, un crimen, un adulterio, un incesto, un aborto o, quizá, algo no tan grave como eso. Con el transcurrir del tiempo, desarrolla sentimientos obsesivos de culpa, muy semejantes a los que experimentó David, cuando exclamó: "Mi pecado está siempre delante de mí" (Salmo 51:3). Algunas personas asocian esos sentimientos de culpa con el concepto de que "por su pecado, no tienen esperanza alguna de alcanzar el perdón".

Si la persona admite su situación pecaminosa actual y la considera lo suficientemente grave para preocuparse mucho por ella, el consejero podrá aprovechar favorablemente esta ventaja. La batalla está parcialmente ganada con una admisión de esta índole.

Estrategia de asesoramiento

1. Denle ánimos inmediatamente a la persona, explicándole que está dispuesto a ayudarle en todo lo que pueda. Asegúrenle que las Sagradas Escrituras sostienen, a pesar de lo que muchos puedan pensar, que cada tentación y pecado va acompañado por una faceta de la gracia de Dios.

2. Definan lo que es el pecado imperdonable a la luz de las Sagradas Escrituras.

   Cuando Jesús expulsó a un demonio del hombre ciego y mudo, la gente se maravilló. (véase Mateo 12:22,23). Sin embargo, los fariseos censuraron a Cristo, diciendo que había expulsado a un demonio por el "poder de Beelzebú", el príncipe de los demonios. El Señor les respondió lo siguiente (versículos 31,32): "Todo pecado y blasfemia será perdonado a los hombres; mas la blasfemia contra el Espíritu no les será perdonada...No le será perdonado, ni en este siglo ni en el venidero".

   La frase "pecado imperdonable" se derivó de esta cita bíblica. Los fariseos, obsesionados con el deseo de desacreditar a Jesús en la mente del pueblo, cayeron en el pecado de atribuir al diablo las obras del Espíritu Santo (que obraba juntamente con Cristo Jesús). En efecto, esto equivalía a decir que Jesús no era de Dios sino de Satanás y, según lo afirmó Cristo, esto no les sería perdonado jamás.

3. Pregúntenle si es culpable de este pecado. Si no es así, asegúrenle que no ha cometido el "pecado imperdonable".

4. Sin embargo, al hacer hincapié en esto, tengan cuidado de no reducir al mínimo la gravedad del pecado de su interlocutor. (véase Gálatas 5:19-21). Debe aprovechar esta admisión de pecaminosidad para destacar el hecho de que "la sangre de Jesucristo, Su Hijo, nos limpia de todo pecado" (1 Juan 1:7). Para que podamos experimentar la gracia salvadora de Dios, que incluye el perdón de los pecados, la persona debe reco-

nocer que es pecadora. Vea el número 2 de las "Etapas para obtener la paz con Dios" de la página 11.

La siguiente etapa es confesar los pecados como lo hizo el publicano: "Dios, sé propicio a mí, pecador" (Lucas 18:13). El reconocimiento y la confesión de los pecados son un prerrequisito para todo lo que sigue. Dios es quien perdona los pecados, y por eso envió a Su Hijo a la cruz para que "nosotros fuésemos hechos justicia de Dios en él" (2 Corintios 5:21).

Subraye el hecho de que, ahora, el único pecado que se puede considerar "imperdonable" sería rechazar la oportunidad para recibir a Cristo como su Salvador y Perdonador.

Billy Graham aclara esta situación como sigue: "Quizá pudiera aventurar una definición de lo que yo entiendo como pecado imperdonable. Desde un punto de vista negativo, creo que nadie que haya cometido este pecado puede seguir estando bajo el poder del Espíritu Santo que redarguye, convence y atrae. En tanto el Espíritu Santo habite en una persona, no habrá cometido el pecado imperdonable. Sin embargo, cuando el ser humano ha resistido continuamente al Espíritu Santo a tal grado que éste ya no lucha en favor suyo, entonces es cuando se está en peligro eterno. En otras palabras, el pecado imperdonable implica el rechazo total e irrevocable de Cristo Jesús. El resistir al Espíritu Santo es un pecado que cometen los no creyentes y es un pecado tal que, cuando se prolonga demasiado tiempo, conduce a la condena eterna. A los que se resisten al Espíritu Santo sólo les queda esperar el juicio seguro".

---

5. El consejero debe presentarle a la persona las "Etapas para estar en paz con Dios" de la página 11, e impulsarle a confiar en Cristo sin demora alguna, recalcando el hecho de que, aunque su pecado sea grave, Dios le puede perdonar. "El es quien perdona todas tus iniquidades" (Salmo 103:3).

6. Si se trata de un cristiano, haga hincapié en que los hijos de Dios no son capaces de cometer el "pecado imperdonable". Sólo los no creyentes rechazan al Espíritu Santo. Siga el procedimiento de asesoramiento, tal y como se definió antes.

   A. Defina el pecado imperdonable (Mateo 12:22-31).

   B. Pregúntenle si se siente culpable del pecado que Jesús describió, es decir, la blasfemia contra el Espíritu Santo.

   C. Cuando despeje estas dudas, recuerde que no debe tratar con ligereza el pecado que la persona consideraría imperdonable.

   D. Asegúrenle que el pecado, por horrible que sea, puede alcanzar el

EL PECADO IMPERDONABLE

perdón, basándose en el arrepentimiento y la confesión (véase la página 17 sobre la "Restauración"). Hagan hincapié, sobre todo, en 1 Juan 1:9.

Quizá no sea fácil convencer a su interlocutor sobre la veracidad de la Biblia respecto al "pecado imperdonable". Sea persistente en su reiteración del amor de Dios, que demostró, pagando el precio de la cruz para que el pecado fuera perdonado. Si estamos dispuestos a confesar nuestros pecados, estos nos serán perdonados.

7. Oren con la persona para que sea capaz de ver el pecado desde la perspectiva de Dios. El Señor aborrece el pecado; pero ama al pecador y perdonará cualquiera de sus pecados por medio de la Persona y la obra de nuestro Señor Jesucristo.

Citas bíblicas

El pecado imperdonable:

"El que no es conmigo, contra mí es; y el que conmigo no recoge, desparrama. Por tanto, os digo: todo pecado y blasfemia será perdonado a los hombres; mas la blasfemia contra el Espíritu no les será perdonada" (Mateo 12:30,31).

La gravedad del pecado:

"Manifiestas son las obras de la carne, que son: adulterio, fornicación, inmundicia, lascivia, idolatría, hechicerías, enemistades, pleitos, celos, iras, contiendas, disensiones, herejías, envidias, homicidios, borracheras, orgías, y cosas semejantes a estas; acerca de las cuales os amonesto, como ya os lo he dicho antes, que los que practican tales cosas no heredarán el reino de Dios" (Gálatas 5:19-21).

Deseo de Dios de perdonar cualquier pecado:

"Si confesamos nuestros pecados, él es fiel y justo para perdonar nuestros pecados y limpiarnos de toda maldad"   (1 Juan 1:9).

"El que encubre sus pecados no prosperará; mas el que los confiesa y se aparta, alcanzará misericordia"   (Proverbios 28:13).

"El es quien perdona todas tus iniquidades, el que sana todas tus dolencias".

"Cuanto está lejos el oriente del occidente, hizo alejar de nosotros nuestras rebeliones"   (Salmo 103:3,12).

"Pacientemente esperé yo a Jehová, y se inclinó a mí, y oyó mi clamor. Me hizo sacar del pozo de la desesperación, del lodo cenagoso; puso mis pies sobre peña, y enderezó mis pasos. Puso luego en mi boca cántico nuevo, alabanza a nuestro Dios. Verán esto muchos y temerán, y confiarán en Jehová"   (Salmo 40:1-3).

COMO CONTROLAR LOS PENSAMIENTOS

Antecedentes

La historia del hombre se ha centrado fundamentalmente en torno a una batalla por conquistar su mente. Nuestros pensamientos tienen una importancia vital. "Mejor es...el que se enseñorea de su espíritu que el que toma una ciudad" (Proverbios 16:32). "Porque cual es su pensamiento en su corazón, tal es él" (Proverbios 23:7).

La mente, o las palabras relacionadas con ella como, por ejemplo, "los pensamientos", "el entendimiento" y "el corazón" (que se usa a veces en lugar de la mente), ocupa un lugar importante en las Sagradas Escrituras. Dios desea controlar nuestra mente y Satanás trata de hacer lo mismo.

Billy Graham escribió lo siguiente: "Lo que el hombre cree es muy importante, al igual que el desarrollo de su mente. Debemos crecer intelectualmente en Cristo. Es nuestro deber estudiar para presentarnos 'a Dios aprobado, como obrero que no tiene de qué avergonzarse' (2 Timoteo 2:15). Dios declaró: 'Daré mi ley en su mente' (Jeremías 31:33). Dios le dijo a Josué: 'Sino que de día y de noche meditarás en él, para que guardes y hagas conforme a todo lo que está en él escrito' (Josué 1:8). Isaías dijo: 'Tú guardarás en completa paz a aquel cuyo pensamiento en ti persevera' (Isaías 26:3). ¿Quiere rendirle su mente a Cristo, someterla al Señorío de Jesús? ¿Está dispuesto a dedicarle a El su mente?"

La Biblia menciona la mente del no creyente que es "enemistad contra Dios" (Romanos 8:7), declarando que está cegada debido al pecado (2 Corintios 4:4) y moralmente contaminada (Marcos 7:20-22).

La Biblia menciona también la mente carnal que es característica del cristiano mundano que sigue caminando en la carne (Santiago 4:4), el cristiano incrédulo (Hebreos 3:12) y el cristiano desobediente (Lucas 6:46 y Efesios 2:2).

Estrategia de asesoramiento

Para el no cristiano:

1. Explíquenle las "Etapas para estar en paz con Dios" de la página 11.
2. Aconséjenle a la persona que comience a leer la Palabra de Dios. Haciendo esto, principiará a someter su mente al Creador. Ofrezcan enviarle *Cómo vivir en Cristo,* para ayudarle a iniciar su tarea de lectura y estudio.

3. Anímenle a habituarse a orar cada día. El libro de los Salmos está lleno de expresiones de plegarias. Sugiéranle también Mateo 6:9-13 y Lucas 11:2-13, en donde se encuentra el Padrenuestro. Estos dos pasajes son buenos ejemplos de oración.

4. Aconséjenle que busque una iglesia en la que se enseñe la Biblia, para adorar, convivir con los cristianos, estudiar la Biblia y comenzar su servicio en la obra.

5. Oren con él para que Dios le dé una mente renovada.

Para el cristiano carnal:

1. Compartan con él los conceptos de la "Restauración", página 17.

2. Hagan hincapié en la necesidad de controlar la mente y utilicen los siguientes ejemplos:

   A. El Señor Jesucristo: "Haya, pues, en vosotros, este sentir que hubo también en Cristo Jesús... se despojó a sí mismo, tomando la forma de siervo, y... se humilló a sí mismo, haciéndose obediente hasta la muerte, y muerte de cruz" (Filipenses 2:5-8).

   B. El Profeta Isaías: "Tú guardarás en completa paz a aquel cuyo pensamiento en ti persevera" (Isaías 26:3).

   C. El Apóstol Pablo: "No os conforméis a este siglo, sino transformaos por medio de la renovación de vuestro entendimiento, para que comprobéis cuál sea la buena voluntad de Dios, agradable y perfecta" (Romanos 12:2).

   "Refutando argumentos, y toda altivez que se levanta contra el conocimiento de Dios, y llevando cautivo todo pensamiento a la obediencia a Cristo" (2 Corintios 10:5).

Citas bíblicas

"Porque mis pensamientos no son vuestros pensamientos, ni vuestros caminos mis caminos, dijo Jehová. Como son más altos los cielos que la tierra, así son mis caminos más altos que vuestros caminos, y mis pensamientos más que vuestros pensamientos" (Isaías 55:8,9).

"Por lo demás, hermanos, todo lo que es verdadero, todo lo honesto, todo lo justo, todo lo puro, todo lo amable, todo lo que es de buen nombre; si hay virtud alguna, si algo digno de alabanza, EN ESTO PENSAD" (Filipenses 4:8).

"Porque la palabra de Dios es viva, y más cortante que toda espada de dos filos; y penetra hasta partir el alma y el espíritu, las coyunturas y los tuétanos, y discierne los pensamientos y las intenciones del corazón (mente)" (Hebreos 4:12).

"Bienaventurado el varón que no anduvo en consejo de malos, ni estuvo en camino de pecadores, ni en silla de escarnecedores se ha sentado; sino que en la ley de Jehová está su delicia, y en su ley medita de día y de noche"

(Salmo 1:1,2).

"Encomienda a Jehová tus obras, y tus pensamientos serán afirmados"

(Proverbios 16:3).

PERDIDA DEL EMPLEO

Antecedentes

Debemos mostrarnos sensibles ante el trauma al que se enfrenta una persona que ha perdido su empleo, que no encuentra otro, cuyas facturas comienzan a acumularse y cuyos pagos de hipotecas pueden quedar atrasados. Esas personas sienten que han perdido su valor personal, se llenan de desaliento, frustraciones o, incluso, depresión. Un informe reciente de una fuente fidedigna menciona lo que sigue:

Con cada 1% de aumento del desempleo:

- 4.3% más de hombres y 2.3% más de mujeres entran a los hospitales mentales por primera vez.
- 4.1% más de personas se suicidan.
- 4./ ⁄₀ más son asesinadas.
- 4% más entran a las prisiones.
- 1.9% más mueren por ataques cardiacos, cirrosis del hígado y otros males relacionados con las tensiones.
- Los malos tratos a los niños aumentan.

Estrategia de asesoramiento

1. Ofrezcan aliento, diciéndole a su interlocutor que se alegran mucho de que les haya llamado, que están muy interesados por él o ella, y que se sienten felices de poder dedicar tiempo a hablar con él o ella de su problema.

2. Recuérdenle que no está solo, porque hay muchos otros que tienen las mismas dificultades. El perder el empleo no es raro. Tomando en cuenta ese hecho, no debe sentirse especialmente "atacado" ni tomar en forma personal su pérdida del empleo.

3. Díganle a su interlocutor que no debe sentirse menos valioso. No hay razón para que pierda su respeto de sí mismo ni para que se sienta fracasado.

4. Díganle que siga confiando y que no se deje llevar por el pánico, porque Dios le conoce, le ama y le cuida. Debe aprender a confiar en el Señor.

5. Anímenle a que ore, pidiéndole a Dios que le ayude a resolver las dificultades económicas, satisfacer las necesidades de su familia y abrirle alguna otra puerta para un empleo.

6. Sugiéranle que hable de su problema con amigos cristianos que pueden orar también, y con un pastor lleno de simpatía que puede tener capacidad para ayurdarle a buscar oportunidades de empleo.

7. Aconséjenle al individuo que no descargue sus frustraciones sobre su cónyuge o sus hijos. Sus familiares permanecerán a su lado en las urgencias. Todos están juntos en las dificultades y la crisis puede servir, realmente, para fortalecer la solidaridad familiar. Debe resultarles muy

útil el orar juntos, como familia.

8. Preséntele a Jesucristo a su interlocutor, como Señor y Salvador, si se da cuenta por la conversación de que no lo conoce. Compartan con esa persona las "Etapas para obtener la paz con Dios" de la página 11.

Citas bíblicas

"Joven fui y he envejecido, y no he visto justo desamparado, ni su descendencia que mendigue pan"   (Salmo 37:25).

"Todo lo puedo en Cristo que me fortalece...Mi Dios, pues, suplirá todo lo que os falta conforme a sus riquezas en gloria en Cristo Jesús"   (Filipenses 4:13 y 19).

"Por nada estéis afanosos, sino sean conocidas vuestras peticiones delante de Dios en toda oración y ruego, con acción de gracias. Y la paz de Dios, que sobrepasa todo entendimiento, guardará vuestros corazones y vuestros pensamientos en Cristo Jesús"   (Filipenses 4:6,7).

EL PERDON

Antecedentes

Una de las palabras más bellas del vocabulario de los seres humanos es la del perdón. Si todos aprendiéramos lo que significa esta palabra, se evitarían muchos dolores y muchas consecuencias desgraciadas. El dulce salmista de Israel nos comunicó parte de la emoción que experimentó personalmente después de pedirle a Dios: "Lávame más y más de mi maldad, y límpiame de mi pecado" (Salmo 51:2). "Bienaventurado aquel cuya transgresión ha sido perdonada, y cubierto su pecado. Bienaventurado el hombre a quien Jehová no culpa de iniquidad, y en cuyo espíritu no hay engaño" (Salmo 32:1,2). De un plumazo, el perdón cancela el pasado y nos permite comenzar de nuevo.

Billy Graham dijo: "El perdón de Dios no es una frase casual; es la eliminación de toda nuestra suciedad y degradación del pasado, el presente y el futuro. La única razón por la que nuestros pecados pueden ser perdonados es que, en la cruz, Jesucristo pagó completamente el castigo por ellos. Sin embargo, sólo podemos obtener el perdón si nos postramos al pie de la cruz, llenos de contrición, en confesión y llenos de arrepentimiento".

Las bases del perdón

1. Según lo que somos y hemos hecho (arrepentimiento). "Porque yo reconozco mis rebeliones, y mi pecado está siempre delante de mí. Contra ti, contra ti solo he pecado, y he hecho lo malo delante de tus ojos" (Salmo 51:3,4).

2. Petición del perdón (confesión). "Purifícame con hisopo y seré limpio; lávame y seré más blanco que la nieve. Esconde tu rostro de mis pecados, y borra todas mis maldades" (Salmo 51:7,9).

Resultados del perdón

1. Reconciliación. Cuando nos perdona Dios, hay un cambio inmediato y completo de nuestras relaciones con El. En lugar de hostilidad, hay amor y aceptación. En lugar de enemistad, hay amistad. "Que Dios estaba en Cristo reconciliando consigo al mundo, no tomándoles en cuenta a los hombres sus pecados" (2 Corintios 5:19).

2. Purificación. La esencia misma del perdón es nuestra restauración a nuestra posición original delante de Dios. "Purifícame...y seré limpio; lávame, y seré más blanco que la nieve" (Salmo 51:7) (Véase también 1 Juan 1:9 y Romanos 4:7).

Otro aspecto de la purificación es que Dios se olvida de nuestros pecados cuando nos los perdona. "Porque seré propicio a sus injusticias, y nunca más me acordaré de sus pecados y sus iniquidades" (Hebreos 8:12) (Véase también Salmo 103:12 e Isaías 38:17).

3. Absolución. El perdón hace que Dios abandone sus acusaciones contra nosotros. No aplicará el castigo que merecen nuestras culpas. Jesús le dijo a la mujer adúltera: "Ni yo te condeno; vete, y no peques más" (Juan 8:11) (Véase también Romanos 8:1).

¡El consejero tiene el enorme privilegio de compartir el gozo del perdón de Dios!

Estrategia de asesoramiento

Debemos tomar en consideración tres aspectos distintos: el perdón de Dios, el perdonar a quienes nos han ofendido y el perdonarnos a nosotros mismos, dejando atrás nuestro pasado.

Para el no cristiano

1. Denle consuelo, asegurándole que Dios entiende el pecado y sabe cómo resolverlo. El Señor perdona los pecados y el interlocutor puede conocer también el gozo del perdón.

2. Explíquenle las "Etapas para lbtener la paz con Dios" de la página 11. A partir de los antecedentes, hagan hincapié en los resultados del perdón.

3. Compartan con su interlocutor los puntos de la "Seguridad" de la página 15.
   NOTA: Si su interlocutor insiste en que no puede recibir el perdón de sus culpas porque ha cometido el pecado imperdonable, pasen al capítulo que se ocupa de este tema.

4. Anímenle a que comience a leer y estudiar la palabra de Dios. Esto contribuirá a darle mucha seguridad respecto al perdón (véase 1 Juan 3:19). Pregúntenle si le gustaría recibir el folleto *Cómo vivir en Cristo* como ayuda para la iniciación de su lectura y estudio de la Biblia.

5. Recomiéndenle que busque el compañerismo de un grupo de cristianos bíblicos. Una buena iglesia proporcionará enseñanza de la Biblia, adoración y oportunidades de servicio y testimonio.

6. Anímenle a que ore, practicando la confesión diaria (1 Juan 1:9), como requisito para el perdón y la renovación diaria.

7. Oren con esa persona para que llegue a comprender plenamente su nueva relación y sus consecuencias.

Para el cristiano resentido o amargado

1. Indíquenle que su actitud es mala. Ante todo, necesita poner su propia vida en orden, confesándole a Dios su resentimiento y su amargura como verdaderos pecados.

2. Anímenle a que perdone a quienes le hayan lastimado u ofendido. Es

posible que esto le resulte posible; pero no se trata de algo que podamos escoger. ¡Dios nos lo ordena! "Soportándoos unos a otros, y perdonándoos unos a otros si alguno tuviere queja contra otro. De la manera que Cristo os perdonó, así también hacedlo vosotros" (Colosenses 3:13). No se merecen el perdón. ¡A veces, los que menos se lo merecen son los que más necesitan el perdón! El perdonar como nos perdonó el Señor implica olvidarnos completamente de las ofensas. Esto también puede resultar difícil y requerir cierto tiempo. La suspicacia y la desconfianza pueden perdurar; pero Dios puede cambiar nuestras actitudes. La respuesta de "hasta setenta veces siete" que Jesús le dio a Pedro cuando le preguntó: "¿Cuántas veces perdonaré a mi hermano que peque contra mí?", implica que el cristiano debe estar listo, incluso ansioso, para perdonar. Este perdón debe ser de todo corazón y sin murmuraciones (véase Mateo 18:21-35).

3. Animen a su interlocutor para que trate de restaurar la relación rota con Dios, en el espíritu de Colosenses 3:13. Muy probablemente, esto requerirá "caminar la segunda milla" (véase Mateo 5:41); pero puede ser necesario para reanudar la relación. El evangelio siempre toma a contrapelo las reacciones y las conductas humanas. La relación seguirá rota hasta que una de las partes tome la iniciativa para el perdón y la restauración.

Para el cristiano que no se puede perdonar a sí mismo

1. Pregúntenle si está realmente arrepentido y si le ha confesado sinceramente todos sus pecados a Dios, sin dejar nada afuera. En caso necesario, compartan con él los puntos de la "Restauración" de la página 17, haciendo hincapié en 1 Juan 1:9.

2. Si ha hecho lo anterior y sigue teniendo aprensiones, indíquenle que es culpable de incredulidad. Si el Señor le ha perdonado cuando le confesó sus pecados (1 Juan 1:9), hará mal en dudar de Dios. ¡Deberá tomarle al Señor su palabra!

   Compartan con esa persona el testimonio que nos da David en el Salmo 32:1,2. "Bienaventurado aquel cuya transgresión ha sido perdonada, y cubierto su pecado. Bienaventurado el hombre a quien Jehová no culpa de iniquidad, y en cuyo espíritu no hay engaño".

   Es posible que su interlocutor tenga falsa humildad. La autoflagelación hace que algunas personas se sientan mejor, mientras otras se complacen en revivir el pasado. Esto responde al espíritu de los escribas y fariseos: "Así también vosotros...os mostráis justos a los hombres; pero por dentro estáis llenos de hipocresía e iniquidad" (Mateo 23:28).

3. Si está realmente arrepentido, recomiéndenle que trate de verse como le ve Dios, como nueva criatura en Cristo Jesús (véase 2 Corintios 5:17). Dios comprende el pecado y sabe cómo resolverlo. Nos perdona los pecados, si cumplimos Sus condiciones para el perdón: arrepentimiento y confesión. Debemos poner en práctica la sabiduría de Pablo: "Olvidando ciertamente lo que queda atrás, y extendiéndome a lo que

está delante, prosigo a la meta, al premio del supremo llamamiento de Dios en Cristo Jesús" (Filipenses 3:13,14).

Citas bíblicas

"Así que, si el Hijo os libertare, seréis verdaderamente libres"

(Juan 8:36).

"Yo, yo soy el que borro tus rebeliones por amor de mí mismo, y no me acordaré de tus pecados"

(Isaías 43:25).

"Porque si perdonáis a los hombres sus ofensas, os perdonará también a vosotros vuestro Padre celestial; mas si no perdonáis a los hombres sus ofensas, tampoco vuestro Padre os perdonará vuestras ofensas"

(Mateo 6:14,15).

"Y Jesús decía: Padre, perdónalos, porque no saben lo que hacen"

(Lucas 23:34).

LAS PERSONAS ABUSIVAS

Antecedentes

Las personas abusivas se encuentran en todos los niveles socioeconómicos y en todos los grupos culturales, raciales y de edades. Hay tanto mujeres como hombres abusivos. Lo que sigue podría aplicarse a cualquiera de entre ellos. Aunque hay similitudes en las características de las personas abusivas, vamos a describir brevemente tres categorías.

El cónyuge abusivo

Aunque las historias de casos varían, hay rasgos similares en todos ellos. La persona abusiva tiene "un punto de ebullición" muy bajo y sólo conoce un modo de descargar su ira: mediante sus malos tratos. Tiene poca estimación por sí mismo, se considera con frecuencia un fracasado, se relaciona mal con otras personas, es celoso y acusa a su cónyuge de darle poco respaldo o, incluso, de serle infiel. Trata de controlar todas sus actividades e incluso lo espía, creyendo que su conducta fomenta en realidad el bienestar de la familia. Tiene un yo insaciable, es muy exigente, no acepta reproches por sus fracasos, con frecuencia ofende sin demostrar sentimientos, y no admite tener ningún sentimiento de culpa en el nivel emocional ni siquiera después de aceptar su problema.

Las personas abusivas tienden a justificarse, ya sea convencidas de que sus cónyuges o asociados las impulsan a ello o negando completamente que son abusivas. La frustración hace que los malos tratos se desencadenan: no puede golpear a su jefe en su trabajo, de modo que descarga su ira en su hogar, sobre su cónyuge y sus hijos. El alcoholismo y el uso desmedido de las drogas son algunas veces causas de los malos tratos explosivos.

Los que maltratan a los niños

La mayoría de estos síntomas se encuentran presentes en los que maltratan a los niños. A esto se debe añadir el hecho de que esas personas suelen ser muy exigentes y desean que se les obedezca ciega e inmediatamente. Son sumamente impacientes y a menudo descargan sus frustraciones, las heridas y los sufrimientos de su propia infancia sobre sus propios hijos. Sus expectativas son demasiado altas para ellos, por lo que con frecuencia los menosprecian o humillan. Con frecuencia, sus insultos verbales, acompañados por el uso de vocabulario soez y obsceno, resulta tan devastador para los niños que estos comienzan a aceptar pasivamente los malos tratos físicos, considerando que los merecen. Así se transforman en víctimas. En muchos casos se incluyen el alcohol y las drogas.

El que abusa sexualmente (incesto)

NOTA: *Las niñas no son las únicas víctimas de estos abusos. También hay muchos casos de niños.*

Las características del que abusa de su cónyuge son generalmente válidas para las que abusan del sexo. Esas personas están emocionalmente aisladas; aunque pueden parecer íntegras desde el punto de vista emocional. Parece ser pasivo; pero ejerce un control rígido y cada vez mayor sobre los actos de su hija, conforme la niña va creciendo. Es insensible, egocéntrico, autocomplaciente y considera a las personas tan sólo como objetos. El alcohol y la drogadicción se relacionan con frecuencia con el incesto.

Los abusos sexuales suelen ser de larga duración y repetitivos, acompañados por intimidación y coacción. Cuando se hace que se enfrente a la verdad, el adulto abusivo rechaza toda participación o responsabilidad y tiende a culpar a su víctima. Con toda probabilidad, esa persona sufrió también abusos sexuales en su propia infancia.

Una esposa que no haya logrado proteger a su hija de los abusos sexuales (cuando está realmente consciente de ellos), permanecerá pasiva y, con frecuencia, respaldará las negativas o las excusas de su marido. Cuando se ve atrapado, el individuo abusivo promete "no volver a hacerlo". ¡No se puede confiar en esas promesas!

Por todo lo anterior, entenderán que es sumamente difícil el tratar a un individuo semejante. Sin embargo, es posible que lo que sigue les resulte útil.

Estrategia de asesoramiento

1. Hablen con amor.

   No emitan juicios ni acusaciones. Conforme vayan llevando la conversación hacia los puntos cruciales, dejen que sea la palabra de Dios la que reproche y convenza.

2. Anímenlo, diciéndole que ha hecho lo correcto al tomar la decisión de hablar de su problema.

   Se sienten contentos de hablar con él, porque la Biblia tiene soluciones para todos los problemas humanos, sobre todo los relativos a las relaciones familiares.

3. Díganle que debe estar dispuesto a afrontar la realidad de lo que ha hecho y lo que sucede.

   Su esposa y sus hijos han recibido de Dios el derecho a recibir un trato decente, con amor y preocupación por su bienestar. Esa persona debe entender que los está destruyendo. Lo que hace es contra la ley y puede recibir un castigo severo por ello. Sin embargo, podrá controlarse con la ayuda de Dios.

4. Pregúntenle si ha recibido alguna vez a Jesucristo como su Señor y Salvador. Denle las "Etapas para obtener la paz con Dios", página 11.

   NOTA: Debe estar dispuesto a confesar su conducta abusiva, como pecado y a volverse hacia Dios para su corrección y liberación. Dios perdonará el pecado; es por eso que envió a Su Hijo a morir por nosotros en la cruz. Si es apropiado, comparta con esa persona la página sobre la seguridad.

5. Recomiéndele que lea y estudie la Biblia.

La Biblia tiene soluciones para todos los problemas en lo que se refiere a la conducta humana. Ofrézcanle enviarle *Cómo vivir en Cristo*, lo que le ayudará a iniciar su estudio de la Biblia.

6. Anímenlo para que aprenda a orar.

Si quedan todavía relaciones dentro de la familia, la oración ayudará a restaurar los lazos rotos.

7. Aconséjenle que ingrese a una buena iglesia en la que se estudie la Biblia.

Allí la enseñanza de la Palabra de Dios y la comunión con el pueblo del Señor pueden servir como factores correctivos y curativos.

8. Aconséjenle que mantenga un contacto estrecho con el pastor de su iglesia. El pastor podrá continuar el asesoramiento y la vigilancia de la conducta en la familia.

9. Recomienden la aceptación de asesoramiento profesional tanto para el culpable como para el resto de su familia.

Si existe en su comunidad, será conveniente que se ponga en contacto con un psicólogo o un centro cristiano de asesoramiento familiar. El esposo/padre abusivo tiene un problema grave que, con frecuencia, sólo se puede resolver mediante un tratamiento de asesoramiento prolongado. También se deberán tratar profesionalmente los efectos sobre la familia.

Citas bíblicas

"Maridos, amad a vuestras mujeres, así como Cristo amó a la iglesia, y se entregó a sí mismo por ella. Así también los maridos deben amar a sus mujeres como a sus mismos cuerpos. El que ama a su mujer, a sí mismo se ama. Porque nadie aborreció jamás a su propia carne, sino que la sustenta y la cuida, como también Cristo a la iglesia"

(Efesios 5:25,28,29).

"Y vosotros, padres, no provoquéis a ira a vuestros hijos, sino criadlos en disciplina y amonestación del Señor" (Efesios 6:4).

"No erréis; ni los fornicarios, ni los idólatras, ni los adúlteros, ni los afeminados, ni los que se echan con varones, ni los ladrones, ni los avaros, ni los borrachos, ni los maldicientes, ni los estafadores, heredarán el reino de Dios. Y esto erais algunos; mas ya habéis sido lavados, ya habéis sido santificados, ya habéis sido justificados en el nombre del Señor Jesús, y por el Espíritu de nuestro Dios" (1 Corintios 6:9-11).

"Mas el fruto del Espíritu es amor, gozo, paz, paciencia, benignidad, bondad, fe, mansedumbre, templanza; contra tales cosas no hay ley"

(Gálatas 5:22-23).

1 Pedro 3:7.

LAS PROFECIAS

Antecedentes

Un axioma muy útil para entender las Escrituras es: "Lo Nuevo está oculto en lo Antiguo; lo Antiguo se revela en lo Nuevo". Por supuesto, nos referimos al Antiguo y el Nuevo Testamento.

La profecía era, a la vez, una manifestación en el presente y una predicción—en la que los acontecimientos se vaticinaban décadas y siglos antes de que sucedieran en realidad. Gran parte de las profecías que contienen las Escrituras se han cumplido ya. Otras se están realizando en nuestros días. Pedro dijo: "Tenemos también la palabra profética más segura, a la cual hacéis bien en estar atentos como a una antorcha que alumbra en lugar oscuro, hasta que el día esclarezca y el lucero de la mañana salga en vuestros corazones; entendiendo primero esto, que ninguna profecía de la Escritura es de interpretación privada, porque nunca la profecía fue traída por voluntad humana, sino que los santos hombres de Dios hablaron siendo inspirados por el Espíritu Santo" (2 Pedro 1:19-21).

Profecías cumplidas:

Las pruebas más convincentes de cumplimiento de las profecías se refieren a la Persona y la obra de Jesucristo, tal y como se revelan en los cuatro evangelios. La falta de espacio hace que no sea posible enumerarlas todas. Sin embargo, las siguientes son pruebas contundentes:

Debía ser de la familia del Rey David (Isaías 9:6,7; 11:1; Salmo 89:3,4; Marcos 12:36 y Juan 7:42).

Nacería de una virgen (Isaías 7:14 y Mateo 1:23).

Nacería en Belén (Miqueas 5:2 y Juan 7;42).

Tendría una entrada triunfal en Jerusalén (Zacarías 9:9 y Mateo 21:5).

Moriría junto a delincuentes (Isaías 53:9,12 y Lucas 22:37).

Echarían a suertes sus ropas (Salmo 22:18 y Mateo 27:35).

Sus últimas palabras fueron predichas (Salmo 22:1 y Mateo 27:46).

Resucitaría de entre los muertos al tercer día (Salmo 16:10). Jesús afirmó la resurreción, refiriéndose a las Escrituras del pasado (Lucas 24:46). Pedro lo confirmó, citando la profecía de David (Hechos 2:25-32).

Aunque Isaías profetizó 800 años antes de la venida de Cristo, nos describió los sufrimientos del Señor (véase Isaías 53:6).

Profecías que quedan por cumplirse:

Las profecías que quedan por cumplirse se refieren en gran parte a la llamada "bendita esperanza" del creyente cristiano—la inminente segunda venida de Jesucristo. El autor de la carta a los Hebreos dice: "La cual (esperanza) tenemos como segura y firme ancla del alma..." (Hebreos 6:19).

Billy Graham escribió: "La importancia de la esperanza de la segunda venida de Cristo se recalca por la frecuencia, la amplitud y la intensidad con la que se menciona en la Biblia. Se indica en todos los libros del Nuevo Testamento, excepto cuatro. Cristo se refería continuamente a Su regreso, no sólo ante Sus discípulos, sino también ante otras personas. Al sumo sacerdote le dijo: 'Y además os digo que desde ahora veréis al Hijo del Hombre sentado a la diestra del poder de Dios, y viniendo en las nubes del cielo' (Mateo 26:64).

En uno de cada treinta versículos de la Biblia se menciona este tema. Se cita 318 veces, en 216 capítulos del Nuevo Testamento. La vigésima parte del Nuevo Testamento completo se ocupa de este tema. Además, es algo que predijeron la mayoría de los escritores del Antiguo Testamento: Moisés (Deuteronomio 33:2); Job (Job 19:25); David (Salmo 102:16); Isaías (Isaías 59:20); Jeremías (Jeremías 23:5); Daniel (Daniel 7:13,14); Zacarías (Zacarías 14:4) y muchos otros".

Hay diversas opiniones relativas a las profecías futuras. En lugar de discutir sobre ellas, recordemos que "ninguna profecía de la Escritura es de interpretación privada" (2 Pedro 1:20). Sin embargo, creemos que la llamada opinión premilenaria ofrece la explicación más completa de los acontecimientos futuros y da una lista aproximada de sus principales características.

1. La venida de Cristo es inminente: podría producirse en cualquier momento (Mateo 24:42-44; 1 Corintios 15:52; Apocalipsis 22:12).

2. La primera etapa de Su venida se conoce como el "rapto". "Porque si creemos que Jesús murió y resucitó, así también traerá Dios con Jesús a los que durmieron en él... Porque el Señor mismo, con voz de mando, con voz de arcángel, y con trompeta de Dios, descenderá del cielo; y los muertos en Cristo resucitarán primero. Luego nosotros los que vivimos, los que hayamos quedado, seremos arrebatados juntamente con ellos en las nubes para recibir al Señor en el aire, y así estaremos siempre con el Señor" (1 Tesalonicenses 4:14,16-17). (Véase también Tito 2:13). Esta es la primera resurrección (1 Corintios 15:52-57; 2 Corintios 5:4 y 1 Juan 3:2).

3. Seguirá el juicio de los creyentes ante el tribunal de Cristo (véase 2 Corintios 5:10). La norma para este juicio es nuestra fidelidad en la vida y el servicio (véase 1 Corintios 3:11-15 y 4:1-5). Este juicio no será por nuestros pecados. Eso se resolvió en el Calvario (véase 2 Corintios 5:21).

4. Llega el período de la Gran Tribulación (véase Daniel 12:1; Mateo 24:21,29; Apocalipsis 7:14). El "hombre de pecado" (Anticristo) se manifestará (véase 2 Tesalonicenses 2:3,4,8; Apocalipsis 13:1-10).

5. Cristo vuelve (la segunda etapa) como Rey de reyes y Señor de señores (véase Apocalipsis 19:11-21). Se produce la batalla decisiva de Armagedón (véase Apocalipsis 19:17-21; Joel 3:12; Apocalipsis 16:16).

6. Sigue el Milenio (reinado de mil años) (véase Apocalipsis 20:4-6).

7. La segunda resurrección reunirá a todos los que rechazaron a Cristo en todas las épocas. Serán juzgados "de los libros, según sus obras" (Apocalipsis 20:12), en el juicio ante el gran trono blanco. "Y el que no se halló inscrito en el libro de la vida fue lanzado al lago de fuego" (Apocalipsis 20:15).

8. Comienzan el nuevo cielo y la nueva tierra, el hogar eterno de los redimidos (véase Apocalipsis 21 y 22).

Estrategia de asesoramiento

Para los que teman a los acontecimientos futuros:

El único modo de poder estar seguros y tener confianza en el futuro es entregarle nuestra vida al Señor que tiene el futuro en sus manos. "La cual (esperanza) tenemos como segura y firme ancla del alma" (Hebreos 6:19). Explíquenle a su interlocutor las "Etapas para obtener la paz con Dios" de la página 11.

Para el cristiano que no esté seguro de la venida de Cristo:

1. Asegúrenle que podemos estar informados y seguros tanto respecto al presente como al futuro. Pablo dijo: "Tampoco queremos, hermanos, que ignoréis acerca de los que duermen, para que no os entristezcáis como los otros que no tienen esperanza" (1 Tesalonicenses 4:13).

2. Compartan con su interlocutor el tema de la "Seguridad", de la página 15, haciendo hincapié en 1 Juan 5:13.

3. Anímenle a que acuda a la Biblia, mediante la lectura y el estudio, y a que se identifique con una iglesia en la que se enseñen las Escrituras, donde podrá aprender a "interpretar correctamente la palabra de verdad" (2 Timoteo 2:15). Recomiéndenle que visite una librería cristiana, donde podrá adquirir buenos libros sobre la vida y el testimonio de los cristianos, así como también estudios bíblicos sobre las profecías.

Para el cristiano preocupado por su situación ante Dios;

1. Pregúntenle dónde se desvió de su camino.

2. Invítenle a volver al Calvario, para su confesión y perdón, sobre la base de 1 Juan 1:9 y 2:1. Explíquenle lo relativo a la "Restauración" de la página 17.

3. Aconséjenle que adopte una posición firme por el Señor. Deberá:
   Participar en la lectura y el estudio de la Biblia.
   Buscar compañerismo en una iglesia que enseñe la Biblia.
   Dar un testimonio activo de palabra y obra.
   Eso le dará seguridad en Cristo y le hará conocer la voluntad de Dios para su vida.

Citas bíblicas

La primera etapa de Su venida: el rapto:

"Tampoco queremos, hermanos, que ignoréis acerca de los que duermen, para que no os entristezcáis como los otros que no tienen esperanza. Porque si creemos que Jesús murió y resucitó, así también traerá Dios con Jesús a los que durmieron en él. Por lo cual os decimos esto en palabra del Señor: que nosotros que vivimos, que habremos quedado hasta la venida del Señor, no precederemos a los que durmieron. Porque el Señor mismo con voz de mando, con voz de arcángel, y con trompeta de Dios, descenderá del cielo; y los muertos en Cristo resucitarán primero. Luego nosotros los que vivimos, los que hayamos quedado, seremos arrebatados juntamente con ellos en las nubes para recibir al Señor en el aire, y así estaremos siempre con el Señor. Por tanto, alentaos los unos a los otros con estas palabras"

(1 Tesalonicenses 4:13-18).

"Amados, ahora somos hijos de Dios, y aún no se ha manifestado lo que hemos de ser; pero sabemos que cuando él se manifieste, seremos semejantes a él, porque le veremos tal como él es. Y todo aquel que tiene esta esperanza en él, se purifica a sí mismo, así como él es puro"

(1 Juan 3:2,3).

La segunda etapa de Su venida: el día del Señor:

"Miraba yo en la visión de la noche, y he aquí con las nubes del cielo, venía uno como un hijo de hombre, que vino hasta el Anciano de días, y le hicieron acercarse delante de él. Y le fue dado dominio, gloria y reino, para que todos los pueblos, naciones y lenguas le sirvieran; y su dominio es dominio eterno, que nunca pasará, y su reino uno que no será destruido"

(Daniel 7:13,14).

"Pero el día del Señor vendrá como ladrón en la noche; en el cual los cielos pasarán con grande estruendo, y los elementos ardiendo serán deshechos, y la tierra y las obras que en ella hay serán quemados...Pero nosotros esperamos, según sus promesas, cielos nuevos y tierra nueva, en los cuales mora la justicia

(2 Pedro 3:10,13).

La actitud del creyente en vista de Su segunda venida:

"Para que sometida a prueba vuestra fe, mucho más preciosa que el oro, el cual aunque perecedero se prueba con fuego, sea hallada en alabanza, gloria y honra, cuando sea manifestado Jesucristo. Por tanto, ceñid los lomos de vuestro entendimiento, sed sobrios, y esperad por completo en la gracia que se os traerá cuando Jesucristo sea manifestado"

(1 Pedro 1:7,13).

"Porque el que se avergonzare de mí y de mis palabras en esta generación adúltera y pecadora, el Hijo del Hombre se avergonzará también

de él, cuando venga en la gloria de su Padre con los santos ángeles"
(Marcos 8:38).

"Mas el fin de todas las cosas se acerca; sed, pues, sobrios, y velad en oración. Y ante todo, tened entre vosotros ferviente amor; porque el amor cubrirá multitud de pecados. Hospedaos los unos a los otros sin murmuraciones. Cada uno, según el don que ha recibido, minístrelo a los otros, como buenos administradores de la multiforme gracia de Dios"
(1 Pedro 4:7,8,9,10).

"Que prediques la palabra; que instes a tiempo y fuera de tiempo; redarguye, reprende, exhorta con toda paciencia y doctrina. Porque vendrá tiempo cuando no sufrirán la sana doctrina, sino que teniendo comezón de oír, se amontonarán maestros conforme a sus propias concupiscencias, y apartarán de la verdad el oído y se volverán a las fábulas. Pero tú sé sobrio en todo, soporta las aflicciones, haz obra de evangelista, cumple tu ministerio"
(2 Timoteo 4:2-5).

PROSPERIDAD DE LOS IMPIOS

Antecedentes

Hace más de tres mil años, un sacerdote cantor de Israel, humilde, pero envidioso, entró al santuario de Dios profundamente atribulado por la prosperidad aparente, la ausencia de preocupaciones, la arrogancia, la indiferencia y el poderío de los impíos. "¿Por qué me molesto en buscar la rectitud?" preguntó Asaf. "¿Por qué me molesto en mantener puro mi corazón? No me parece que valga la pena el esfuerzo que realizo cuando ellos prosperan y yo no."

Lo que Asaf aprendió en el santuario le reveló que las apariencias son con frecuencia engañosas, y que Dios tiene verdaderamente reservado lo mejor para los que le son fieles. Siempre está con los suyos y es su fortaleza presente y la porción de su futuro. Los impíos prósperos tienen sus recompensas tal y como las buscan, durante su vida terrenal; pero perecerán en su infidelidad (véase el Salmo 73).

Algunos cristianos se indignan por la prosperidad y el éxito aparentes que muchos no cristianos tienen en esta vida, mientras ellos se debaten en medio de la escasez.

Estrategia de asesoramiento

Después de escuchar con paciencia al interlocutor que exprese una queja en este sentido, reafírmele su interés y preocupación. Se trata de un aspecto que inquieta a muchos seguidores de Dios. Dígale que agradece el que compartiera esto con usted y que espera poder alentarlo de alguna manera. Pídale que tome en consideración los siguientes aspectos:

1. La prosperidad no es necesariamente un indicio de bendiciones del Señor. Hay muchas ocasiones en que la riqueza es mal habida y se amasa a expensas de otros. Sin embargo, hay muchos cristianos ricos que se han entregado completamente a Cristo y que atribuyen su abundancia material a la bendición de Dios. Sostienen con gozo la obra del Señor como mayordomos fieles, en tanto que los primeros se limitan sencillamente a disfrutar "los deleites temporales del pecado" (Hebreos 11:25).

2. El interlocutor no debe responder ante Dios por los excesos de los ricos, de modo que no debe asumir esa responsabilidad. Dios se arreglará con ellos a su debido tiempo y en su propia manera. ¡Recuerde que Dios lleva un registro de todos, tanto de ellos como de nosotros!

3. Aconséjenle que evite la envidia o la amargura, que no desee lo que otros poseen. No debe ahogarse en la autocompasión. Todas estas cosas son desagradables a los ojos de Dios y erosionan la vida espiritual de la persona. Recuerde que la mayoría de los cristianos del mundo son pobres, sobre todo los del Tercer Mundo. Si el interlocutor es un cristiano pobre, ¡hay millones que están en la misma situación! En las Sagradas Escrituras se nos revela que Dios eligió a los pobres de este

mundo para ser ricos en fe (véase Santiago 2:5).

4. Debe ser objetivo al evaluar a la gente rica. ¿Por qué son tan abundantes sus posesiones? ¿Tienen mejor educación o habilidades especiales que él no posea? ¿Han aprovechado mejor las oportunidades en comparación a lo logrado por el interlocutor? ¿Heredaron su riqueza? Cuide de no afirmar que todos los ricos del mundo han tenido las "mejores oportunidades" de la vida, o que se enriquecieron a expensas de los demás, etc.

5. Aliéntenlo a renovar sus propios votos de fidelidad a Dios, tomando la determinación de amarlo y servirlo a cualquier precio. Job dijo: "He aquí, aunque él me matare, en él esperaré" (Job 13:15). Debemos buscar ser ricos en fe porque las riquezas de este mundo no son las que agradan a Dios sino la fe. "Pero sin fe es imposible agradar a Dios; porque es necesario que el que se acerca a Dios crea que le hay, y que es galardonador de los que le buscan" (Hebreos 11:6).

6. Aconséjenle que ore sin cesar por sus necesidades y que aprenda a confiar en que Dios las suplirá. Pablo afirmó: "Sé vivir abundantemente y sé tener abundancia; en todo y por todo estoy enseñado, así para estar saciado como para tener hambre, así para tener abundancia como para padecer necesidad. Todo lo puedo en Cristo que me fortalece" (Filipenses 4:12,13).

7. Anímenlo a seguir honrando al Señor con sus diezmos y ofrendas. Esto le permitirá mantenerse con un espíritu afín a los propósitos eternos de Dios y dará testimonio de un corazón consagrado.

Citas bíblicas

"Las riquezas y la gloria proceden de ti, y tú dominas sobre todo; en tu mano está la fuerza y el poder, y en tu mano el hacer grande y el dar poder a todos"
(1 Crónicas 29:12).

"Porque, ¿qué aprovechará al hombre si ganare todo el mundo y perdiere su alma?"
(Marcos 8,36).

"No te entrometas con los malignos ni tengas envidia de los impíos. Porque para el malo no habrá buen fin, y la lámpara de los impíos será apagada"
(Proverbios 24:19,20).

"Guarda silencio ante Jehová y espera en él. No te alteres con motivo del que prospera en su camino, por el hombre que hace maldades"
(Salmo 37:7).

"Y les dijo: Mirad y guardaos de toda avaricia; porque la vida del hombre no consiste en la abundancia de los bienes que posee"
(Lucas 12:15).

"Pero Dios le dijo: necio, esta noche vienen a pedirte tu alma; y lo que has provisto, ¿de quién será? Así es el que hace para sí tesoro y no es rico para con Dios. Mas buscad el reino de Dios y todas estas cosas serán añadidas. Porque donde está vuestro tesoro allí estará también vuestro corazón"   (Lucas 12:20,21,31,34).

Josué 1:68.

RECONSAGRACION

Antecedentes

El testigo cristiano puede tener el privilegio de orar con otro cristiano que desee reconsagrar su vida a Cristo. Esta reconsagración la busca casi siempre aquel que ha recibido a Jesús como su Salvador y Señor; pero que trata de encontrar una dimensión más profunda de comunión con él.

El deseo de reconsagrar la vida de la persona debe basarse en varias motivaciones.

- Una falta de satisfacción plena derivada de un sentimiento de que "debe de haber algo más en la vida cristiana de lo que he experimentado hasta ahora."
- Una búsqueda de liberación del pecado y la culpa que se deben a que se ha descuidado el arrepentimiento y la confesión cotidiana de los pecados ante Dios para limpieza y renovación del creyente.
- Un deseo de conocer la voluntad de Dios para llevar una vida de servicio más ferviente.

Estrategia de asesoramiento

1. Dejen que su interlocutor exprese con toda libertad y amplitud sus motivos para reconsagrar su vida. El testigo que tiene una vasta experiencia en lo tocante a la voluntad y los caminos de Dios podrá hacer preguntas pertinentes que le ayuden a enfocar la causa real.

2. ¡Felicítenlo! Nuestro deseo de consagrarlo todo a Dios le agrada y él lo recompensa. Véase Hebreos 11:6 y Santiago 4:7,8.

3. Si el caso lo amerita, animen al interesado a confesar todos los pecados de que esté consciente y a confiar en que Dios lo purificará según se nos asegura en Hebreos 9:14 y 1 Juan 1:9.

4. Inspírenlo a entregarse por completo a Dios en un acto de obediencia absoluta, basándose en Romanos 12:1,2 y Efesios 5:15.

5. Impúlsenlo a que busque la plenitud de Espíritu Santo tomando como base Efesios 5:18 y Efesios 3:16-19.

6. Aliéntenlo a prometerse con toda decisión leer diariamente la Biblia y comenzar a estudiar y memorizar los pasajes de un modo organizado y disciplinado. Véase Salmo 119:9 y 11, y Colosenses 3:16.

7. Hagan hincapié en que debe orar diariamente como se nos pide en 1 Tesalonicenses 5:17 y Efesios 6:18,19.

8. Motívenlo a ser un testigo de su fe día tras día:
   A. De hecho (véase Efesios 2:10)
   B. De palabra (véase Romanos 1:16 y Filipenses 2:16).

9. Pídanle a la persona que ore haciendo su reconsagración a la luz de los pasajes anteriores. Luego, ore con ella para que su vida se convierta en

un caminar diario con Cristo, lo que generará muchas oportunidades de servicio.

Citas bíblicas

Josué 24:15.
1 Samuel 15:22.
Salmo 43:4.
Salmo 107:8,9.
Mateo 6:33.
Mateo 22:37,38.
2 Corintios 10:5.
Filipenses 1:6 y 9-11.
1 Tesalonicenses 5:23,24.
1 Pedro 2:11,12.

LA SALVACION DE LOS NIÑOS
Antecedentes

A medida que los niños van aprendiendo cosas sobre Jesús, Su vida, muerte y resurrección, van descubriendo cómo responder al amor de Dios. Su salvación es muy deseable, ya que Jesús dijo: "Dejad a los niños venid a mí, y no se lo impidáis, porque de los tales es el reino de Dios" (Marcos 10:14). En otra ocasión declaró: "De cierto os digo que si no os volvéis y os hacéis como niños, no entraréis en el reino de los cielos" (Mateo 18:13). Un niño está listo para entregarse a Cristo tan pronto como entienda el significado del pecado y que Jesús es el Salvador de los pecadores.

Billy Graham comentó: "El entregarse a Cristo es el acto más importante que se puede realizar en la vida. Puede ser el principio de una experiencia nueva y maravillosa...En el evangelio de Juan 10:10, leemos sobre la ocasión en que Jesús dijo: "Yo he venido para que tengan vida, y para que la tengan en abundancia". Dios desea que su vida sea feliz y útil".

Estrategia de asesoramiento

Le pueden explicar al niño, de la manera más sencilla posible, el camino de la salvación. Usen la Biblia, pero procuren que el niño entienda la importancia de cada versículo de las Escrituras, conforme se desarrolla el plan de Dios. Si creen que el niño entiende con claridad, anímenle a orar y a pedirle a Dios que le perdone y que entre a su corazón como su Salvador. El siguiente bosquejo les ayudará en esta tarea.

1. ¿Qué plan tiene Dios para ti? (Paz y vida).

    Este es el mundo de Dios, porque El lo hizo, al igual que te hizo a ti. Dios quiere que tengas paz y felicidad. En el primer capítulo de la Biblia se nos dice: "Y vio Dios todo lo que había hecho, y he aquí que era bueno en gran manera" (Génesis 1:31). Sin embargo, cuando leemos sobre los problemas que afectan al mundo—la infelicidad, la maldad—comprendemos que algo echó a perder el mundo de Dios.

2. ¿Qué es lo que ha generado esta situación? (El pecado).

    En lugar de vivir nuestra vida para agradar a Dios, nos hemos dedicado a agradarnos a nosotros mismos. "Todos nosotros nos descarriamos como ovejas, cada cual se apartó por su camino; mas Jehová cargó en él el pecado de todos nosotros" (Isaías 53:6). Esto es lo que la Biblia llama pecado. El pecado es nuestra insistencia en proseguir nuestro camino egoísta, en lugar de seguir el de Dios. La Biblia afirma que: "Todos pecaron y están destituidos de la gloria de Dios" (Romanos 3:23).

3. ¿Cómo resuelve Dios el problema de nuestro pecado? (La cruz de Jesús).

Cuando Jesús, el Hijo de Dios, murió en la cruz, llevó sobre sí mismo el castigo del pecado que nosotros merecíamos. Alcanzamos el perdón por medio de Su muerte. "Porque de tal manera amó Dios al mundo que dio a Su Hijo unigénito, para que todo aquel que en él cree, no se pierda, más tenga vida eterna"(Juan 3:16).

4. Entonces, ¿qué debemos hacer para agradar a Dios? (Abrir nuestros corazones y recibir a Jesús).

Si estás dispuesto a pedirle a Dios que te perdone tus pecados y a recibir a Cristo como tu Salvador, entrarás a formar parte de la familia de Dios. "Mas a todos los que le recibieron, a los que creen en su nombre, les dio potestad de ser hechos hijos de Dios" (Juan 1:12).

5. ¿Quieres que oremos juntos? Si verdaderamente quieres recibir a Cristo, te voy a pedir que repitas conmigo las siguientes palabras:

"Dios amado, dijiste que he pecado y necesito perdón. Me arrepiento por haber buscado sólo agradarme a mí mismo, en lugar de complacerte a Ti. En este mismo momento recibo a Cristo como mi Señor y Salvador. Amén".

6. Animen al niño para que:
   A. Lea su Biblia todos los días. Díganle que le enviaremos un libro interesante, titulado *Cómo seguir a Jesús*, para su uso personal. Este libro le ayudará a entender con mayor claridad la palabra de Dios.
   B. Aprenda a orar a Jesús cada día.
   C. Trate de ser amoroso con sus padres y las personas que le rodean, y de ayudarles en todo lo posible.
   D. Vaya a la escuela dominical y a la iglesia cada domingo.

Citas bíblicas

"He aquí, yo estoy a la puerta y llamo; si alguno oye mi voz y abre la puerta, entraré a él y cenaré con él, y él conmigo" (Apocalipsis 3:20).

"Si decimos que no tenemos pecado, nos engañamos a nosotros mismos, y la verdad no está en nosotros. Si confesamos nuestros pecados, él es fiel y justo para perdonar nuestros pecados y limpiarnos de toda maldad"   (1 Juan 1:8,9).

"Porque todo aquel que invocare el nombre del Señor, será salvo"
(Romanos 10:13).

SANIDAD

Antecedentes

El concepto bíblico de la sanidad significa mucho más que el alivio de un conjunto de síntomas físicos. Implica plenitud del cuerpo y el espíritu.

Jesús le preguntó al hombre de Juan 5:6: "¿Quieres ser sano?"

Muchas enfermedades son el resultado del modo de vida y las actitudes del individuo.

- Muchos científicos médicos sostienen que gran parte de nuestros males se deben a causas emocionales: tensiones, temores, tristeza, envidia, resentimiento, odio, etc. Los dolores y los problemas físicos pueden ser muy reales; pero sus causas están enraizadas en las emociones.

- El fumador de toda la vida puede desarrollar diversos males tales como enfisema, cáncer, hipertensión sanguínea, etc., que afectan la boca, la garganta, el esófago, los pulmones y el corazón.

- El consumo de bebidas alcohólicas puede tener consecuencias devastadoras, tanto emocionales como físicas. Muchas de ellas son irreversibles, debido a un conducto digestivo ulcerado, el hígado destruido o el cerebro dañado.

- El comer en exceso o la desnutrición, durante periodos prolongados, provocarán también problemas de salud.

Sin embargo, muchas enfermedades no se deben a los abusos, la disipación o los problemas emocionales. ¡Muchas personas están simplemente enfermas! Refiriéndose al hombre que había nacido ciego, Jesús dijo: "No es que pecó éste ni sus padres, sino para que las obras de Dios se manifiesten en él" (Juan 9:3). Acordémonos de los que nacen con defectos o males genéticos, las víctimas de accidentes, los heridos o muertos que se deben a los descuidos o la falta de prudencia de otros, las infecciones y las enfermedades virales, etc.

Señalamos todo lo anterior con el fin de recalcar que hay varias formas de abordar el problema de la enfermedad. Vamos a ocuparnos de tres de ellas:

Dios sana mediante el nuevo nacimiento:

Cuando una persona se convierte en "nueva criatura" en Cristo (2 Corintios 5:17), descubre que Jesús puede satisfacer todas las necesidades. Muchos han dado testimonio de que, cuando enderezaron todas las cosas espiritualmente y comenzaron a vivir dentro de la perspectiva correcta y en relación con Dios, sus males desaparecieron. El escritor de himnos William B. Bradbury se refirió a esta nueva perspectiva.

"A pesar de que soy pobre, desvalido y ciego;
La vista, las riquezas y la salud mental,
Todo lo que necesito, encuentro en Ti,
Oh, Cordero de Dios, voy a Ti".

Dios sana mediante la confesión del pecado:

Muchos cristianos llevan vidas miserables, débiles y, con frecuencia, enfermizas, debido a su desobediencia y sus pecados no confesados. Esas personas podrían recuperarse totalmente si se enfrentaran a su pecado. El salmista dijo: "El es quien perdona todas tus iniquidades, el que sana todas tus dolencias; el que rescata del hoyo tu vida, el que te corona de favores y misericordias..." (Salmo 103:3-4).

Dios sana mediante intervenciones milagrosas que se conforman a Su voluntad soberana y Sus propósitos:

La Biblia contiene muchos ejemplos de esto. También tenemos pruebas de esos milagros en nuestros días. Sin embargo, Dios no cura a todos los que se lo piden o por los que oran otros. "Dios no hace acepción de personas" (Hechos 10:34); pero cura a unos y a otros no, con una divina selectividad que refleja Su propia sabiduría eterna y Su divina voluntad. "Así son mis caminos más altos que vuestros caminos" (Isaías 55:8). Esta selectividad divina puede apreciarse en el ejemplo de Pablo que oró durante mucho tiempo para que le fuera quitada una aflicción (2 Corintios 12:8-10). Dios no curó a Pablo. ¡Le proporcionó gracia y fortaleza—no para que Pablo pudiera soportarlo, sino para que aprendiera a tener gozo y a gloriarse de su absoluta dependencia del Señor! Dios está tratando de enseñarles a los Suyos que en todas las circunstancias debemos aprender que "la excelencia del poder sea de Dios, y no de nosotros" (2 Corintios 4:7). La voluntad y los caminos gloriosos de Dios se pusieron de manifiesto en la vida de Pablo, cuando aprendió que "porque cuando soy débil, entonces soy fuerte" (2 Corintios 12:10).

No obstante, nada de esto debe hacernos desistir de orar con fe por los enfermos o por cualquier otra cosa. Dios puede responder a nuestras oraciones de fe de modos que nos asombrarán. "Orad sin cesar" (1 Tesalonicenses 5:17) es Su mandato. El consejero debe tener cuidado para no dar la idea de una curación física garantizada, como resultado de sus oraciones.

Estrategia de asesoramiento

1. Asegúrenle a su interlocutor que Dios le ama y puede satisfacer sus necesidades. Indíquenle que se sienten felices de poder compartir su fe y sus oraciones con él.
   NOTA: Algunas personas, al hablar de sus males, tienden a hablar sin cesar. El consejero deberá demostrarles simpatía e interés; pero, en el momento oportuno, tendrá que tomar el control de la conversación.

2. Después de que su interlocutor les haya explicado su problema, infórmenle que les encantará hablar con él de ese tema; pero que, antes, les gustaría hacerle una pregunta muy importante que se relaciona directamente con su asunto. ¿Ha recibido alguna vez a Jesucristo como su Señor y Salvador personal? Si es apropiado, explíquenle las "Etapas para obtener la paz con Dios" de la página 11 y, a continuación, el tema de la "Seguridad" de las páginas 15 y 250.

3. Luego, vuelvan a llevar la conversación hacia el problema emocional o físico. ¿Se debe quizá a hábitos o excesos como los que se mencionan en los ANTECEDENTES? En este punto puede haber cierto desarrollo de la conversación. Ayuden a esa persona a comprender que esas cosas, si las está experimentando, pueden relacionarse directamente con sus problemas. Anímenle a que confíe en Dios, con el fin de poner su modo de vida bajo el control de la voluntad del Señor.

4. Oren con él para que obtenga la victoria sobre los excesos que contribuyan a sus dificultades, así como también para que recupere completamente su salud.

5. Si su interlocutor es cristiano, traten de determinar si su mal se relaciona en alguna forma con la falta de armonía de su vida con la voluntad y el plan de Dios. Pregúntenle con amabilidad si tiene ira, amargura, resentimiento o algún otro pecado no confesado. Si es este el caso, hablen con él sobre la "Restauración", página 17. Hagan hincapié en 1 Juan 1:9 y 2:1.

   Animen a esa persona a que viva en comunión con Cristo, tratando siempre de darle gloria (1 Corintios 10:31). Despúes de esto, oren fielmente y con fe, pidiendo la sanidad, de conformidad con Mateo 18:19.

6. Si su interlocutor es un cristiano que considera que ha estado siguiendo la voluntad de Dios, inicien inmediatamente su oración, recurriendo a las promesas de Dios para las oraciones de fe.

7. Después de su manejo de cualquiera de los casos anteriores, háblenle siempre a esa persona sobre la paz y la plenitud que se obtienen cuando aprendemos a depender de la Palabra de Dios y la oración, que proporcionarán el mayor ánimo frente a las enfermedades y la adversidad. Ofrézcanle enviarle *Cómo vivir en Cristo,* el folleto de estudio bíblico que le ayudará a iniciar la lectura y el estudio de la Biblia.

8. Aconséjenle que se identifique con una iglesia en la que se enseñe la Biblia. El compañerismo, la atención y las oraciones del pueblo de Dios tienen un gran poder. El depender del pastor en lo que se refiere a consejos y aliento puede ser algo muy provechoso.

Citas bíblicas

"¿Está alguno entre vosotros afligido? Haga oración...¿Está alguno enfermo entre vosotros? Llame a los ancianos de la iglesia, y oren por él, ungiéndole con aceite en el nombre del Señor. Y la oración de fe salvará al enfermo, y el Señor lo levantará; y si hubiere cometido pecados, le serán perdonados. Confesaos vuestras ofensas unos a otros, y orad unos por otros, para que seáis sanados. La oración eficaz del justo puede mucho"
(Santiago 5:13-16).

"Pero pida con fe, no dudando nada; porque el que duda es semejante a la onda del mar, que es arrastrada por el viento y echada de una parte a otra"
(Santiago 1:6).

"Si en mi corazón hubiese yo mirado a la iniquidad, el Señor no me habría escuchado"   (Salmo 66:18).

"Y para que la grandeza de las revelaciones no me exaltase desmedidamente, me fue dado un aguijón en mi carne, un mensajero de Satanás que me abofetee, para que no me enaltezca sobremanera; respecto a lo cual tres veces he rogado al Señor, que lo quite de mí. Y me ha dicho: Bástate mi gracia, porque mi poder se perfecciona en la debilidad. Por tanto, de buena gana me gloriaré más bien en mis debilidades, para que repose sobre mí el poder de Cristo"   (2 Corintios 12:7-9).

"Otra vez os digo, que si dos de vosotros se pusieren de acuerdo en la tierra acerca de cualquier cosa que pidieren, les será hecho por mi Padre que está en los cielos"   (Mateo 18:19).

COMO RESISTIR A SATANAS

Antecedentes

Antes de que Jesús iniciara Su ministerio terrenal, Satanás lo tentó en el desierto (Mateo 4:11). Después de haber resistido a Satanás, Cristo es capaz de ayudarnos a salir victoriosos sobre él y las tentaciones que pone en nuestro camino (Hebreos 4:15,16).

Puesto que Cristo venció a Satanás en la cruz, los que lo hemos aceptado como Señor y Salvador estamos liberados del poder de las tinieblas y entramos a formar parte del reino del Hijo amado de Dios (Colosenses 1:13). Con todo, nuestra lucha contra Satanás no ha terminado, porque no es una persona que abandone la batalla tan fácilmente. Es el acusador de nuestros hermanos (Apocalipsis 12:10), el enemigo (Mateo 13:39), el tentador (Mateo 4:3) y el engañador (Apocalipsis 12:9).

En el conocido himno "Castillo fuerte es nuestro Dios", Martín Lutero nos advierte que debemos estar en guardia:

"Con furia y con afán, acósanos Satán,
por armas deja ver astucia y gran poder,
como él no hay en la tierra".

En la Biblia se nos dice que debemos "estar firmes contra las asechanzas del diablo" (Efesios 6:11), y que tenemos que resistirlo (véase Santiago 4:7).

¿Exactamente qué poderío ejerce Satanás sobre los creyentes? ¿Qué recursos debemos poseer para resistir sus tentaciones y ataques?

El cristiano debe aprender a confiar en la obra concluida de Cristo, porque el Señor venció ya a Satanás. "Y ellos le han vencido por medio de la sangre del Cordero" (Apocalipsis 12:11). Jesús se hizo hombre "para destruir por medio de la muerte al que tenía el imperio de la muerte, esto es, al diablo" (Hebreos 2:14).

El cristiano debe comprender que goza de una posición privilegiada de refugio y seguridad. De acuerdo con Colosenses 3:1-3, puesto que hemos resucitado con Cristo y hemos vuelto a una vida con El mediante el nuevo nacimiento (véase Juan 5:24), el "viejo yo" ha muerto (véase Gálatas 2:20) y nuestra vida está ahora "oculta con Cristo en Dios". El cristiano se encuentra bajo Su protección y cuidado constantes. "Aquel que fue engendrado por Dios le guarda, y el maligno no le toca" (1 Juan 5:18).

Estrategia de asesoramiento

Si un cristiano siente que está siendo atacado por Satanás o que es vulnerable a sus asechanzas o su tentación, pídanle que les explique sus inquietudes. Puede ser que simplemente esté sucumbiendo a sus propios deseos egoístas y pecaminosos. Muchas veces culpamos a Satanás de multitud de cosas por las que no tiene ninguna responsabilidad.

1. Un cristiano debe confesar todos sus pecados conscientes (1 Juan 1:9), entendiendo que debe abandonarlos. Debemos esforzarnos por tener

"una conciencia sin ofensa ante Dios y ante los hombres" (Hechos 24:16), ya que esto constituye el primer paso para afrontar a Satanás.

2. El cristiano debe permanecer vigilante y en guardia. "Sed sobrios, y velad, porque vuestro adversario el diablo, como león rugiente, anda alrededor, buscando a quien devorar" (1 Pedro 5:8). El estar alerta contra las asechanzas y los intentos de Satanás nos ayudará a evitar encuentros con él.

3. Debemos someternos a Dios (Santiago 4:7,8). Este sometimiento tiene dos aspectos:

A. Resistir al diablo.

1) Prepare su mente psicológicamente en contra del diablo. "Y Daniel propuso en su corazón no contaminarse" (Daniel 1:8). "Vestíos del Señor Jesucristo, y no proveáis para los deseos de la carne" (Romanos 13:14).

2) Ponga a Satanás en su lugar. Cuando el diablo le habló a Jesús por medio de Pedro, para tratar de desviarlo de su propósito eterno, Jesús le reprendió: "¡Quítate de delante de mí, Satanás!; me eres tropiezo, porque no pones la mira en las cosas de Dios, sino en las de los hombres" (Mateo 16:23).

3) Use las Sagradas Escrituras para hacer huir a Satanás (Mateo 4:1-11). Durante su tentación, Cristo respondió tajantemente con tres citas apropiadas: Deuteronomio 8:3, Deuteronomio 6:16 y Deuteronomio 6:13. Uno de los argumentos más convincentes para estar familiarizado con las Escrituras es el poder resistir a Satanás.

B. Acercarse a Dios para que El se acerque a nosotros. El tener un tiempo íntimo y cotidiano de comunión con el Señor, utilizando Su palabra y buscando Su presencia y fortaleza por media de la oración se combinará con nuestra resistencia a Satanás y lo hará huir. "En mi corazón he guardado tus dichos para no pecar contra ti" (Salmo 119:11).

4. Debemos vencer a Satanás con la ayuda del Espíritu Santo. "Andad en el Espíritu y no satisfagáis los deseos de la carne" (Gálatas 5:16).

Citas bíblicas

"Vestíos de toda la armadura de Dios, para que podáis estar firmes contra las asechanzas del diablo"   (Efesios 6:11).

"Someteos, pues, a Dios, resistid al diablo, y huirá de vosotros. Acercaos a Dios y El se acercará a vosotros"   (Santiago 4:7,8).

"Si, pues, habéis resucitado con Cristo, buscad las cosas de arriba, donde está Cristo sentado a la diestra de Dios. Poned la mira en las cosas de arriba, no en las de la tierra. Porque habéis muerto, y vuestra vida está escondida con Cristo en Dios"   (Colosenses 3:1-3).

"Con Cristo estoy juntamente crucificado y ya no vivo yo, mas vive Cristo en mí; y lo que ahora vivo en la carne, lo vivo en la fe del Hijo de Dios, el cual me amó y se entregó a sí mismo por mí"   (Gálatas 2:20).

Colosenses 1:13.

SATANAS: ORIGEN Y OBRAS

Antecedentes

El culto satánico se practica en muchos países del mundo y ha cobrado fuerza en años recientes en Estados Unidos. ¡Necesitamos conocer al enemigo!

¿Quién es Satanás?

Es un ángel caído, que fue creación de Dios. Pertenecía al orden más elevado, ungido para servir al trono de Dios. Era un ángel lleno de sabiduría, hasta que la iniquidad se reveló a sí misma en él (Ezequiel 28:15).

Dios no creó a Satanás como un ser malvado, sino que él se convirtió en esto cuando, por voluntad propia, perdió su posición y su estado. Trató de hacerse igual a Dios e incluso usurpar la posición de Dios mismo (Isaías 14:12-14). Las razones por las que fue expulsado del cielo fueron su orgullo y su ambición egoísta. Millones de ángeles menores lo acompañaron en su rebelión, y son los que ahora le sirven como mensajeros. (Véase "Demonios", página 67). En las Sagradas Escrituras se le dan muchos nombres, algunos de los cuales son: "el adversario" (1 Pedro 5:8,9), "el dios de este siglo" (2 Corintios 4:4), "el príncipe de la potestad del aire" (Efesios 2:1-3), "el acusador de nuestros hermanos" (Apocalipsis 12:10, Job 1:6-12), "el enemigo" (Mateo 13:39), "el tentador" (Mateo 4:3), "león rugiente" (1 Pedro 5:8-10), "padre de mentira" (Juan 8:44), "el que engaña" (Apocalipsis 12:9) y "asesino" (Juan 8:44). Los nombres que se le dan a Satanás en la Biblia revelan algo de su naturaleza y su misión.

¿Dónde está el reino de Satanás?

¡No está en el infierno, con un tridente en la mano! Satanás nunca fue y nunca será el señor del infierno. Llegará un día en que se convertirá en una víctima más del infierno, ya que este sitio fue creado específicamente para él y los ángeles caídos (Mateo 25:41). Satanás se dedica a "rodear la tierra y andar por ella" y aparece en el cielo para acusar a los hijos de Dios. (Véase Job 1:6 y Apocalipsis 12:20). Es "el príncipe de la potestad del aire" (Efesios 2:2).

¿Cuál es el aspecto de Satanás?

Los nombres que se le dan en las Sagradas Escrituras manifiestan parte de su naturaleza y su misión. He aquí tres puntos importantes que se deben recordar cuando se está asesorando a alguien:

- Satanás engaña, transformándose a sí mismo en "un ángel de luz" (2 Corintios 11:14).
- Satanás tienta, como se ve en la lucha que sostuvo con Cristo en Mateo 4:1-11.
- Satanás ciega las mentes de los no creyentes, para que no lleguen a la luz (2 Corintios 4:4).

La Biblia contiene el registro histórico de la lucha de las edades entre Satanás y el Señor Jesucristo. Satanás controla el sistema del mundo como dios de este siglo. En 1 Juan 2:16 se describe el espíritu de este siglo: "Porque todo lo que hay en el mundo, los deseos de la carne, los deseos de los ojos, y la vanagloria de la vida, no proviene del Padre, sino del mundo".

"Se hacen muchas bromas sobre el diablo; pero ciertamente, Satanás no tiene ninguna gracia", afirma Billy Graham. "Los estudiantes de hoy en día desean saber algo sobre el diablo, sobre la brujería y lo oculto. Muchas personas no saben que se están encaminando hacia Satanás. Se engañan porque, según Jesucristo, Satanás es el padre de mentira y el mentiroso más grande de todos los tiempos. Se le llama el engañador. Para alcanzar sus propósitos, el diablo ciega a la gente para que no vea la necesidad que tiene de Cristo. En el mundo hay dos fuerzas que luchan entre sí, las de Cristo y las del mal. Cada hombre debe elegir entre ambas".

Estrategia de asesoramiento

Para el no cristiano:

Es muy extraño que los no cristianos hagan preguntas sobre el diablo; sin embargo, es probable que encuentren alguna persona que les preguntará por qué los cristianos se muestran tan preocupados y negativos o incluso furiosos, cuando se trata del diablo. Pudiera ser que alguien esté buscando justificar un modo de vida muy mundano. "Nos aceptamos tal como somos y vivimos con ello", dijo un representante del culto satánico.

También es probable que se les acerque una persona que ponga en duda la existencia de Satanás o su personalidad. En tales casos, respondan como sigue:

1. La Biblia enseña que existe una personalidad tras todo el mal del mundo y que su nombre es Satanás. Denle a conocer los datos que se dan sobre él en los ANTECEDENTES.

2. Traten de hacer girar la conversación en torno a Jesucristo, el vencedor de Satanás. Mientras que el diablo es un enemigo derrotado y que algún día será lanzado al lago de fuego, Cristo Jesús reinará como Rey de reyes y Señor de señores (Apocalipsis 17:14).

3. Pregúntenle al interesado si alguna vez ha recibido a Jesucristo como su Señor y Salvador. Indíquenle las "Etapas para obtener la paz con Dios" de la página 11. Mencionen que la meta del trabajo de Satanás es "cegar el entendimiento de los incrédulos" (2 Corintios 4:4).

4. Si la persona se consagra a Cristo, compartan también con ella los aspectos importantes con que debe continuar: adoptar una posición

firme por Cristo, comenzar a leer y estudiar la Palabra de Dios, orar todos los días, hacerse miembro de un grupo dinámico de cristianos para compartir con ellos el compañerismo, la adoración y el servicio.

Para el cristiano:

Es probable que algún cristiano les haga las siguientes preguntas: ¿Hasta qué punto es real Satanás? ¿Puede ejercer poder en mi vida? ¿Es tan real como el Espíritu Santo?

1. En efecto, Satanás es una persona real; aunque su poder está limitado. Es tan real como el Espíritu Santo y se puede decir que es poderoso en potencia y obras, en tanto que el Espíritu Santo es todopoderoso, porque posee los atributos de Dios.

2. El cristiano no debe tomar a la ligera los objetivos y las obras de Satanás. "Porque no tenemos lucha contra sangre y carne, sino contra principados, contra potestades, contra gobernadores de las tinieblas de este siglo, contra huestes espirituales de maldad en las regiones celestes" (Efesios 6:12).

3. El cristiano debe creer que Satanás es un enemigo vencido. "Mayor es el que está en vosotros que el que está en el mundo" (1 Juan 4:4). Jesucristo surgió como vencedor de Satanás por medio de su encarnación, muerte en la cruz y resurrección. "Así que, por cuanto los hijos participaron de carne y sangre, él también participó de lo mismo, para destruir por medio de la muerte al que tenía el imperio de la muerte, esto es, al diablo" (Hebreos 2:14).

4. Satanás no tendrá poder o influencia sobre el cristiano que se somete constantemente al dominio de Cristo, a la autoridad y la iluminación de la palabra de Dios, a la disciplina de la oración, y que participa activamente en un grupo dinámico de creyentes cristianos. Esto es lo que significa el vestirse de "toda la armadura de Dios, para estar firmes contra las asechanzas del diablo" (Efesios 6:11).

5. Oren con su interlocutor para que entienda quién es Satanás y para que obtenga la victoria sobre todas sus preocupaciones y temores respecto al enemigo y su influencia y poder.

Citas bíblicas

1 Pedro 5:8-10.

Efesios 1:2-3.

Apocalipsis 12:9,10

Job 1:6-12.

Mateo 4:1-11.

Hebreos 4:14.

Apocalipsis 20:1-10.

LAS SECTAS

Antecedentes

¿Qué es una secta? Se trata de un grupo que enseña doctrinas o creencias que se desvían de las que enseña la iglesia cristiana histórica y evangélica. Abundan en verdades a medias o distorsionan la verdad. Lo poco de verdad que utilizan se mezcla con los errores y resulta peligrosa. Las sectas logran engañar a muchos. Pablo dijo lo siguiente: "Porque vendrán tiempos cuando no sufrirán la sana doctrina... Y apartarán de la verdad el oído y se volverán a las fábulas" (2 Timoteo 4:3,4). Jesús dijo: "Porque vendrán muchos en mi nombre, diciendo: Yo soy el Cristo; y engañarán a muchos" (Marcos 13:6).

¿A qué se debe la proliferación de las sectas?

Las sectas medran sobre la ignorancia y la incertidumbre. Los cristianos que no saben de quién son, en qué creen o por qué lo creen, son especialmente vulnerables. Las iglesias se muestran blandas en su responsabilidad de enseñar la Palabra de Dios y discipular a los cristianos. Pablo le recomendó a Timoteo: "Que prediques la palabra; que instes a tiempo y fuera de tiempo; redarguye, reprende, exhorta con toda paciencia y doctrina" (2 Timoteo 4:2).

Todas las sectas tienen características comunes:

- Una revelación extrabíblica o especial.

  A los sesenta y seis libros del Antiguo y el Nuevo Testamento agregan sus propias revelaciones, que son para ellos más importantes que la Biblia. O bien, utilizan una cantidad limitada de pasajes de las Escrituras fuera de contexto, lo que da como resultado interpretaciones erróneas.

  La Biblia defiende muy explícitamente su propia integridad: "Si alguno os predica diferente evangelio del que habéis recibido, sea anatema" (Gálatas 1:9) (Véase también Apocalipsis 22:18,19).

- La salvación por obras.

  Cualquier enseñanza que trata de llevar a las personas a una relación correcta con Dios, aparte de la singularidad de la persona y la obra del Señor Jesucristo, es errónea. Esto puede tomar la forma de un rechazo completo de Cristo y Su obra, o bien, de un rechazo parcial que trata de añadir algo a Su obra. El evangelio es de gracia, ni más ni menos (véase Efesios 2:8,9).

- El rechazo o la falta de reconocimiento completo de Cristo como el Hijo de Dios.

  Se le rechaza totalmente o se le relega a un lugar muy inferior al que le corresponde. "¿Quién es el mentiroso, sino el que niega que Jesús es el Cristo? Este es anticristo, el que niega al Padre y al Hijo" (1 Juan 2:22).

  "Porque nadie puede poner otro fundamento que el que está puesto, el cual es Jesucristo" (1 Corintios 3:11).

"El es la imagen del Dios invisible, el primogénito de toda creación. Porque en él fueron creadas todas las cosas, las que hay en los cielos y las que hay en la tierra" (Colosenses 1:15,16).

"Y él es antes de todas las cosas, y todas las cosas en él subsisten" (Colosenses 1:17).

"Y aquel Verbo [Jesús] fue hecho carne y habitó entre nosotros (y vimos su gloria, gloria como del unigénito del Padre), lleno de gracia y de verdad" (Juan 1:14).

"Y en ningún otro hay salvación; porque no hay otro nombre bajo el cielo, dado a los hombres, en que podamos ser salvos" (Hechos 4:12).

Estrategia de asesoramiento

1. Para el cristiano que se ha visto engañado para ingresar a una secta.

   A. Necesitará asegurar en lo que se refiere a su relación personal con Jesucristo. Es feliz el creyente que puede decir, junto con el Apóstol Pablo: "Porque yo sé a quién he creído, y estoy seguro que es poderoso para guardar mi depósito para aquel día" (2 Timoteo 1:12).

   B. Debe reafirmar constantemente su fe y su entrega al Señor, apegándose a las enseñanzas de la Biblia. "Por tanto, de la manera que habéis recibido al Señor Jesucristo, andad en él; arraigados y sobreedificados en él, y confirmados en la fe, así como habéis sido enseñados, abundando en acciones de gracias" (Colosenses 2:6-8).

   C. Necesita estar seguro de identificarse con una congregación local de creyentes evangélicos. Necesita participar en el ministerio, sirviendo al Cristo de la Biblia y dando testimonio a las personas que tengan necesidades espirituales. Una persona redimida de una de las sectas puede ser un testigo sumamente eficiente para las personas que permanecen todavía en ellas.

   D. Oren con él para que se vea definitivamente liberado de la secta y para que se entregue al Señor Jesucristo y Su Palabra.

2. Si tienen que asesorar a algún seguidor de una secta muy enérgico, les resultará necesario tomar el mando de la conversación porque, de lo contrario, tratará de abrumarles con una defensa interminable de la organización y las doctrinas falsas de su secta.

   Pueden interrumpirle con una frase como la que sigue: "Comprendo que todo esto es muy importante para usted; pero permítame hacerle unas cuantas preguntas cruciales".

   A. ¿Qué piensa sobre Jesús? ¿Es el Hijo de Dios? ¿Es el único Salvador? (Utilicen Juan 3:16 y Hechos 4:12).

   B. ¿Qué cree respecto al pecado? ¿Es usted pecador? Si no confía en Jesucristo para su perdón, ¿cómo cree poder obtenerlo?

   C. Tanto si recibe respuestas positivas como negativas a los puntos anteriores, haga la pregunta más importante de todas:
   ¿Ha recibido alguna vez a Jesucristo como su Salvador personal? O bien, ¿Conoce el plan de Dios para obtener paz y vida? (Página 11).

D. Animen a su interlocutor para que adopte una posición firme por Cristo, abandonando su secta y todas sus asociaciones anteriores. Es preciso que rompa con el pasado.

E. Animen a esa persona a que ingrese a una iglesia que sostenga la posición cristiana histórica y evangélica, para que pueda comenzar a estudiar la Biblia y a ver lo que dice realmente.

F. Oren con él pidiendo su liberación total y su entrega absoluta a Cristo y la Palabra de Dios.

Citas bíblicas

Profecías sobre maestros falsos y doctrinas impuras:

"Pero vosotros, amados, tened memoria de las palabras que antes fueron dichas por los apóstoles de nuestro Señor Jesucristo, los que os decían: En el postrer tiempo habrá burladores, que andarán según sus malvados deseos. Estos son los que causan divisiones; los sensuales, que no tienen al Espíritu" (Judas 17-19).

"Porque estos son falsos apóstoles, obreros fraudulentos, que se disfrazan como apóstoles de Cristo. Y no es maravilla, porque el mismo Satanás se disfrazó como ángel de luz. Así que, no es extraño si también sus ministros se disfrazan como ministros de justicia; cuyo fin será conforme a sus obras" (2 Corintios 11:13-15).

2 Timoteo 4:3-5.

Cómo discernir el error:

"Entonces, si alguno os dijere: Mirad, aquí está el Cristo; o, mirad, allí está, no le creáis. Porque se levantarán falsos Cristos y falsos profetas, y harán señales y prodigios, para engañar, si fuese posible, aun a los escogidos. Mas vosotros mirad; os lo he dicho todo antes" (Marcos 13:21-23).

"Amados, no creáis a todo espíritu, sino probad los espíritus si son de Dios; porque muchos falsos profetas han salido por el mundo. En esto conoced el Espíritu de Dios: Todo espíritu que confiesa que Jesucristo ha venido en carne, es de Dios, y todo espíritu que no confiesa que Jesucristo ha venido en carne, no es de Dios; y este es el espíritu del anticristo, el cual vosotros habéis oído que viene, y que ahora ya está en el mundo" (1 Juan 4:1-3).

"...Mas los malos hombres y los engañadores irán de mal en peor, engañando y siendo engañados. Pero persiste tú en lo que has aprendido y te persuadiste, sabiendo de quién has aprendido; y que desde la niñez has sabido las Sagradas Escrituras, las cuales te pueden hacer sabio para la salvación por la fe que es en Cristo Jesús" (2 Timoteo 3:13-15).

"Procura con diligencia presentarte a Dios aprobado, como obrero que no tiene de qué avergonzarse, que usa bien la palabra de verdad"
(2 Timoteo 2:15).

"Para que aprobéis lo mejor, a fin de que seáis sinceros e irreprensibles para el día de Cristo, llenos de frutos de justicia que son por medio de Jesucristo, para gloria y alabanza de Dios" (Filipenses 1:10-11).

"Velad y orad, para que no entréis en tentación; el espíritu a la verdad está dispuesto; pero la carne es débil"   (Marcos 14:38).

"Pero vosotros, amados, edificándoos sobre vuestra santísima fe, orando en el Espíritu Santo, conservaos en el amor de Dios, esperando la misericordia de nuestro Señor Jesucristo para vida eterna. A algunos que dudan, convencedlos. A otros salvad, arrebatándolos del fuego; y de otros tened misericordia con temor, aborreciendo aun la ropa contaminada por su carne"   (Judas 20-23).

Véase también DOCTRINAS FALSAS

SEGUNDAS NUPCIAS
Antecedentes

El divorcio no es una opción para los cristianos. La pareja prometió delante de Dios y los testigos que la unión de sus vidas sería "hasta que la muerte nos separe". "Pero los que están unidos en matrimonio, mando, no yo, sino el Señor: que la mujer no se separe del marido; y si separa quédese sin casar o reconcíliese con su marido; y que el marido no abandone a su mujer" (1 Corintios 7:10,11).

Sin embargo, existen circunstancias atenuantes especificadas en las Escrituras cuando el cónyuge del cristiano sea culpable de inmoralidad sexual, como por ejemplo, el adulterio o la homosexualidad, y se niegue a abandonar tales prácticas (véase Mateo 19:9) o cuando el cónyuge del cristiano abandona a la familia (véase 1 Corintios 7:15).

En estas dos situaciones anteriores, las Escrituras inspiran al perdón y la restauración que resultan para mayor honra del Señor. Pero si no se encuentra una solución sobre estas bases, entonces, las Escrituras señalan el divorcio como opción. ¿Que se puede decir de las segundas nupcias para el cónyuge? Esta es una cuestión de conciencia individual ya que las Escrituras no prohíben ni alientan tales matrimonios. No obstante, se podría suponer que si las Escrituras "permiten" el divorcio en las circunstancias anteriores, quizá permitan también las segundas nupcias como opción. Véase 1 Corintios 7.

A la persona que pregunte: "Si ya me divorcié y casé de nuevo, ¿debo abandonar a mi cónyuge actual para regresar a vivir con el primero?" Billy Graham contesta lo siguiente: "En circunstancias normales, yo le diría que permanezca como está. Los pecados del pasado no se pueden deshacer al igual que los huevos batidos no se pueden desbatir. Lo más importante que debe hacer es confesar sus fallas y pecados pasados y asegurarse, por todos los medios, que su hogar sea un hogar cristiano".

Estrategia de asesoramiento

Es posible que se encuentren distintas variaciones a la situación mencionada en los ANTECEDENTES. Trate de seguir el lineamiento que se cita a continuación:

Para no cristianos:

1. La cuestión primordial que se debe afrontar en este caso no son las segundas nupcias, sino el ponerse bajo la voluntad de Dios. Cuando la persona hace esto, tendrá una perspectiva de sí misma y del segundo matrimonio que jamás podría obtener en ninguna otra situación (véase

Mateo 6:33).

Pregúntenle a la persona si ha recibido a Jesucristo como su Señor y Salvador personal. Explíquenle las "Etapas para obtener la paz con Dios" de la página 11.

2. Animen a esa persona a que comience a leer y estudiar la Biblia.

3. Aconséjenle al individuo que aprenda a orar y a practicar la oración día tras día, buscando la voluntad y la dirección de Dios. NOTA: El conocimiento y la madurez que se adquieren mediante el estudio de la Biblia y la oración son indispensables para tomar cualquier decisión respecto a las segundas nupcias.

4. Inviten a esa persona a unirse a una iglesia en la que se enseñe la Biblia, para alabar a Dios, tener compañerismo con los demás creyentes y participar en el servicio cristiano.

5. Ahora que la persona ya es cristiana, sugiérale que "se case en el Señor" (1 Corintios 7:39) y establezca un hogar verdaderamente cristiano, cuyo centro sea Cristo y Su iglesia.

Para el cristiano:

1. La persona debe tomar en consideración que las segundas nupcias no son algo sencillo. Conviene hacer una serie de preguntas y obtener las respuestas correspondientes:

"Aunque se me considera como la parte inocente, ¿contribuí en algo a la ruptura de mi primer matrimonio?"

"¿Tengo orgullo y egocentrismo que debo vencer?"

"¿Hay resentimientos y amargura, como resultado del divorcio, que deba resolver?"

"¿Tengo derecho a pensar que tendré éxito en un nuevo matrimonio?"

"¿Estoy viviendo ahora de acuerdo con la voluntad de Dios? ¿Cómo puedo determinar verdaderamente si es así?"

"¿Soy capaz de realizar una contribución verdaderamente espiritual al nuevo matrimonio?"

"¿Es el dar gloria a Dios mi objetivo supremo en la vida?"

2. Si la situación lo amerita, compartan lo relativo a "Restauración" de la página 17.

3. Pídanle a la persona que esté absolutamente segura de que está viviendo dentro de la voluntad de Dios. Esto lo podrá determinar si se consagra fielmente a leer y estudiar la palabra de Dios y a confiar en la oración.

4. Animen a esa persona a que se identifique con una iglesia en la que se enseñe la palabra de Dios, y a que participe activamente en ella.

5. Aconséjenle que, si se vuelve a casar, Cristo deberá ser el centro del matrimonio y el hogar. Deben establecer un servicio familiar cotidiano donde todos lean las Escrituras y oren juntos.

6. Oren con esa persona para que pueda entender la voluntad de Dios y el propósito para su vida.

Citas bíblicas

"Por nada estéis afanosos, sino sean conocidas vuestras peticiones delante de Dios, en toda oración y ruego, con acción de gracias. Y la paz de Dios, que sobrepasa todo entendimiento, guardará vuestros corazones y vuestros pensamientos en Cristo Jesús" (Filipenses 4:6,7).

"Y si alguno de vosotros tiene falta de sabiduría, pídala a Dios, el cual da a todos abundantemente y sin reproche, y le será dada"

(Santiago 1:5).

"Vosotros, maridos, igualmente, vivid con ellas sabiamente, dando honor a la mujer como a vaso más frágil y como a coherederas de la gracia de la vida, para que vuestras oraciones no tengan estorbos"

(1 Pedro 3:7).

"Si confesamos nuestros pecados, él es fiel y justo para perdonar nuestros pecados, y limpiarnos de toda maldad"   (1 Juan 1:9).

"No ha hecho con nosotros conforme a nuestras iniquidades, ni nos ha pagado conforme a nuestros pecados. Porque como la altura de los cielos sobre la tierra, engrandeció su misericordia sobre los que le temen. Cuanto está lejos el oriente del occidente, hizo alejar de nosotros nuestras rebeliones"

(Salmo 103:10-12).

LA SEGURIDAD DE LA SALVACION

Antecedentes

Seguridad, en este sentido, es estar consciente de nuestra pertenencia a Cristo y depositar en El toda nuestra confianza.

Muchos cristianos carecen de seguridad y firmeza. Debido a su ambivalencia respecto a sus relaciones con el Señor, no experimentan realmente el gozo que da Cristo. Lo único que saben con seguridad es que tienen dudas. La inseguridad puede derivarse de una de las causas que siguen:

- *No haberse convertido realmente.*

  El cristiano es una persona que ha depositado su confianza en Cristo como su Señor y Salvador. "Que si confesares con tu boca que Jesús es el Señor, y creyeres en tu corazón que Dios lo levantó de los muertos, serás salvo. Porque con el corazón se cree para justicia, pero con la boca se confiesa para salvación" (Romanos 10:9, 10).

  Una persona que no tenga esta experiencia no podrá tener seguridad respecto a la vida eterna. La salvación no se basa en nuestras buenas obras, sino en nuestra relación con Jesucristo. Los cristianos llenos de confianza pueden decir: "Porque yo sé a quién he creído, y estoy seguro que es poderoso para guardar mi depósito para aquel día" (2 Timoteo 1:12).

- *Confiar en los sentimientos, en lugar de confiar en la Palabra de Dios.*

  Algunas personas esperan tener una especie de entusiasmo espiritual constante, y cuando se dan cuenta de que no lo tienen, comienzan a dudar.

  Nuestras relaciones eternas con Dios no se pueden basar exclusivamente en las emociones. Debemos basarnos en hechos de la Palabra de Dios. Debemos entregarnos a la obra perfecta de Cristo en la cruz. Después de haber confiado en El, continuamos nuestra relación con el Señor, confiados en que "el que comenzó en vosotros la buena obra, la perfeccionará hasta el día de Jesucristo" (Filipenses 1:6).

- *El pecado y la desobediencia en la vida del cristiano.*

  Esto será el resultado de la ambivalencia y la inseguridad. "El hombre de doble ánimo es inconstante en todos sus caminos" (Santiago 1:8). El pecado se debe reconocer y confesar para poder mantener una comunión ininterrumpida con Cristo.

  El cristiano que no base su vida en la Palabra de Dios, la oración, el compañerismo y el testimonio, se marchitará, dejando abierto el camino para la inseguridad y las dudas. La recomendación bíblica de "creced en la gracia y el conocimiento de nuestro Señor y salvador Jesucristo" (2 Pedro 3:18) no es una frase vacía. ¡O crecemos o morimos!

Estrategia de asesoramiento

1. El interlocutor que no está seguro de su salvación.

    Si la persona que llama no sabe que ha confiado en Jesús como Salvador y Señor, debido a que no comprende la verdadera naturaleza de la conversión cristiana o que se basa en su propia manera de actuar, denle las "Etapas para obtener la paz con Dios", página 11. Hagan hincapié en que la salvación significa una relación con Cristo por medio del nuevo nacimiento (Juan 1:12 y 3:3), y que no depende de nuestras propias obras (Efesios 2:8-9).

2. El interlocutor que se ha estado basando en sus propios sentimientos.

    Nuestra experiencia debe reposar en los hechos bíblicos del evangelio y no en las emociones. Háblenle sobre la "Seguridad", página 15.

3. El cristiano desobediente, que sigue cobijando el pecado en su vida.

    Háblenle sobre la "Restauración", página 17. Hagan hincapié en 1 Juan 1:9 y 2:1, así como también en Romanos 12:1.

4. El cristiano inmaduro.

    Si la incertidumbre y las dudas son el resultado del estancamiento del desarrollo espiritual, señalen con toda claridad que o crecemos o morimos. Háblenle de la "Restauración", página 17.

5. Con todo lo anterior, hagan hincapié en la necesidad de tratar de obtener una relación espiritual y vital con Cristo.

    A. Lectura y estudio de la Palabra de Dios.

        Ofrezcan enviarle a esa persona *Cómo vivir en Cristo*, para ayudarle a comenzar su camino correctamente.

    B. Por medio de la oración:
        adoramos a Dios
        le confesamos nuestros pecados
        le expresamos agradecimiento
        recordamos las necesidades de los demás.

    C. Se deben buscar relaciones con otros cristianos en una iglesia que enseñe las doctrinas de la Biblia. Esto permitirá obtener compañerismo cristiano, estudio de la Biblia y oportunidades para servir a Cristo; todo ello necesario para el desarrollo de la vida cristiana.

    D. Oren con su interlocutor para que pueda comenzar a experimentar una vida de gozo y seguridad en Cristo.

Citas bíblicas

La salvación:

"De cierto, de cierto os digo: El que oye mi palabra y cree en el que me envió, tiene vida eterna; y no vendrá a condenación, mas ha pasado de muerte a vida"

(Juan 5:24).

SEGURIDAD DE LA SALVACION

"Mas a todos los que le recibieron, a los que creen en su nombre, les dio potestad de ser hechos hijos de Dios" (Juan 1:12).

"Porque por gracia sois salvos, por medio de la fe; y esto no de vosotros, pues es don de Dios. No por obras, para que nadie se gloríe" (Efesios 2:8,9).

"De modo que si alguno está en Cristo, nueva criatura es; las cosas viejas pasaron; he aquí todas son hechas nuevas" (2 Corintios 5:17).

Hechos, en lugar de sentimientos:

"Por lo cual estoy seguro de que ni la muerte, ni la vida, ni ángeles, ni principados, ni potestades, ni lo presente, ni lo por venir, ni lo alto, ni lo profundo, ni ninguna otra cosa creada nos podrá separar del amor de Dios, que es en Cristo Jesús Señor nuestro" (Romanos 8:38-39).

"...Pero no me avergüenzo, porque yo sé a quién he creído, y estoy seguro que es poderoso para guardar mi depósito para aquel día" (2 Timoteo 1:12).

"Estando persuadido de esto, que el que comenzó en vosotros la buena obra, la perfeccionará hasta el día de Jesucristo" (Filipenses 1:6).

"Estas cosas os he escrito a vosotros que creéis en el nombre del Hijo de Dios, para que sepáis que tenéis vida eterna, y para que creáis en el nombre del Hijo de Dios" (1 Juan 5:13).

"Al que no conoció pecado, por nosotros lo hizo pecado, para que nosotros fuésemos hechos justicia de Dios en él" (2 Corintios 5:21).

"Que sois guardados por el poder de Dios mediante la fe, para alcanzar la salvación que está preparada para ser manifestada en el tiempo postrero" (1 Pedro 1:5).

Confesión del pecado para la restauración:

"Si confesamos nuestros pecados, él es fiel y justo para perdonar nuestros pecados y limpiarnos de toda maldad" (1 Juan 1:9).

"El que encubre sus pecados no prosperará; mas el que los confiesa y se aparta alcanzará misericordia" (Proverbios 28:13).

"Pacientemente esperé a Jehová y se inclinó a mí, y oyó mi clamor. Y me hizo sacar del pozo de la desesperación, del lodo cenagoso; puso mis pies sobre peña, y enderezó mis pasos. Puso luego en mi boca cántico nuevo, alabanza a nuestro Dios. Verán esto muchos y temerán y confiarán en Jehová" (Salmo 40:1-3).

LA SOLEDAD

Antecedentes

La soledad es la comprensión dolorosa de que carecemos de relaciones significativas y estrechas con otros. Esta carencia produce vacío, melancolía, aislamiento e incluso desesperación. Se encuentran presentes una sensación de rechazo y una baja imagen propia, porque no podemos establecer relaciones o nos sentimos excluidos e indeseables, por mucho que nos esforcemos en sentir que somos aceptados.

La sociedad en que vivimos contribuye a la soledad. A algunos les resulta muy difícil mantener su propia identidad y relaciones significativas en la jungla de burocracia, especialización, regimentación y competencia. La movilidad y los cambios constantes tienden a hacer que algunos individuos se sientan fragmentados y carentes de verdaderas raíces.

La soledad puede ser autoprovocada. A algunas personas les resulta muy difícil comunicarse con otras o carecen de confianza porque tienen una imagen muy baja de sí mismas. Otras ansían reunirse con otros; pero sus exigencias de intimidad e independencia inhiben el desarrollo de lazos firmes con otros. El temor a que sus personalidades sean reveladas actúa como una especie de parálisis social.

En muchos de sus mensajes, Billy Graham se refirió a esta "soledad cósmica" de la persona separada de Dios y que siente que su vida tiene poco interés. Dijo: "Hay miles de personas solitarias que llevan cargas pesadas y difíciles de anguistia, ansiedad, dolor y decepciones; pero la más solitaria de todas es aquella cuya vida está hundida en el pecado".

Uno de los resultados de la caída es que el hombre quedó separado de Dios. Esa enajenación hizo que Adán y Eva se ocultaran de Dios y trataran de cubrir su desnudez (es posible que estas tres condiciones ayuden a describir a una persona solitaria). Nuestra situación espiritual se puede resumir como sigue: "El hombre fue creado con un vacío en el pecho del tamaño de Dios, que sólo el Señor puede llenar".

Sólo al encontrar a Cristo trascendemos nuestro propio yo y desarrollamos la perspectiva sobre la vida que puede hacer que se mitigue el dolor de nuestra soledad. El salmista realzó la obra de Dios en su propia vida, al escribir: "Restauró mi alma". Esta restauración elimina las causas de nuestra enajenación. "Y a vosotros también, que erais en otro tiempo extraños y enemigos en vuestra mente, haciendo malas obras, ahora os ha reconciliado en su cuerpo de carne, por medio de la muerte, para presentaros santos y sin mancha e irreprensibles delante de él…" (Colosenses 1:21,22). El resultado es también que nuestro cuerpo se convierte en morada del Espíritu Santo. "¿O ignoráis que vuestro cuerpo es templo del Espíritu Santo, el cual está en vosotros, el cual tenéis de Dios, y que no sois vuestros?" (1 Corintios 6:19). Así, estamos completos en él. "Y vosotros estáis completos en él, que es la cabeza de todo principado y potestad" (Colosenses 2:10).

Estrategia de asesoramiento

Analizaremos la soledad desde el punto de vista espiritual, así como también en forma práctica, tanto para los no cristianos como para los creyentes. Buscamos la comunión con Dios y el compañerismo con otros seres humanos.

Para el no cristiano solitario:

1. Denle ánimos. Al compartir su problema de la soledad, su interlocutor está admitiendo que tiene una necesidad. Esto es importante para poder resolver cualquier problema de la vida. Asegúrenle que a este primer paso importante pueden seguir otros que le conducirán a soluciones.

2. Traten de determinar las causas de su soledad. Si no les proporciona suficiente información, háganle preguntas sobre él mismo, en lo personal: ¿dónde vive, quiénes son sus vecinos, dónde trabaja, le gusta su empleo? ¿Qué puede decirles sobre sus aficiones y amistades, su iglesia, etc.?

3. Pregúntenle si ha recibido alguna vez a Jesucristo como su Salvador. Explíquenle las "Etapas para obtener la paz con Dios" de la página 11. La primera etapa del plan de Dios para su vida se realizará cuando acepte a Cristo; pero podrá estar también seguro que se resolverán sus sentimientos de enajenación. Estará en paz con Dios (Romanos 5:1), y Cristo será su amigo constante. "Y amigo hay más unido que un hermano" (Proverbios 18:24).

4. Aconséjenle que trate de crecer espiritualmente mediante la lectura y el estudio de la palabra de Dios y aprendiendo a orar. Ofrézcanle enviarle *Cómo vivir en Cristo,* como ayuda para que inicie su estudio de la Biblia.

   La oración diaria contribuirá mucho a mejorar sus sentimientos de soledad, proporcionándole un acceso inmediato a Dios que es "nuestro pronto auxilio en las tribulaciones" (Salmo 46:1).

5. Sugiéranle que se identifique con una iglesia en la que se enseñe la Biblia, donde podrá encontrar el calor del compañerismo, la adoración y el servicio al Señor. Díganle que no deberá esperar demasiado con excesiva rapidez. Las relaciones significativas no se desarrollan de la noche a la mañana. Es preciso cultivarlas y eso requiere tiempo. Cuanto más dé de sí mismo, al participar en la vida de la iglesia, tanto más recibirá de otros. "El hombre que tiene amigos ha de mostrarse amigo" (Proverbios 18:24). Infórmenle que algunas iglesias tienen grupos de solteros, en caso de que eso pueda interesarle.

6. Sugiéranle que afirme los lazos familiares que no sean como debieran. Las comunicaciones con los otros miembros de la familia contribuirán mucho al desarrollo del respeto y el interés mutuo. Ahora que conoce a Cristo, deberá tratar de ganar a los miembros de sù familia para el Salvador.

7. Oren con él, pidiendo su crecimiento espiritual y el desarrollo de relaciones significativas con sus amigos tanto cristianos como inconversos.

Para el cristiano solitario:

1. Aconséjenle que tenga unos momentos de quietud cada día. La sensación de la presencia perpetua de Dios contribuirá a reducir sus sentimientos de soledad.

Billy Graham ofrece sus propias experiencias como aliento. "Les voy a dar una pequeña receta que he descubierto para combatir la soledad. En primer lugar, nunca estoy solo cuando oro, porque eso me hace entrar en comunión con el mejor amigo de todos: Jesucristo. El Señor dijo: 'Ya no os llamaré siervos, sino amigos' (Juan 15:15). Además, nunca estoy sólo cuando leo la Biblia. Lo hago todos los días—capítulos enteros de las Escrituras. Nada hace.que desaparezca la soledad mejor que una sesión con la Palabra de Dios".

Al crecer en esta relación piadosa con Dios, comenzamos a cambiar. Las actitudes de amor y cuidado que se desarrollan gradualmente se convierten en las bases para los contactos con otros y la profundización de las amistades.

2. Anímenle para que busque un lugar importante de servicio en una iglesia en la que se enseñe activamente la Biblia. Al enfocar nuestra atención en los problemas de otros, los nuestros quedarán bajo una perspectiva adecuada y nos parecerán menos importantes. Por otra parte, el servicio nos ayuda a cultivar nuestras relaciones con otros cristianos que sirven también al Señor, y tiende a hacer aumentar la estimación que tenemos de nosotros mismos, al entrar a formar parte de un grupo.

Respecto al servicio, Billy Graham dijo: "Nunca estoy solo cuando le doy testimonio del Señor a otros. Es enormemente emocionante el hablarles a los demás de Cristo. Y esto es algo que podemos hacerlo todos".

---

3. Aconséjenle a su interlocutor que fortalezca sus lazos familiares. Las personas solitarias tienen a veces "cabos sueltos" en sus relaciones con sus familiares. Los esfuerzos constantes para comunicarnos con nuestra propia familia—aprendiendo a compartir, respetar y amar, convirtiéndose los unos en parte de los otros—contribuirá mucho a evitar los sentimientos de soledad. El mejoramiento de las relaciones en el hogar significará siempre un mejoramiento en todos los demás aspectos.

4. Anímenle para que busque los consejos de un pastor local, de preferencia del suyo propio. Un pastor podrá ayudarle a desarrollar sus relaciones y le recomendará esferas de servicio en la iglesia.

Citas bíblicas

"Venid a mí todos los que estáis trabajados y cargados, y yo os haré descansar. Llevad mi yugo sobre vosotros, y aprended de mí que soy manso y humilde de corazón; y hallaréis descanso para vuestras almas; porque mi yugo es fácil y ligera mi carga"   (Mateo 11:28-30).

"No te desampararé, ni te dejaré; de manera que podemos decir confiadamente: El Señor es mi ayudador; no temeré lo que me pueda hacer el hombre"   (Hebreos 13:5,6).

"Y he aquí yo estoy con vosotros todos los días, hasta el fin del mundo"   (Mateo 28:20).

"Pacientemente esperé a Jehová, y se inclinó a mí, y oyó mi clamor. Y me hizo sacar del pozo de la desesperación; del lodo cenagoso; puso mis pies sobre peña, y enderezó mis pasos. Puso luego en mi boca cántico nuevo, alabanza a nuestro Dios. Verán esto muchos y temerán, y confiarán en Jehová. Bienaventurado el hombre que puso en Jehová su confianza, y no mira a los soberbios, ni a los que se desvían tras la mentira. Has aumentado, oh Jehová Dios mío, tus maravillas; y tus pensamientos para con nosotros, no es posible contarlos ante ti. Si yo anunciare y hablare de ellos, no pueden ser enumerados"
(Salmo 40:1-5).

"Fiel es Dios, por el cual fuisteis llamados a la comunión con su Hijo Jesucristo nuestro Señor"   (1 Corintios 1:9).

Proverbios 3:5,6.

LOS SUFRIMIENTOS Y LA ADVERSIDAD

Antecedentes

¿Por qué? ¿Por qué a mí? ¿Por qué a mi familia? ¿Qué sentido tiene este sufrimiento?

Estas son preguntas muy conocidas que se formulan los cristianos y los no creyentes por igual. Nadie es inmune al sufrimiento y la adversidad. "Pero como las chispas se levantan para volar por el aire, así el hombre nace para la aflicción" (Job 5:7). Todos estamos sometidos a las presiones de los deseos, la necesidad, la tristeza, la persecución, la falta de popularidad y la soledad. Algunos sufren por lo que han hecho, otros por lo que la gente les hace a ellos. Muchos padecen porque son víctimas de circunstancias que no pueden controlar.

El dolor es desesperante. A veces, hay noches de agonía en que Dios nos parece injusto y se nos antoja que no hay ayuda o respuesta posible. El alivio temporal puede parecer adecuado; pero la solución real al sufrimiento no es aislarse en un intento de suprimirlo, como tampoco lo es soportarlo rechinando los dientes. La solución es, más bien, condicionar nuestras actitudes de tal manera que aprendamos a vencerlo y a recibir las lecciones que nos otorga. Cuando el Apóstol Pablo pedía ser liberado de su "espina en la carne", Dios no se la quitó, sino que lo consoló, diciéndole: "Bástate mi gracia; porque mi poder se perfecciona en la debilidad" (2 Corintios 12:9). En otro pasaje de aliento a los corintios, escribió: "Y poderoso es Dios para hacer que abunde en vosotros toda gracia, a fin de que, teniendo siempre en todas las cosas todo lo suficiente, abundéis para toda buena obra" (2 Corintios 9:8).

Excepción hecha del dolor físico, la forma en que manejemos el sufrimiento parece reducirse a una cuestión de actitud: "¿Qué debo hacer frente al sufrimiento para aprender de él y utilizarlo en provecho mío y lo concerniente a los propósitos eternos de Dios?"

Billy Graham comentó: "No hay ninguna parte de la Biblia que enseñe que los cristianos están exentos de las tribulaciones y los desastres naturales que asedian al mundo. Lo que sí enseñan las Sagradas Escrituras es que el cristiano puede enfrentarse a las tribulaciones, las crisis, las calamidades y los sufrimientos personales, con un poder sobrenatural que no está a disposición de las personas ajenas a Cristo."

Algunos de los seres más patéticos de este mundo son aquellos que, en medio de la adversidad, se ahogan en un mar de autocompasión y amargura, en tanto que obtienen cierto agrado en culpar a Dios por sus problemas.

La actitud de Job es una buena inspiración: "He aquí aunque él me matare, en él esperaré" (Job 13:15).

El que sufre se sentirá bendecido si, en medio de la más tremenda agonía y desesperación, puede elevar el rostro al Padre celestial y sentirse agradecido por Su amor eterno y Su presencia constante. Reiterando, nuestra respuesta al sufrimiento debe llevarnos a ver más allá de él, tratando de determinar las metas supremas de Dios y la enseñanza que está tratando de darnos.

¿Cuáles son algunas de las razones del sufrimiento humano?

1. Hay ocasiones en que sufrimos porque nos lo buscamos.

   La disipación y la falta de disciplina generan consecuencias de desdicha. El abuso prolongado de nuestros cuerpos puede traer enfermedad. Nuestras decisiones equivocadas vuelven a asediarnos.

   Conviene que el consejero le pregunte al interlocutor: "¿Cree que esto le está sucediendo debido a su falta de juicio o moderación? ¿Puede tomar alguna medida que alivie sus sufrimientos?"

2. Hay ocasiones en que Dios toma medidas correctivas debido a nuestro pecado y nuestra desobediencia. Dios corrige y disciplina a los que son suyos. Utiliza el castigo para demostrarnos Su amor y que somos verdaderamente Suyos (Hebreos 12:5-11).

3. A veces, Dios permite que suframos para que aprendamos a responder a los problemas y a El en una forma bíblica. Las Escrituras nos dicen que Jesús "Por lo que padeció aprendió la obediencia" (Hebreos 5:8).

   Nuestra meta debe ser no sólo librarnos del sufrimiento, sino, más bien, aprender a agradar a Dios, siendo sensibles y obedientes a El y a Su palabra (véase Romanos 12:1,2).

4. Algunas veces, Dios permite que suframos para que entendamos que el dolor forma parte de la vida. No hay ningún pasaje en la Biblia que enseñe que el cristiano será inmune al sufrimiento y la adversidad. En Filipenses 1:29, Pablo afirma que "a vosotros os es concedido, a causa de Cristo, no sólo que crezcáis en él, sino también que padezcáis por él". La adversidad puede ser un don de Dios. ¿Por qué debe ser tan difícil pensar en esto desde este punto de vista?

   Cristo no evadió la cruz para escapar al sufrimiento. Hebreos 12:2 nos dice: "El sufrió la cruz, menospreciando el oprobio". ¿Por qué lo hizo? "Por el gozo puesto delante de él". Sabía que la palabra final no era la crucifixión (el sufrimiento), sino la resurrección (la victoria).

   Es probable que suframos brevemente o durante todo el curso de nuestra existencia. Para los que sufren, el fin no parece llegar nunca. Sin embargo, no perdamos la esperanza ni nos sumerjamos en la autocompasión o la amargura. El resultado final es en lo que debemos fijar nuestra vista. ¡El pensar en que estaremos con el Señor en el cielo deberá ponerlo todo en la perspectiva correcta!

5. A veces, Dios permite el sufrimiento porque busca nuestro bienestar por medio de él. "Y sabemos que a los que aman a Dios, todas las cosas les ayudan a bien, esto es, a los que conforme a su propósito son llamados" (Romanos 8:28). Debemos aceptar esto por fe y pedirle a Dios que el bien máximo para nuestra vida sea el resultado de nuestros sufrimientos. Sólo a través de la adversidad podremos aprender las lecciones más profundas de la vida. Confíe en que Dios realizará Su voluntad y Su plan en nuestra vida, para que seamos más semejantes a Cristo (véase Romanos 8:29).

   No hay mérito alguno en nuestro sufrimiento para fines de redención, como lo hubo en el de Cristo Jesús; pero si somos fieles en la adversidad, tendremos "participación en sus padecimientos" (Filipenses 3:10).

6. Dios permite a veces que suframos para poder hablarles a otros por medio de nuestra vida y nuestro testimonio, con el fin de consolarlos. Jesús dijo que el sufrimiento del ciego del que se nos habla en Juan 9 era para que "las obras de Dios se manifiesten en él".

   Tal vez el Señor esté obrando en su vida mediante el sufrimiento, para que otros se sientan inspirados por el ejemplo que les da en la adversidad. Los que soportan la adversidad se identifican y compadecen con mayor eficiencia de los demás que sufren. Aprendemos a consolar a otros como somos consolados. "Bendito sea el Dios y Padre de nuestro Señor Jesucristo, Padre de misericordias y Dios de toda consolación, el cual nos consuela en todas nuestras tribulaciones, para que podamos también nosotros consolar a los que están en cualquier tribulación, por medio de la consolación con que nosotros somos consolados por Dios" (2 Corintios 1:3,4).

Estrategia de asesoramiento

Para el no cristiano:

1. Muéstrense llenos de comprensión. Escuchen con cuidado el problema que la persona desea compartir. El expresar bien los problemas es de gran ayuda. Tomen la iniciativa para orientar la conversación, de tal modo que pueda ofrecerle ayuda espiritual.

2. Denle palabras de aliento y esperanza. Indíquenle que Dios le ama y sabe lo que le está sucediendo, que no está solo. "Cuando pases por las aguas, yo estaré contigo; y si por los ríos, no te anegarán. Cuando pases por el fuego, no te quemarás, ni la llama arderá en ti" (Isaías 43:2).

   Díganle que está agradecido porque les haya llamado y que juntos buscarán las respuestas a sus problemas.

3. Pregúntenle si ha recibido a Cristo Jesús como su Señor y Salvador personal. Dios permite a veces la aflicción. Desea que le prestemos atención para llevarnos al camino de salvación. Compartan con él las "Etapas para obtener la paz con Dios" de la página 11.

4. Oren con esa persona para fines de salvación y liberación y pónganla en las manos de Dios.

5. Anímenle a que comience a leer y estudiar la palabra de Dios. El aprender a orar le otorgará fuerza y visión en los problemas de la vida. Ofrézcanle enviarle *Cómo vivir en Cristo*, que le ayudará a iniciar el estudio de la Biblia.

6. Aconséjenle que se identifique con una iglesia en donde se enseñe la Biblia. El compañerismo con cristianos consagrados le ayudará a madurar en la vida y a entender los caminos de Dios y de la existencia. La iglesia le brindará también oportunidades para estudiar la Biblia y servir al Señor.

Para el cristiano:

Si el interlocutor es un cristiano que se encuentra afligido por alguna tragedia o un sufrimiento que le haya sobrevenido, traten de analizar las razones posibles por las que Dios haya permitido tal situación.

1. Muéstrenle su comprensión. Anímenle por medio del consuelo que Dios da a través de los suyos. Compartan con él algunos de los conceptos presentados en la sección de ANTECEDENTES: "Algunas razones por las que Dios permite el sufrimiento". Apliquen las que sean apropiadas al caso.

2. Si lo que viene al caso es una restauración o reconsagración, compartan con esa persona los temas de la página 17.

3. Anímenle a investigar la palabra de Dios y a orar sinceramente para que el Señor le revele Sus motivos para el sufrimiento.

   A. ¿Qué está tratando de decirme Dios?

   B. ¿Qué está tratando de enseñarme?

   C. ¿Qué debo hacer como consecuencia de ello?

4. Si hasta ahora no participa en una iglesia donde se enseñe la palabra de Dios, anímenle a hacerlo. El estudio de las Sagradas Escrituras le ayudará a profundizar su comprensión de la voluntad y los caminos del Señor.

5. Aconséjenle que se ponga en contacto con amigos cristianos. Siempre es de gran consuelo tener a alguien que esté dispuesto a escuchar. Además, esto le traerá consuelo, comprensión y fortaleza.

6. Oren con él personalmente, pidiéndole a Dios que le libre de la angustia.

Citas bíblicas

"Y sabemos que a los que aman a Dios, todas las cosas les ayudan a bien, esto es, a los que conforme a su proposito son llamados. Porque a los que antes conoció, también los predestinó para que fuesen hechos conforme a la imagen de su Hijo, para que El sea el primogénito entre muchos hermanos"   (Romanos 8:28,29).

"¿Quién nos separará del amor de Cristo? ¿Tribulación, o angustia, o persecución, o hambre, o desnudez, o peligro, o espada? Antes, en todas estas cosas somos más que vencedores por medio de aquel que nos amó"
(Romanos 8:35,37).

"Hermanos míos, tened por sumo gozo cuando os halléis en diversas pruebas, sabiendo que la prueba de vuestra fe produce paciencia. Bienaventurado el varón que soporta la tentación; porque cuando haya resistido la prueba, recibirá la palabra de vida que Dios ha prometido a los que le aman"
(Santiago 1:2,3 y 12).

"No se turbe vuestro corazón; creéis en Dios, creed también en mí"
(Juan 14:1).

"Amados, no os sorprendáis del fuego de prueba que os ha sobrevenido, como si alguna cosa extraña os aconteciese, sino gozaos por cuanto sois participantes de los padecimientos de Cristo, para que también en la revelación de su gloria os gocéis con gran alegría"
(1 Pedro 4:12,13).

"Pero si alguno padece como cristiano, no se avergüence, sino glorifique a Dios por ello. De modo que los que padecen según la voluntad de Dios, encomienden sus almas al fiel Creador y hagan el bien"
(1 Pedro 4:16,19).

"Enjugará Dios toda lágrima de los ojos de ellos; y ya no habrá muerte, ni habrá más llanto, ni clamor, ni dolor; porque las primeras cosas pasaron"
(Apocalipsis 21:4).

EL SUICIDIO

Antecedentes

La persona suicida siente que ha agotado todas sus opciones. La vida carece para ella de significado, propósitos, no ve ningún futuro, de modo que se pregunta por qué debe seguir soportando su infelicidad extrema, la angustia, la desesperación y la desolación. La obsesión de que nada cambiará jamás para mejorar la llena de un sentimiento de impotencia y con la convicción de que la muerte es la única escapatoria posible.

Dicha persona es víctima de la depresión, se siente torturada por los sentimientos de falta de valor personal, el pecado y el fracaso, los sentimientos de culpa y la necesidad de ser castigada. Las cosas que pueden condicionar a una persona a un estado de depresión que la puede conducir al suicidio o al intento de suicidio, son numerosas: ira, envidia, celos, temor, culpabilidad, autocompasión, desviaciones sexuales, drogas, alcohol, etc. Así pues, el consejero debe percibir obviamente que las causas fundamentales que conducen a una crisis de esta índole tienden a ser profundas y probablemente datan de mucho tiempo atrás. A decir verdad, muchas de ellas se remontan a la niñez y, por ende, son un indicio de la necesidad de asesoramiento profesional prolongado con un psicólogo o psiquiatra cristiano.

En esta situación, creemos que, aunque no todos los problemas causantes son de índole espiritual, la dificultad básica de la vida se debe a la separación de Dios que sólo se puede resolver mediante una relación personal con Cristo Jesús. Sin esta relación, no puede haber soluciones o bienestar real. A medida que la persona experimenta todo lo que implica la "nueva criatura en Cristo" (2 Corintios 5:17): perdón, liberación de los sentimientos de culpa y temor, un sentimiento de satisfacción y bienestar, nuevas orientaciones y motivaciones para vivir, etc., todo ello son fuerzas que se ponen en movimiento para generar un cambio radical. Es aquí donde el consejero puede prestar un servicio verdadero guiando al interlocutor hacia una relación personal con Cristo Jesús.

Algunas personas amenazan suicidarse para obtener atención y compasión. Buscan que alguien escuche sus dolencias y frustraciones; pero hay otras que se encuentran más allá de este punto y piensan con toda seriedad en su autodestrucción.

Es muy natural que el asesor se sienta inadecuado cuando se enfrente a este tipo de desafío; sin embargo, debe esforzarse por ayudar, recordando que nuestros recursos provienen del Señor. El estará extendiendo su mano amorosa y poderosa a través de usted. Siéntase motivado por las promesas de las Escrituras de que "para Dios todo es posible" (Mateo 16:26) y "si alguno de vosotros tiene falta de sabiduría, pídala a Dios…y le será dada" (Santiago 1:5).

Estrategia de asesoramiento

Se deben recordar dos metas principales:

- Compartan el evangelio como fuente de esperanza. Una nueva relación con Jesucristo puede generar el cambio necesario.
- Reúnan la información pertinente de la persona interesada, para el caso de que se presente alguna urgencia.

Asesoramiento para suicidas no cristianos:

1. Las entrevistas con personas de tendencias suicidas requieren el mayor tacto y la mayor paciencia posibles. ¡Estén listo para escuchar! Dejen que su interlocutor hable la mayor parte del tiempo, hasta que perciban la situación completa. Interrumpan la conversación de vez en cuando, formulando alguna pregunta pertinente, para mantenerla fluida. Si la persona les comunica algo, pídanle que le expique más ampliamente sus sentimientos. O bien, pregúntenle qué le ha llevado a una conclusión en particular. A menudo ayuda mucho la simple frase: "Hábleme sobre ello".

2. Cuando la conversación se los permita, comiencen a darle ánimos. Indíquenle que se ha dirigido al sitio correcto, porque ahí encontrará amigos que están dispuestos a escucharle. Sugiéranle que Dios le ayudará a descubrir soluciones y que verdaderamente le ama y se preocupa por él.

3. No minimicen ningún sentimiento o las conclusiones que pueda expresar respecto a sí mismo o su problema. Deben permitirle que exprese toda su ira acumulada, la tensión que padece y sus sentimientos de desesperación. No contradigan ninguna declaración que haga, excepto para estar en desacuerdo cuando proponga su "solución" para sus problemas.

   Si dice que la vida no vale la pena, créanle. Es probable que para él, en el estado en que se encuentra, no valga realmente la pena. Eviten frases tales como: "Vamos, hombre, las cosas no pueden estar tan mal", o bien, "No es usted tan mala persona como me quiere hacer creer".

4. Asegúrenle a la persona que sus problemas tienen solución y que la esperanza no se debe perder. Si dejara que Dios interviniera en su vida, el Señor le perdonaría todo su pasado, poniendo las cosas en limpio por medio de Jesucristo. Jesús comprende perfectamente el sufrimiento porque El fue difamado, maltratado y asesinado. Se preocupa verdaderamente por lo que nos sucede y nos ama tanto que estuvo dispuesto a morir por nosotros. Cristo se acercará a nosotros en donde quiera que estemos, cualquiera que sea el nivel de nuestra necesidad, pecado y desesperación, con el fin de levantarnos más allá de nuestra desesperación. Nos dice: "Venid a mí todos los que estáis trabajados y cargados, y yo os haré descansar" (Mateo 11:28).

5. Compartan con esa persona las "Etapas para obtener la paz con Dios" de la página 11.

6. Si acepta a Cristo como su Salvador, reitérenle que esta experiencia puede ser el catalizador para generar un cambio real en su vida. "De modo que si alguno está en Cristo, nueva criatura es; las cosas viejas pasaron, he aquí todas son hechas nuevas" (2 Corintios 5:27).

7. Díganle que para ayudarle a generar este cambio, necesita comenzar a leer y estudiar la Biblia. Ofrézcanle enviarle *Cómo vivir en Cristo*, para ayudarle en esta tarea.

8. Aconséjenle que ore, porque la comunicación con Dios es muy importante para lograr el cambio. La oración nos permite confiarle a Dios todas nuestras emociones y nuestros problemas. "Echando toda nuestra ansiedad sobre él, porque él tiene cuidado de nosotros" (1 Pedro 5:7). Lean también con esa persona Filipenses 4:6. Sugiéranle que anote estas citas para que pueda leerlas de nuevo cada vez que lo desee.

9. Anímenle a buscar nuevas amistades, identificándose con una iglesia local en donde se enseñe la Biblia. Esto le brindará oportunidades para adorar, compartir el compañerismo cristiano, estudiar la Biblia y servir, ya que todo esto es importante para dar un nuevo derrotero a su vida.

10. Con la mayor discreción posible; pero tan pronto como pueda hacerlo, el asesor debe determinar si la persona tiene realmente tendencias suicidas. ¿Ha ingerido pastillas o veneno? ¿Ha llevado alguna vez consigo una pistola con la que haya amenazado suicidarse?

    A medida que la conversación se vaya desarrollando, trate de obtener su nombre, dirección, número telefónico, el nombre de algún familiar que viva en la misma zona y el nombre de un pastor o una iglesia cercana. Pidan siempre esta información de un modo casual y amistoso, tratando de no hacer despertar las sospechas de la persona.

11. Si el asesor trabaja en un centro de asesoramiento por teléfono, pregúntele al interlocutor si le gustaría que su supervisor le telefoneara a la noche siguiente. El propósito de esta oferta es darle algo que pueda esperar. Pregúntenle cuál sería la hora conveniente para llamarlo. (OBSERVE, POR FAVOR, que si se hace una promesa de esta índole, es muy importante incluirlo en el informe del asesor para su supervisor, de modo que no se olvide dicha llamada).

12. Pregúntenle si le gustaría recibir la visita de un pastor en caso de que se pueda establecer este tipo de contacto. No le prometan nada; pero díganle que están dispuestos a hacer todo lo posible a este respecto. Puede ser que la persona conozca a un pastor de la localidad y que él mismo establezca ese contacto. Las llamadas de posibles suicidas se deben seguir con sumo cuidado en todas las formas posibles.

13. Si su interlocutor no se ha entregado a Cristo, hagan todos los esfuerzos posibles por animarlo a ello. Díganle que puede actuar, basándose en las explicaciones que les ha estado dando, que la puerta de acceso para llegar a Dios está siempre abierta. Convénzanlo de que se ponga en contacto con un pastor local para recibir asesoramiento de él. Es muy importante que la persona no deje pasar el tiempo.

Asesoramiento para cristianos con tendencias suicidas:

Los cristianos no son inmunes a pensamientos o intentos suicidas. Las situaciones de pecado no resueltas o no confesadas, las situaciones de crisis tales como una decepción profunda, la muerte de un ser amado, un divorcio, la pérdida del empleo, la pérdida de la salud, un colapso nervioso, etc., pueden precipitar depresiones lo suficientemente graves que impulsen a la persona a un intento de suicidio.

1. Recuérdenle al cristiano que el amor y la protección de Dios son continuos. "...Porque él dijo: No te desampararé, ni te dejaré" (Hebreos 13:5).
2. Recuérdenle también que somos hijos de Dios Juan 1:12.
3. Díganle que Dios sigue perdonándolo. Compartan con él los pensamientos de "Restauración". Hagan hincapié en Proverbios 28:13 y 1 Juan 1:9. La confesión trae perdón y restauración de la amistad.
4. Sugiéranle que ponga sus ojos sólo en el Señor y no en los problemas y las circunstancias que lo llenan de tribulación (Véase Mateo 14:27-32 y Proverbios 3:5,6).
5. Sugieran que es importante saturarse de la palabra de Dios: que la escuche, la lea, la estudie, la medite y la aprenda de memoria.
6. Recuérdenle que la oración es una fuente valiosa y forma parte esencial de la vida del cristiano (véase 1 Tesalonicenses 5:17 y Filipenses 4:6,7).
7. Sugiéranle que es importante identificarse con una iglesia en la que se enseñe la Biblia, y que esto le puede ayudar a recuperar su estabilidad emocional. Esta identificación le abrirá las puertas al compañerismo con personas llenas de amor con las que podrá adorar y trabajar en buena armonía.
8. En este punto, el asesor podrá preguntarle a su interlocutor si le gustaría que el supervisor hablara con él al día siguiente. Esto le permitirá tener algo que esperar con interés. No se olvide de entregarle al supervisor la hoja de informe de consejero, para que. esa promesa no quede en el olvido.
9. Oren con esa persona para que Dios se le manifieste con un nuevo significado, llenándole de esperanza y confianza renovada.

Citas bíblicas

2 Corintios 5:17.

Mateo 11:28.

1 Pedro 5:7.

Filipenses 4:6,7.

Mateo 14:27-32.

Proverbios 3:5,6.

1 Tesalonicenses 5:17.

EL TEMOR

Antecedentes

Un sentimiento moderado de temor se puede considerar como normal e, incluso, sano. Puede tratarse de una emoción o la conciencia de un peligro inminente—un mecanismo de defensa. Puede ser simplemente el aumento de los latidos del corazón, el rostro sonrojado y las manos sudorosas, al esperar que un profesor nos pregunte algo en clase o que se nos pida que hablemos en alguna reunión. Los temores pueden ser una reacción a las circunstancias imaginarias o reales. Pueden ser agudos o crónicos. Muchas personas temerosas tienden a contagiar a otros con sus ansiedades y tensiones.

El consejero debe dar muestras de amor y tratar de descubrir las causas de los temores, ofreciendo ayuda bíblica. Puede que no haya soluciones sencillas o instantáneas para el problema total; pero podemos recomendar una relación apropiada con Jesucristo, la dependencia del Espíritu Santo, y el centrar la vida en la palabra de Dios, como etapas necesarias para lograr una solución.

Las expresiones "temor de Dios" o "respeto hacia Dios" en la Biblia no deben tomarse en el sentido de que Dios espera que nos sobrecojamos de terror ante El, en espera del castigo, sino que le debemos nuestro respeto reverencial y nuestra confianza absoluta. Salomón dijo: "El temor de Jehová es el principio de la sabiduría, y el conocimiento del Santísimo es la inteligencia" (Proverbios 9:10). ¡El temor de Dios (una actitud de confianza y reverencia) elimina todos los demás temores!

"Busqué a Jehová y El me oyó, y me libró de todos mis temores" (Salmo 34:4).

Billy Graham escribió: "Jesús dijo que no debemos temer, estar ansiosos, turbarnos ni angustiarnos. La Biblia enseña que este tipo de temor es pecado. 'La paz os dejo, mi paz os doy...No se turbe vuestro corazón, ni tenga miedo' (Juan 14:27)."

Estrategia de asesoramiento

Para el no cristiano

Si el interlocutor es una persona no cristiana que exprese un temor a Dios poco sano, debido a su conciencia culpable o el miedo al castigo (el juicio futuro), se estarán enfrentando probablemente a un pecado no resuelto para el que habrá un remedio. Compartan con esa persona las "Etapas para obtener la paz con Dios" de la página 11. Hagan hincapié en lo que sigue:

1. Dios limpia nuestras conciencias. "¿Cuánto más la sangre de Cristo, el

cual mediante el Espíritu eterno se ofreció a sí mismo sin mancha a Dios, limpiará vuestras conciencias de obras muertas para que sirváis al Dios vivo?" (Hebreos 9:14).

2. Dios libera de los temores al castigo futuro. "Ahora, pues, ninguna condenación hay para los que están en Cristo Jesús, los que no andan conforme a la carne, sino conforme al Espíritu. Porque la ley del Espíritu de vida en Cristo Jesús me ha librado de la ley del pecado y de la muerte" (Romanos 8:1,2).

Compartan con esa persona la "Seguridad" de página 15.

Para el cristiano

Si el interlocutor es un cristiano cuyo principal temor es el de fallar personalmente—el no tener suficiente capacidad—, compartan con él lo que sigue:

1. El Señor se preocupa por nosotros.

"Yo soy el buen pastor, y conozco mis ovejas, y las mías me conocen..." (Juan 10:14).

"Porque yo sé los pensamientos que tengo acerca de vosotros, dice Jehová, pensamientos de paz y no de mal, para daros el fin que esperáis" (Jeremías 29:11).

Y ha prometido:

- Su presencia. "Sean vuestras costumbres sin avaricia, contentos con lo que tenéis ahora; porque él dijo: No te desampararé ni te dejaré" (Hebreos 13:5).

- Su providencia. "Joven fui, y he envejecido, y no he visto justo desamparado, ni su descendencia que mendigue pan" (Salmo 37:25).

- Su protección. "Jehová es mi luz y mi salvación, ¿de quién temeré? Jehová es la fortaleza de mi vida, ¿de quién he de atemorizarme?" (Salmo 27:1).

2. Señalen que el amor es la antítesis del temor. "En el amor no hay temor, sino que el perfecto amor echa fuera el temor, porque el temor lleva en sí castigo. De donde el que teme, no ha sido perfeccionado en el amor" (1 Juan 4:18)

Si su interlocutor es un cristiano que tenga miedo de dar su testimonio de Cristo, anímenle para que:

1. Esté completamente seguro de su propia relación con Cristo. "Porque yo sé a quién he creído, y estoy seguro que es poderoso para guardar mi depósito para aquel día" (2 Timoteo 1:12).

2. Adquiera un compromiso moral consciente con Dios. "Que presentéis vuestros cuerpos en sacrificio vivo...agradable a Dios, que es vuestro culto racional" (Romanos 12:1).

3. Confíe implícitamente en Dios para que esté y actúe a través de él. "Bástate mi gracia; porque mi poder se perfecciona en la debilidad"

EL TEMOR

(2 Corintios 12:9). "No temas delante de ellos, porque contigo estoy para librarte, dice Jehová" (Jeremías 1:8).

4. Sea fiel en su testimonio en las cosas pequeñas. Lleve una vida cristiana con actos de bondad, vigilancia de sus propias actitudes, agradecimiento público a Dios por las comidas, etc.

5. Busque el compañerismo y la fortaleza de un cristiano más firme, para que puedan dar su testimonio juntos. La confianza aumenta cuando uno toma parte en el evangelismo. "Los pensamientos con el consejo se ordenan; y con dirección sabia se hace la guerra" (Proverbios 20:18).

6. Tome un curso de evangelismo personal en una iglesia o inscríbase en un curso por correspondencia de los Navigators (Navegantes), la Moody Correspondence School (Escuela Moody por correspondencia), la Emmaus Bible School (Escuela Bíblica Emaús), etc.

7. Ore parar tener una compasión por los perdidos que le llene. "Pues si anuncio el evangelio, no tengo por qué gloriarme; porque me es impuesta necesidad y, ¡ay de mí si no anunciare el evangelio!" (1 Corintios 9:16).

Si su interlocutor tiene miedo de morir, pasen al capítulo sobre LA MUERTE, en la página 184.

Citas bíblicas

"No temas, porque yo te redimí; te puse nombre, mío eres tú. Cuando pases por las aguas, yo estaré contigo; y si por los ríos, no te anegarán. Cuando pases por el fuego, no te quemarás..."   (Isaías 43:1,2).

"Busqué a Jehová y él me oyó, y me libró de todos mis temores"
(Salmo 34:4).

"No temas, porque yo estoy contigo; no desmayes, porque yo soy tu Dios que te esfuerzo; siempre te ayudaré, siempre te sustentaré con la diestra de mi justicia"   (Isaías 41:10).

"Pues no habéis recibido el espíritu de esclavitud para estar otra vez en temor, sino que habéis recibido el espíritu de adopción, por el cual clamamos: ¡Abba, Padre! El Espíritu mismo da testimonio a nuestro espíritu, de que somos hijos de Dios"   (Romanos 8:15,16).

"Mas el que me oyere habitará confiadamente y vivirá tranquilo, sin temor del mal"   (Proverbios 1:33).

Véase también LA ANSIEDAD.

LA TENTACION

Antecedentes

Así como la aguja de la brújula se ve afectada por la atracción magnética, el cristiano se siente atraído por el pecado. Esto lo vemos ilustrado en el deseo de Israel de volver a las "cebollas y los ajos" de Egipto (Números 11:5) y Dimas, el joven que cita el Apóstol Pablo, diciendo que "amando este mundo y se ha ido…" (2 Timoteo 4:10). Pablo describe al cristiano como un ser compuesto de dos naturalezas: la vieja y la nueva, que compiten constantemente entre sí para obtener la supremacía. El cristiano debe entender esto y aprender a enfrentarse a esta "atracción magnética" de su propia naturaleza pecaminosa y los engaños de Satanás.

Hay un párrafo que escribió Billy Graham que pone esto en perspectiva: "Dios nunca prometió alejar la tentación de nosotros, porque incluso Cristo se sometió a ella…Existe una sensación de triunfo y confianza que se deriva de la victoria sobre la tentación, que no podemos obtener de ninguna otra manera. La tentación nos revela la verdadera naturaleza humana. No hace que los cristianos sean incrédulos, sino que el triunfar sobre ella fortalece al cristiano y le hace descubrir nuevas fuentes de poder… en el momento de la tentación, Cristo se hace más real que nunca para el creyente".

Varias cosas que debemos recordar sobre la tentación:

1. La tentación es común a todos los cristianos. "No os ha sobrevenido ninguna tentación que no sea humana" (1 Corintios 3:13). Muchos otros se han enfrentado a los mismos problemas antes que nosotros.

2. La tentación proviene del diablo (véase la tentación de Jesús en Mateo 4:1-11).

3. La tentación por sí sola no es pecado; pero lo es el sucumbir a ella.

Billy Graham dijo: "El pecado se produce cuando utilizamos la tentación para ceder a ella. Ninguno de nosotros debe colocarse deliberadamente en una posición en la que pueda ser tentado. Satanás siempre atacará nuestros puntos más vulnerables. 'Sino que cada uno es tentado, cuando de su propia concupiscencia es atraído y seducido. Entonces, la concupiscencia después que ha concebido, da a luz el pecado; y el pecado, siendo consumado, da a luz muerte' (Santiago 1:14,15). Cuando un pensamiento entra en nuestra mente, lo acariciamos, germina y crece hasta convertirse en un acto de maldad".

4. Dios no nos empuja a la tentación en el sentido de que nos tiente deliberada e individualmente. "Cuando alguno es tentado, no diga que es tentado de parte de Dios; porque Dios no puede ser tentado por el mal ni él tienta a nadie" (Santiago 1:13).

No obstante, Dios permite a veces que seamos tentados (véase Job 1:6-12) para que aprendamos a enfrentarnos a la tentación, a vencerla y salir fortalecidos. "Os he escrito a vosotros, jóvenes, porque sois fuertes, y la palabra de Dios permanece en vosotros, y habéis vencido al maligno" (1 Juan 2:14). Asimismo, el cristiano recibe bendición en la victoria (véase Santiago 1:12).

5. Ninguna tentación es irresistible. "No os ha sobrevenido ninguna tentación que no sea humana; pero fiel es Dios, que no os dejará ser tentados más de lo que podéis resistir, sino que dará también juntamente con la tentación la salida, para que podáis soportar" (1 Corintios 10:13).

6. Cualquier tentación que estemos experimentando, Jesús la padeció antes que nosotros. El "fue tentado en todo según nuestra semejanza; pero sin pecado" (Hebreos 4:15).

Estrategia de asesoramiento

1. Pregúntenle a la persona si es cristiana, si ha recibido ya a Jesucristo como Salvador y Señor. Si no es así, explíquenle las "Etapas para obtener la paz con Dios". Nadie es lo suficientemente fuerte como para vencer por sí solo la tentación, no importa lo elevado que sean sus ideales o causas.

2. Compartan con la persona maneras de cómo enfrentarse y vencer la tentación.

   A. Debemos resistir al tentador: "Resistid al diablo y huirá de vosotros" (Santiago 4:7).

   B. Debemos someternos a Dios: "Someteos, pues, a Dios" (Santiago 4:7). Para lograr esto debemos:

   1) Consagrarnos diariamente a Dios según se establece en Romanos 12:1, y hacer una confesión diaria de nuestros pecados para no permitir que nos abrumen (Salmo 51:10).

   2) Someter nuestras mentes al control de Dios.
      "Transformaos por medio de la renovación de vuestro entendimiento" (Romanos 12:2).
      "Poned la mira en las cosas de arriba, no en las de la tierra" (Colosenses 3:2).

   3) Orar sin cesar.
      "Acerquémonos, pues, confiadamente al trono de la gracia, para alcanzar misericordia y hallar gracia para el oportuno socorro" (Hebreos 4:16).
      "Orando en todo tiempo con toda oración y súplica en el espíritu" (Efesios 6:18).

4) Leer, memorizar y estudiar la palabra de Dios.

D.L. Moody solía decir: "El pecado lo mantendrá alejado de este libro (la Biblia) o bien, este libro lo mantendrá alejado del pecado."

"La palabra de Dios es viva y eficaz…y discierne los pensamientos y las intenciones del corazón" (Hebreos 4:12).

5) Asociarnos con la clase de amigos adecuados, es decir, la gente del Señor.

"No erréis; las malas conversaciones corrompen las buenas costumbres" (1 Corintios 15:33).

"Y considerémonos unos a otros para estimularnos al amor y a las buenas obras, no dejando de reunirnos, como algunos tienen por costumbre, sino exhortándonos; y tanto más, cuanto veis que aquel día se acerca" (Hebreos 10:24,25).

6) Vestirnos de toda la armadura de Dios (véase Efesios 6:13-18).

7) Depender del Espíritu Santo.

"¿Cuánto más vuestro Padre Celestial dará el Espítu Santo a los que se lo piden?" (Lucas 11:13).

"Y yo rogaré al Padre, y os dará otro Consolador para que esté con vosotros para siempre" (Juan 14:16).

"Pero cuando venga el Espíritu de verdad, él os guiará a toda verdad…" (Juan 16:13).

Citas bíblicas

"Bienaventurado el varón que soporta la tentación; porque cuando haya resistido la prueba, recibirá la corona de la vida que Dios ha prometido a los que le aman. Cuando alguno es tentado, no diga que es tentado de Dios porque Dios no puede ser tentado por el mal ni él tienta a nadie; sino que cada uno es tentado, cuando de su propia concupiscencia es atraído y seducido. Entonces la concupiscencia, después que ha concebido, da a luz el pecado; y el pecado, siendo consumado, da a luz la muerte"   (Santiago 1:12-15).

"…Ahora ha venido la salvación, el poder y el reino de nuestro Dios, y la autoridad de su Cristo; porque ha sido lanzado fuera el acusador de nuestros hermanos, el que los acusaba delante de nuestro Dios día noche. Y ellos le han vencido por medio de la sangre del Cordero y de la palabra del testimonio de ellos, y menospreciaron sus vidas hasta la muerte"   (Apocalipsis 12:10-11).

Mateo 4:1-11.

Romanos 8:26.

Gálatas 5:16.

COMO DAR EL TESTIMONIO DEL SEÑOR

Antecedentes

En las Escrituras encontramos una definición bíblica clara sobre cómo dar el testimonio del Señor:

"Lo que era desde el principio, lo que hemos oído, lo que hemos visto con nuestros ojos, lo que hemos contemplado, y palparon nuestras manos respecto al Verbo de vida" (1 Juan 1:1).

Los cristianos del primer siglo "trastornaron el mundo entero" (Hechos 17:6), porque los impulsaba un sentimiento de apresuramiento para dar el mensaje de Cristo. Pablo dice: "¡Ay de mí si no anunciare el evangelio!" (1 Corintios 9:16).

Todos los cristianos son testigos. O bien predican a Cristo a través de su vida y su palabra o no lo hacen. Algunos son testigos negativos, otros guardan silencio respecto a su fe. Cada uno de nosotros debe buscar una relación más vibrante con Cristo, para que la gente "reconozca que hemos estado con Jesús" (Hechos 14:13).

El ejemplo es esencial para nuestro testimonio. Nuestra vida se debe reflejar en nuestra proclamación. Nuestro ejemplo debe servir para establecer credibilidad y hacer crecer la confianza y la seguridad que deben allanar el camino para dar testimonio de El. Sin embargo, también necesitamos algo más que el simple ejemplo. No hay substituto posible que exprese mejor las realidades del evangelio:

- "Que Dios estaba en Cristo, reconciliando consigo al mundo" (2 Corintios 5:19).
- "Os declaro, hermanos, el evangelio que os he predicado...Que Cristo murió por nuestros pecados, conforme a las Escrituras; y que fue sepultado, y que resucitó al tercer día..." (1 Corintios 15:1,3,4).
- "Y en ningún otro hay salvación; porque no hay otro nombre bajo el cielo, dado a los hombres, en que podamos ser salvos" (Hechos 4:12).

El cristiano da testimonio objetivamente, dando a conocer las verdades del evangelio y, subjetivamente, compartiendo sus propias experiencias en Cristo. No debemos hacer caso omiso del valor y la eficacia potencial de nuestro testimonio personal. La primera impresión real que algunas personas reciben en lo que se refiere al poder de Cristo para transformar la vida del hombre (2 Corintios 5:17), será a través de lo que oiga qué hizo Jesús en nosotros mismos. Pablo compartió una y otra vez su experiencia en el camino de Damasco.

A continuación se dan algunos de los ingredientes para un testimonio personal eficaz:

- Lo que era mi vida antes de recibir a Cristo.

- Cómo lo conocí y lo acepté (Mediante qué instrumento y en qué circunstancias).
- Lo que ha sido la vida para mí después de recibir al Señor.

Billy Graham escribió lo siguiente sobre cómo dar el mensaje del Señor: "Somos los mayordomos del evangelio. A los ángeles no les fue dado el privilegio de proclamar las buenas nuevas más importantes en cielo y tierra, sino sólo a los hombres redimidos. Cada cristiano debe ser un testigo, cada seguidor de Cristo debe predicar el evangelio. Esta predicación podemos hacerla, compartiendo nuestras experiencias con los demás. También podemos predicar exaltando a Cristo en nuestra vida cotidiana. Los sermones que se ven suelen ser más eficaces que los que se oyen; pero lo verdaderamente eficaz es que se vea y oiga a la vez".

Estrategia de asesoramiento

1. Para dar testimonio, un individuo debe conocer a Cristo personalmente. Pregúntenle al interesado si ha recibido a Cristo Jesús como su Señor y Salvador personal.

   Si es apropiado, explíquenle las "Etapas para obtener la paz con Dios" de la página 11.

2. ¡Jesús debe ser real para el cristiano! Pocas cosas podrá compartir la persona con los demás si no se esfuerza y cultiva una intimidad cercana con Cristo mediante la lectura y la obediencia a la Palabra de Dios y la oración. No necesitamos ser supercristianos para ser testigos del Señor; lo que debemos es ser genuinos. Aconséjenle a la persona que sea un cristiano sincero y que se esfuerce en crecer cada vez más.

3. El testimonio principia con oración. Ore intensamente por los que necesitan a Cristo, para adquirir una condición espiritual verdadera para poder dar su mensaje. Una buena manera de principiar es hacer una lista de oraciones sobre los candidatos, es decir, las personas a las que desee ganar para Cristo. Esta lista puede incluir a familiares, vecinos, amigos viejos o nuevos, etc.

4. Aconsejen a su interlocutor que estudie a cada persona para conocerla bien. Cuanto más cuidadosamente planee su presentación, tanto mejor testimonio podrá darle. (La presentación del evangelio se debe considerar como si estuviera remando en torno a una isla en busca del sitio más apropiado para desembarcar).

5. Sugiéranle que principie con una sola persona. Debe mostrarse natural, preocupado por ella y amistoso, sin un aire paternalista. Debe tener cuidado de no abrumar al candidato, tratando de ir demasiado aprisa o demasiado lejos. El testigo debe aprender a escuchar con sumo cuidado;

COMO DAR EL TESTIMONIO

la mayoría de las personas tienen verdadera necesidad de hablar sobre sí mismas, sus problemas, sus agravios y sus deseos.

6. En este punto, debe intentar compartir sus propias experiencias con Cristo, cómo llegó a su vida y lo que ha significado para usted.

7. Este compartir debe conducir al momento preciso en que pueda explicar el plan de salvación de Dios (véanse las "Etapas para obtener la paz con Dios" de la página 11). Las verdades del evangelio se deben aplicar de tal manera que converjan en el punto de la necesidad del individuo. Es preciso enfrentarse sinceramente al pecado, a la muerte redentora de Cristo para librarnos de él, como el único camino para llegar a Dios, y la expresión del arrepentimiento y la fe para que la persona pueda nacer de nuevo.

8. Aconsejen al interesado que siempre presente el mensaje de Dios buscando una decisión en favor de Cristo, y que dicho mensaje debe ser completo, inteligente y muy claro. El evangelizador debe indicarle al candidato, con palabras amorosas, pero firmes, que debe tomar una decisión basada en las verdades presentadas. El servicio más grande que el cristiano puede darle a otro ser humano es ayudarle a entender la verdadera importancia vital de entregarle su vida a Cristo.

9. Animen a su interlocutor a que selle con una oración la decisión tomada. Si su candidato conoce lo suficiente del evangelio, pídale que él mismo exprese su oración de consagración. Si no es así, guíelo en una oración.

10. Después de esto, el que presenta el mensaje debe revisar con su candidato lo que acaba de suceder, a fin de confirmarlo en su decisión (véase la página 13).

11. La meta suprema de la presentación del mensaje y el ganar a las personas a la fe de Cristo es que estas últimas, a su vez, se conviertan en testigos eficientes que repitan este trabajo. Para lograr este desarrollo, será necesario seguir dedicándole tiempo al desarrollo del candidato. Aconsejen al evangelizador que instruya al candidato respecto a la importancia de la lectura y el estudio de la Biblia, que le informe sobre el valor y la práctica de la oración, y·lo presente a cristianos consagrados, con fines amistosos, de ánimo y aliento.

Sugerencias adicionales para los que deseen ser testigos de Cristo:

1. Identifíquese con una iglesia en la que se predique y enseñe la Biblia, y donde se haga hincapié en el testimonio y la labor de evangelismo personal.

2. Trate de cultivar amistades con otros cristianos que tengan el mismo interés, para aprender de ellos; obsérvelos y siga su ejemplo. La organización Evangelism Explosion (Explosión evangélica) enseña en sus seminarios que el evangelismo se contagia mejor que se enseña.

3. Inscríbase en cualquier curso de evangelismo personal como, por ejemplo, Evangelism Explosion, Campus Crusade, las Cruzadas de Billy

Graham, etc., que pueda recibir a través de su propia iglesia u otra distinta.

4. Lea y estudie libros sobre cómo aprender de memoria las Escrituras, evangelismo y testimonio personal. A continuación se citan algunos de esos libros (en inglés):

> *How to Give Away Your Faith,* de Paul Little, InterVarsity Press.
> *The Art of Personal Witnessing,* de Lorne Sanny, The Navigators.
> *My Commitment and Steps to Peace with God,* Billy Graham Association.
> *Topical Memory System,* The Navigators.
> *Victory Scripture Memory,* Word Publications.
> *Personal Prayer Notebook,* Tyndale House.
> *Know What You Believe,* de Paul Little, Scripture Press.
> *Know Why You Believe,* de Paul Little, Scripture Press.
> *Becoming a Christian,* John Stott, InterVarsity Press.

(Encontrará estos libros en las librerías cristianas de su ciudad o puede conseguirlos, escribiendo a Grason, Box 1240, Minneapolis, MN 55440. U.S.A.).

Citas bíblicas

Hechos 1:8.

LA TRINIDAD

Antecedentes

El cristiano cree en la bendita Trinidad—que Dios es uno y, con todo, se ha revelado en tres Personas distintas; el Padre, el Hijo y el Espíritu Santo. Cada una de ellas es independiente de las otras; pero nunca actúa por separado. Cada una de estas Personas es distinta; pero poseen un mismo propósito, una misma esencia y una misma naturaleza. La mente finita encuentra difícil entender cabalmente este misterio de Dios y a decir verdad, debemos aceptarlo por fe. "Pero sin fe es imposible agradar a Dios, porque es necesario que el que se acerca a Dios crea que le hay, y que es galardonador de los que le buscan" (Hebreos 11:6).

El Credo de los apóstoles, que la iglesia histórica ha aceptado a través de los siglos, principia como sigue: "Creo en Dios, el Padre Todopoderoso, Creador de los cielos y la tierra, y en Jesucristo, Su Hijo unigénito, nuestro Señor, quien fue concebido por el Espíritu Santo".

La Confesión de Westminster encierra una defensa elocuente de la Trinidad: "Hay tres Personas en la Deidad, el Padre, el Hijo y el Espíritu Santo, y estos tres son un Dios, iguales en substancia, iguales en poder y en gloria".

La obra redentora de Dios no se puede entender separándola de la Trinidad. El Padre dio al Hijo (Juan 3:16), el Hijo se entregó a sí mismo (Gálatas 2:20) y el Padre envió al Espíritu Santo, quien regenera (Juan 3:8).

Los unitarios, los testigos de Jehová, la ciencia cristiana, los espiritistas, los mormones, los cientólogos y los seguidores de todas las religiones orientales niegan la Trinidad.

Estrategia de asesoramiento

1. Feliciten a la persona interesada por su búsqueda de la verdad. Díganle que les es muy grato conversar con ella, porque la palabra de Dios, la Biblia, habla elocuentemente sobre la realidad de la Trinidad. Comparta con ella el material que se acaba de citar en los ANTECEDENTES, y las citas bíblicas que aparecen al final de esta sección.

2. Inspírenla para que reciba a Jesucristo como su Señor y Salvador. Comuníquenle que la mejor manera de entender la Trinidad es recibiendo la vida eterna por medio de Jesús. Explíquenle las "Etapas para estar en paz con Dios" de la página 11. A continuación, damos varias citas de las Sagradas Escrituras que le serán útiles: "Porque hay un solo Dios y un solo mediador entre Dios y los hombres, Jesucristo hombre, el cual se dio a sí mismo en rescate por todos, de lo cual se dio testimonio a su debido tiempo" (1 Timoteo 2:5,6). También Tito 3:5, Juan 1:12 y Juan 3:36.

3. Si la persona invita a Cristo a entrar en su corazón, cítenle también los versículos que se dan en la "Seguridad", páginas 15 y 250, y anímenle a hacer lo siguiente:

A. Decidirse a adoptar una posición firme por Cristo.

B. Comenzar a leer y estudiar la palabra de Dios. Ofrézcanle enviarle *Cómo vivir en Cristo* para ayudarle en esta tarea.

C. Identificarse con una iglesia que enseñe la Biblia, en donde comparta el compañerismo de otros cristianos y en donde pueda alabar, orar, dar testimonio y aprender a "usar bien la palabra de verdad" (véase 2 Timoteo 2:15).

4. Ore con esa persona para que aprenda a caminar fielmente con Cristo y a alcanzar una comprensión plena de las Escrituras.

Citas bíblicas

La Biblia hace una defensa muy convincente tanto de la diversidad como de la unidad de las Personas que componen la Trinidad. A continuación se da una lista que no es completa, sino más bien incluye sólo algunos ejemplos de los textos más claros.

El Padre:

Un Dios y Padre	1 Corintios 8:6
Padre de nuestro Señor Jesucristo	Efesios 1:3
Es todopoderoso	Efesios 4;6
Es inmutable	Santiago 1:17
El autor de nuestra redención	Gálatas 1:3,4
El Padre de los creyentes	2 Corintios 6:17,18

Jesucristo, el Hijo:

Es eterno, desde el principio	Juan 1:1
Se encarnó	Juan 1:14
Autor de la gracia y la verdad	Juan 1:17
Es el Hijo de Dios, nuestro Salvador	Juan 3:16
El Padre ama al Hijo	Juan 3:35
El Hijo y el Padre son Uno	Juan 10:30

El Espíritu Santo:

Dios es Espíritu	Juan 4:24
Inspiró las Escrituras	2 Pedro 1:21
Nos guía a toda verdad	Juan 16:13
El Padre lo envió al mundo	Juan 14:26
Mora en el corazón de los creyentes	Juan 14:17
Nos confirma que somos de Dios	Romanos 8:16
Los creyentes pueden estar llenos de El	Hechos 4:31

La Trinidad presentada como un todo:

Jesús fue bautizado, el Espíritu Santo descendió y el Padre habló	Mateo 3:16,17
Los creyentes se deben bautizar y consagrar, en el nombre del Padre,	

LA TRINIDAD

el Hijo y el Espíritu Santo   Mateo 28;18,19

Los ministerios singulares de la Trinidad
en la redencion:
La parte del Padre   Efesios 1:3-6
La parte del Hijo   Efesios 1:6-12
La parte del Espíritu Santo   Efesios 1:13,14

CONOCIMIENTO DE LA VOLUNTAD DE DIOS

Antecedentes

Dios tiene una voluntad específica o directa para la vida de cada cristiano. Nuestro propósito más elevado debe ser determinar exactamente cuál es Su voluntad para cada uno de nosotros y, luego, obedecerla, cueste lo que cueste.

Para conocer la voluntad de Dios para nuestra vida, primeramente debemos conocerlo a El. Nunca sabremos quienes somos, si primeramente no descubrimos a quién le pertenecemos. Aprendemos a conocerlo a El cuanto más nos sometemos a Su autoridad (Señorío), y cuanto más nos apegamos a Su palabra y nos dejamos guiar por el Espíritu Santo. Experimentaremos el gozo de caminar dentro de Su voluntad, en proporción directa al conocimiento que tengamos de El y a nuestra sumisión a Su Persona. "Fíate de Jehová de todo tu corazón, y no te apoyes en tu propia prudencia. Reconócelo en todos tus caminos y él enderezará tus veredas" (Proverbios 3:5,6).

Billy Graham escribió: "El conocimiento de la voluntad de Dios es la sabiduría más elevada. El vivir en el centro de la voluntad de Dios imprime el sello de sinceridad genuina a nuestro servicio al Señor. La persona puede sentirse miserable con muchas posesiones, si está fuera de la voluntad de Dios; pero puede disfrutar de paz en su corazón con muy poco, si está dentro de Su voluntad. Puede sentirse feliz en medio del sufrimiento si se encuentra dentro de la voluntad de Dios, o tener calma y paz en medio de las persecuciones, siempre y cuando esté haciendo lo que Dios quiere. La Biblia revela que Dios tiene un plan para cada vida y que si vivimos en amistad constante con El, nos conducirá al cumplimiento pleno de dicho plan".

Estrategia de asesoramiento

Feliciten a su interlocutor por su deseo de buscar lo más elevado y lo mejor. Mencione que, no obstante, sólo los hijos de Dios pueden conocer Su voluntad directa o específica para la vida.

Hay ocasiones en que los no cristianos expresarán el deseo de conocer la voluntad de Dios respecto a una decisión importante o un paso vital en su vida. Señálenle que lo primero que debe hacer para conocer Su voluntad es recibir a Jesucristo como su Señor y Salvador. Explíquenle las "Etapas para obtener la paz con Dios" de la página 11.

LA VOLUNTAD DE DIOS

En el caso de un cristiano que desea conocer la voluntad de Dios, sugiéranle algunos principios para conocerla.

1. Aconséjenle que enderece cualquier conducta o relación que pueda constituir una barrera que le estorbe para conocer la voluntad de Dios. A veces, una relación con el ser amado o un socio de negocios tendrá que concluir o confesarse algún pecado. Comparta con su interlocutor la sección sobre la "Restauración" de la página 17.

    Haga hincapié en que el allanar el camino para Dios se debe hacer mediante la confesión (1 Juan 1:9), y con el prójimo, mediante una petición de perdón y la restitución, si es necesaria. "Y por esto procuro tener siempre una conciencia sin ofensa ante Dios y ante los hombres" (Hechos 24:16).

2. Recomiéndenle que esté dispuesto a poner en práctica la voluntad de Dios, cueste lo que cueste. "Y decía a todos: Si alguno quiere venir en pos de mí, niéguese a sí mismo, tome su cruz cada día, y sígame" (Lucas 9:23).

3. Sugiéranle que debe reunir todos los hechos disponibles y, luego, examinar todos los aspectos y las circunstancias relacionadas con el conocimiento de la voluntad de Dios para su vida, a través de su propio intelecto y su sentido común, sus experiencias anteriores y los consejos de amigos que también siguen la voluntad de Dios. También debe someter a consideración sus propios dones y talentos.

4. Aconséjenle que busque la voluntad de Dios a la luz de las Escrituras reveladas. ¿Qué principios o prohibiciones se aplican? ¿Ha dado el Espíritu Santo versículos o promesas que puedan motivarle? "Lámpara es a mis pies tu palabra, y lumbrera a mi camino" (Salmo 119:105).

5. Indíquenle que debe orar continuamente para que Dios le revele Su voluntad, y también para ser tan espiritualmente perceptivo que logre discernirla. El siervo de Isaac dijo: "Guiándome Jehová en el camino" (Génesis 24:27).

    "Por nada estéis afanosos, sino sean conocidas vuestras peticiones delante de Dios, en toda oración y ruego, con acción de gracias" (Filipenses 4:6).

6. Debe mostrar toda la sensibilidad posible ante la dirección del Espíritu Santo, preguntándose a sí mismo: "¿Me está moviendo para acercarme o alejarme a o de algún modo de actuar en particular?" "Pero cuando venga el Espíritu de verdad, él os guiará a toda verdad; porque no hablará por su propia cuenta, sino que hablará todo lo que oyéreis y os hará saber las cosas que habrán de venir" (Juan 16:13).

7. Sugiéranle que se pregunte también: "¿Estoy tranquilo respecto a lo que considero los factores pertinentes? O bien, ¿me siento intranquilo e impaciente debido a la incertidumbre o a un conflicto interno?" "Y el efecto de la justica será paz; y la labor de la justicia, reposo y seguridad para siempre" (Isaías 32:17).

8. Aconséjenle que dé paso a la fe.

    ¿Es el momento para seguir adelante o para detenerse, todo esto por fe? ¿Debe responder el individuo a la luz que le da Dios a través de uno o más de los principios antes mencionados? "Encomienda a Jehová tu camino y confía en él, y él hará" (Salmo 37:5).

9. Aconséjenle que, como ejercicio en la práctica de examinar su progreso, prepare una lista bajo los encabezados de "pros", "contras" y "alternativas", con el fin de registrar cualquier indicio que le dé Dios sobre Su voluntad.

10. Ore con esa persona, pidiendo por las acciones iniciales que ejecutará para poner en práctica lo anterior.

Citas bíblicas

"El hacer tu voluntad, Dios mío, me ha agradado, y tu ley está en medio de mi corazón"
(Salmo 40:8).

"¿Se complace Jehová tanto en los holocaustos y víctimas como en que se obedezca a las palabras de Jehová? Ciertamente el obedecer es mejor que los sacrificios, y el prestar atención que la grosura de los carneros"
(1 Samuel 15:22).

"Si me amáis, guardad mis mandamientos". "El que me ama, mi palabra guardará, y mi Padre le amará, y vendremos a él y haremos morada con él"
(Juan 14:15,23).

"Pero sed hacedores de la palabra y no tan solamente oidores, engañándoos a vosotros mismos"
(Santiago 1:22).

"Confía en Jehová, y haz el bien; y habitarás en la tierra y te apacentarás de la verdad"

"Encomienda a Jehová tu camino, y confía en él; y él hará"
(Salmo 37:3,5).

"Porque sol y escudo es Jehová Dios; gracia y gloria dará Jehová. No quitará el bien a los que andan en integridad"   (Salmo 84:11).

SIETE PREGUNTAS COMUNES

Paul Little

1. ¿Qué les sucederá a los paganos?

"¿Qué les pasará a las personas que nunca oyeron hablar de Cristo Jesús? ¿Serán condenadas al infierno?" Hay cosas que sólo Dios sabe (Deuteronomio 29:29). Hay muchos aspectos del plan de Dios que no nos ha revelado a nosotros, y este es uno de ellos. Las Escrituras ofrecen algunos puntos muy claros que debemos tener en cuenta.

a. Dios es justo. Lo que Dios haga con los que nunca oyeron hablar de Cristo será justo.

b. Ninguna persona se condenará por rechazar al Cristo de quien nunca oyó hablar, sino que se condenará por violar sus propias normas morales, ya sean estas elevadas o bajas. El mundo entero, es decir, todas las personas, hayan escuchado o no lo relativo a los Diez Mandamientos, son pecadoras. En Romanos 2 se nos aclara nítidamente que cada persona tiene una norma de algún tipo y que en cada cultura, la gente viola conscientemente las normas morales que haya elegido para sí (Romanos 2:12-16).

c. Las Sagradas Escrituras especifican que todo ser humano tiene la suficiente información de la creación para saber que Dios existe (Romanos 1:20). "De modo que no tienen excusa." El Salmo 19 confirma esta verdad. En Mateo 7-11 y Jeremías 29:13 se afirma que si alguien responde a la luz que tiene y busca a Dios, el Señor le dará la oportunidad de oír la verdad respecto a Jesucristo.

d. En la Biblia no hay indicación alguna de que una persona pueda salvarse si no es por mediación de Cristo Jesús (Juan 14:6). Sólo El pagó por nuestros pecados y constituye el único puente que cruza sobre el vacío que separa las obras humanas más elevadas posibles de las normas infinitamente santas de Dios (Hechos 4:12). Los que nos llamamos cristianos debemos esforzarnos porque el evangelio llegue a todos los seres posibles.

e. La Biblia es perfectamente clara en lo concerniente al juicio que espera al individuo que escuchó el evangelio. Al enfrentarse a Dios, el tema que tratará no será el de los paganos, sino que deberá rendir cuentas por lo que él hizo personalmente respecto a Cristo. Por lo común, la gente propone la cuestión de los paganos como una pantalla para evadir su propia responsabilidad individual. Es preciso que respondamos a sus inquietudes a este respecto; pero, al terminar la conversación, debemos enfocar nuestra atención en su situación personal y su propia responsabilidad. ¿Qué es lo que está haciendo con Cristo? Encontrará una exposición más amplia sobre la ley moral inherente del universo en la obra de C.S. Lewis, *The Case For Christianity*.

2. ¿Es Cristo el único camino para llegar a Dios?

Ni la sinceridad ni la intensidad de la fe son capaces de generar la verdad. La fe no es más válida que el objeto en que reposa. El tema real es la cuestión de la verdad. Por ejemplo, el islamismo y el cristianismo tienen reinos éticos y morales muy similares entre sí; pero las dos fes son diametralmente opuestas en lo relativo a ¿Quién es Cristo Jesús? El islamismo niega que Jesucristo sea el Hijo de Dios. Estas dos fes no pueden ser simultáneamente verdaderas en este punto. Una es correcta y la otra no. Si el punto crucial del cristianismo es falso, nuestra fe es vana.

Esta cuestión tiene aspectos emocionales. Los cristianos no se basan en fanatismos, prejuicios o presunciones cuando afirman que Cristo es el único camino para llegar a Dios. Para los cristianos, no existe ninguna otra opción, porque Cristo mismo así lo afirmó. Estamos hablando de la verdad que recibimos por revelación, por la intervención en la historia humana que Dios mismo tuvo a través de la encarnación de Jesucristo.

Algunas leyes y sus castigos se determinan de acuerdo con aspectos sociales. Por ejemplo, cuando las autoridades detienen a una persona por exceso de velocidad, debe pagar una multa. Sin embargo, en otros aspectos de la vida, por ejemplo en el reino de lo físico, encontramos leyes que no se determinan desde un punto de vista social. La ley de la gravedad es un buen ejemplo de esto. En el reino de lo moral, al igual que en el físico, existen leyes que no se determinan desde una perspectiva social. Tenemos la capacidad de discernir estas leyes gracias a lo que Dios nos reveló sobre la ley inherente del universo. Una de estas leyes es que Cristo Jesús es el único camino para llegar a Dios. Dorothy L. Sayers ofrece un desarrollo adicional muy útil sobre este tema en su obra *The Mind of the Maker*.

3. ¿Por qué sufren los inocentes?

"Si Dios es tan bueno y poderoso, ¿por qué sufren los inocentes?" Y aquí debemos admitir nuestra ignorancia parcial. No tenemos una explicación completa sobre el origen y el problema del mal, porque Dios decidió revelarnos sólo una parte de ello. El Señor creó un universo perfecto y el hombre, debido a su libre albedrío, escogió desobedecer. El mal se introdujo en el universo debido a la desobediencia del hombre. A causa de esta desobediencia humana y el quebrantamiento de la ley de Dios, el mal se apoderó del universo.

Debemos estar conscientes de la presencia del mal en cada uno de nosotros. Si Dios ejecutara Su juicio por igual, ninguno de nosotros sobreviviría. Suponga que Dios decretara lo siguiente: "Esta noche, a medianoche, todo mal se suprimirá del universo." ¿En dónde estaríamos a la una de la mañana siguiente?

Después de señalar el problema personal del hombre respecto al mal, debemos saber que Dios ha hecho todo lo necesario para resolverlo. Tomó parte en la historia humana en la persona del Señor Jesucristo, que murió para resolver este problema. Cada individuo que responde voluntariamente, recibe el don de Su amor, Su gracia y Su perdón en Cristo Jesús. C.S. Lewis observó que es inútil que estemos especulando respecto al problema del mal, que lo que debemos hacer es enfrentarnos a su realidad, y que la única solución para esta realidad es el Hijo de Dios, Jesucristo.

4. ¿Existen los milagros?

"¿Existen verdaderamente los milagros? En esta era científica, ¿cómo puede una persona inteligente que observe el orden del universo, creer en los milagros?" El tema real, en este puto, es si existe Dios o no. Si Dios existe, entonces, los milagros son lógicos y no presentan contradicciones intelectuales. Por definición, Dios es todopoderoso, puede intervenir en el universo que creó y, en efecto, lo hace.

A fin de cuentas, se nos está preguntando: "¿Cómo sé que Dios existe?" La historia registra muchos argumentos en favor de la existencia de Dios. No obstante, todos ellos tienen argumentos en contra y hay evidencias que parecen negarlos. Así pues, se les considera meros indicios de una prueba concluyente de que Dios existe.

La indicación más poderosa de la existencia de Dios es Su participación en la historia del hombre. Yo sé que Dios existe, no debido a todos los argumentos filosóficos, sino porque se presentó en un momento dado en la historia del hombre en la persona de Jesucristo, y lo he conocido personalmente. Nuestra respuesta comienza con El. Sus credenciales corroboran Su afirmación. Por supuesto, la comprobación suprema es el hecho de que se levantó de los muertos. Al ayudar a los no cristianos a razonar sobre la base intelectual del cristianismo, nuestra mejor defensa es una buena ofensiva. Uno de los modos para estimular su rezonamiento es preguntarle: "¿Cuál de las otras tres posibilidades sobre Cristo acepta como verdadera, ya que dice no creer que El era la verdad?" Hay sólo cuatro conclusiones posibles respecto a Cristo y Sus declaraciones. Era un mentiroso, un lunático o una leyenda, o bien, era la verdad.

a. Un mentiroso. La mayoría de la gente cree que Jesús fue un gran filósofo y maestro moral. El llamarle mentiroso sería una contradicción de conceptos.

b. Lunático. Tal vez pensaba que estaba haciendo el bien; pero sufría delirios de grandeza. El problema con esta conclusión es que los síntomas clínicos de la paranoia no se aplican a las características de personalidad que mostró Jesús. La serenidad y la compostura que mostró en todo momento no son características de quienes padecen perturbaciones paranoicas.

c. Una leyenda. Según esto, Jesús nunca hizo declaraciones propias, sino que se pusieron en sus labios por seguidores excesivamente fervorosos durante el tercer y el cuarto siglo. No obstante, la arqueología moderna hace que se tambalee esta teoría. Los descubrimientos recientes confirman que los documentos del Nuevo Testamento se escribieron en vida de los contemporáneos de Cristo Jesús. El desarrollo de una leyenda elaborada habría requerido un lapso de tiempo mucho mayor.

También necesitamos considerar con el interesado lo que significa el comprobar o no la existencia de Dios. Nunca podremos demostrarlo por medio de métodos científicos; pero eso no significa que nuestro caso esté perdido. El método científico como medio de verificación está limitado a aspectos mensurables de la realidad. Nadie puede medir el amor, el odio o la justicia. Sin embargo, existe una ciencia de la historia. Al determinar la información sobre el cristianismo y, sobre todo, las evidencias de la resurrección, encontramos que existe un caso sólido en el cual fundar nuestras convicciones.

Estos son algunos de los conceptos que debemnos sugerirle a la persona que toma una posición esencialmente materialista, basándose en suposiciones racionalistas y que afirma que, puesto que no existe lo sobrenatural, los milagros son imposibles. Cuando alguien parte de esta presuposición, por abundantes que sean las pruebas que se tengan, no se le podrá convencer de la verdad. Si comienza negando la posibilidad de los milagros, ¿qué evidencias lo convencerían de que se produjo uno de ellos? Ninguna. Cristo resolvió esta cuestión en Lucas 16:28-31, y este principio se sigue aplicando en nuestra vida. Las evidencias relacionadas con la presencia terrenal de Dios en este planeta son base suficiente para nuestra fe. Cuando alguien se niega a aceptar estas pruebas, no hay ninguna evidencia posible que logre convencerla.

5. ¿No es cierto que la Biblia está llena de errores?

"¿Cómo reconcilian su fe con el hecho de que la Biblia está llena de errores?" La confiabilidad de las Sagradas Escrituras está siendo puesta en duda. En primer lugar, pregúntenle a esa persona a qué errores específicos se refiere. El 99 por ciento de las veces, la gente no puede recordar ninguno. Si la persona propone un problema específico y no se tiene la respuesta, no se asusten. Sonríanle amablemente y díganle: "No tengo la respuesta para eso; pero me dará mucho gusto investigarlo." Si la persona no ha leído la Biblia, esto es una indicación clara de su falta de sinceridad al ponerla en tela de juicio. No obstante, no hagan hincapié en este hecho y nunca se burlen de alguien que trate de discutir incluso lo ridículo, porque lo único que lograrán es acarrearle mala fama al evangelio.

En efecto, la Biblia contiene algunas contradicciones aparentes; pero una y otra vez, tales contradicciones se han resuelto gracias a los descubrimientos de la arqueología moderna. El Doctor Nelson Glueck, un arqueólogo judío muy famoso, hace la siguiente declaración sorprendente: "Ningún descubrimiento arqueológico ha rebatido jamás una cita bíblica."

La evolución puede constituir un problema si conduce a una conclusión atea para alguien. La cuestión real, no obstante, no es la evolución, sino el enfrentarse a Cristo mismo. Pregunten: "¿A qué conclusiones llega, partiendo de su posición evolutiva, que el universo se produjo por casualidad? ¿O está afirmando que Dios creó el universo y lo hizo utilizando ciertos procesos evolutivos? Yo no estoy convencido de esta posición específica; pero supongamos por un momento que es la correcta. ¿A qué conclusión llega entonces?" A partir de este punto, encaucen su atención en lo que hizo y dijo Cristo. La *forma* en que Dios creó el universo no es tan importante como el hecho de que lo creó. La premisa supuesta, y no las evidencias reales, es lo que a menudo determina la conclusión a la que llega. Se puede formular un caso aparentemente bien estructurado en favor de la posición naturalista si se hace caso omiso de la evidencia que existe sobre Cristo Jesús; pero si la persona desea ser intelectualmente sincera, deberá resolver algo respecto al Señor. Hay una cantidad asombrosa de no cristianos pensantes que nunca han meditado realmente en las pruebas que existen sobre Jesucristo.

6. ¿No es la experiencia cristiana una simple cuestión psicológica?

Algunos sugieren que tenemos fe sólo porque nos han condicionado a ello desde la más tierna infancia. Según ellos, nos criaron como a los perros de Pavlov, lo que constituye una simplificación excesiva. Hay cristianos que se han convertido de las procedencias más variadas imaginables. Miles de ellos no tuvieron ningún contacto con el cristianismo en su infancia y, sin embargo, cada uno dará un testimonio del encuentro personal que tuvo con Cristo y que transformó su vida entera. El único factor constante en todo esto es el Señor mismo.

Otros afirman que los ideales espirituales son esencialmente una simple satisfacción de deseos o sueños. En su opinión, se atribuyen a la necesidad que siente una persona de un Dios, creando una imagen en su mente y, luego, adorando la proyección mental. La realidad objetiva es completamente inexistente. Se ha dicho que la religión es una muleta para las personas que no pueden seguir el camino de la vida de otra manera. También se dice que las personas religiosas se autohipnotizan.

¿Cuál es la evidencia objetiva respecto a nuestras experiencias subjetivas? El cristianismo difiere de la autohipnosis, la realización de sueños y otros fenómenos psicológicos y la experiencia subjetiva cristiana se basa firmemente en un hecho histórico y objetivo, a saber, la resurrección de Cristo de entre los muertos.

Si la resurrección es real, esto marca la diferencia absoluta. Es decir, se convierte en la confirmación de la revelación de Dios a través de Cristo, lo que es una verdad absoluta y una realidad histórica independiente de nosotros mismos, un hecho objetivo con el que se vincula nuestra experiencia subjetiva. Es preciso que mantengamos estas dos realidades, lo objetivo y lo subjetivo, en una perspectiva correcta. Necesito reconocer que mi experiencia se basa en el fundamento sólido de un hecho objetivo incontrovertible de la historia. La obra de J.N.D. Anderson, *Evidence For The Resurrection,* es un resumen breve y útil. El autor analiza en ella las evidencias y las diversas alternativas que se han ofrecido para explicar la negación de la resurrección, demostrando por qué, a la luz de los hechos históricos, cada explicación resulta inadecuada.

7. ¿No es posible llegar al cielo, llevando una buena vida moral?

Un estudiante de la Universidad Duke dijo: "Si Dios da calificaciones sin ser extremadamente severo, creo que pasaré". La mayoría de la gente acepta la filosofía de que lo único que necesitamos es tratar de hacer lo mejor posible y todo irá bien o, cuando menos, que no les irá peor que a los demás. Esto entraña un optimismo increíble respecto a la rectitud del hombre y una ignorancia atroz respecto a la santidad infinita de Dios. Dios no califica sin severidad. Posee un estándar absoluto que es Jesucristo. La luz destruye la obscuridad y el carácter de Jehová resplandece de tal manera que en su pureza se consume todo mal. En la presencia de Dios seríamos consumidos debido a la corrupción de nuestra vida. La rectitud perfecta de Cristo es la única base de la que podemos partir para establecer un compañerismo con el Dios viviente.

La moralidad no es la respuesta. Todo resulta vano, desde el vago de los barrios bajos, pasando por el universitario y hasta el hombre más increíblemente moral. Nadie es capaz de correr la carrera completa. Todos nos quedamos en el camino. Ni las instrucciones más sabias pueden ayudar. Necesitamos a alguien que nos conduzca hasta la meta y es ahí donde entra Cristo.

Si puede llevar una vida absolutamente perfecta, podrá llegar al cielo por méritos propios; pero hasta ahora nadie lo ha logrado, ni lo logrará jamás. Todas las demás religiones del mundo son esencialmente conjuntos de reglas a seguir, códigos de éticas sugeridos para llevar un patrón de vida maravilloso. No obstante, el problema básico del hombre no es saber cómo debe vivir, sino la falta de poder para vivir como debiera hacerlo. Las buenas nuevas son que Cristo Jesús, quien apareció en un momento dado de la historia del hombre, hizo por nosotros lo que nos resultaba imposible realizar. A través de El podemos reconciliarnos con Dios, gracias a su justicia, y nos ha permitido con ello tener compañerismo con Dios y estar en Su misma presencia.

COMPARACION DEL CRISTIANISMO CON LAS SECTAS Y LAS RELIGIONES PRINCIPALES

CRISTIANOS	BUDISTAS
Dios	
Creen en un Dios omnisciente, omnipotente (Job 42:2; Salmo 115:3; Mateo 19:26).	Niegan la existencia de un Dios.
Jesucristo	
El Hijo unigénito de Dios que murió por los pecados del hombre (Mateo 14:33; 16:16; Juan 1:34; 9:35-37; 1 Corintios 15:3; Romanos 5:6-8).	Un buen maestro, menos importante que Buda.
Pecado	
Cualquier pensamiento o acto contrario a la voluntad de Dios. El hombre en pecado está muerto espiritualmente (Romanos 3:10.23; 5:12; Efesios 2:1).	Cualquier cosa que obstaculice el progreso del hombre. El hombre es responsable de su propio pecado.
Salvación	
Sólo por los méritos de Cristo (Hechos 4:12; Tito 3:5; Efesios 2:8-10).	Sólo por los méritos propios.

CRISTIANOS	CIENCIA CRISTIANA
Dios	
Dios es una Persona. Creó el universo y al hombre a Su propia imagen (Génesis 1:1). Dios, como Persona, ve, oye, habla, recuerda y conoce (Génesis 6:5; Exodo 2:24; Números 11:1; Salmo 79:8; 2 Timoteo 2:19).	Dios es un principio importante, no una Persona. Mary Baker Eddy, la fundadora del movimiento escribió: "Dios es todo…el alma o la mente del hombre espiritual es Dios, el principio divino de todo ser."
Jesucristo	
Cristo es uno con Dios. Jesús dijo: "Yo y mi Padre uno somos" (Juan	Jesús no era Dios. En *Ciencia y Salud* declara: "Jesucristo no es

10:30). Los cristianos encuentran muchas pruebas de la divinidad de Cristo: Juan 1:1; Filipenses 2:5-8 y 1 Juan 2:22,23.

Dios…" (p. 361). Los seguidores de la ciencia cristiana dicen que Cristo fue un hombre extraordinario y un gran maestro; pero niegan su divinidad.

Materia

Lo que el hombre ve, toca, siente, huele y oye es real. Jesús demostró la realidad de la materia. Se hizo carne (Juan 1:14). Tuvo hambre (Mateo 4:2). Les dio a otros alimentos para que los comieran (Mateo 14:16).

Sólo existe el Principio (Dios) y todo lo demás es "ilusión." No hay materia; las cosas materiales (el cuerpo humano, etc.) no son reales.

Pecado

El pecado es real. Se origina en el corazón y la mente del hombre, y separa al hombre de Dios. La consecuencia del pecado es la muerte (Isaías 59:2; Marcos 7:21-23; Romanos 5:12; 6:23).

El pecado, el mal y la muerte no existen. *Ciencia y Salud* declara: "Puesto que Dios es Todo, no hay espacio para lo opuesto….por ende, el mal, que es lo opuesto al bien, es irreal…" (p. 234).

La expiación y la resurrección

La sangre derramada por Cristo redimió al hombre de su pecado 1 Pedro 2:24) y Cristo murió y se levantó de entre los muertos en forma corporal (Juan 20:16,17,20,27).

La sangre que derramó Cristo en la cruz no limpió al hombre de su pecado, y sus discípulos se engañaron al creerlo muerto, cuando estaba realmente vivo en la tumba (pp. 330 y 349, *Ciencia y Salud*).

CRISTIANOS / HINDUES

Dios

Un Ser eterno, personal y espiritual en tres personas, Padre, Hijo y Espíritu Santo (Mateo 3:13-17; 28:19; 2 Corintios 13:14).

Brahmá es informe, abstracto, eterno, sin atributos. Toma forma en una trinidad, además de *millones* de dioses menores.

Jesucristo

Los cristianos creen que Jesucristo es el Hijo unigénito de Dios, el Padre. Es Dios y hombre; sin pecado, y murió por nuestra redención (Juan 1:13,14; 10:30; 8:46; Hebreos 4:15; Marcos 10:45; 1 Pedro 2:24).

Cristo es sólo una de las muchas encarnaciones de los hijos de Dios. Cristo no era *el* Hijo de Dios. No fue más divino que cualquier otro hombre y no murió por los pecados de los hombres.

EL CRISTIANISMO Y LAS SECTAS

Pecado

El pecado es la rebelión, soberbia e independencia que separa al hombre de Dios. Es no alcanzar las normas establecidas por Dios en Su Palabra. El pecado debe ser castigado, y su consecuencia es la muerte y la separación eterna de Dios (Romanos 3:23; 6:23).

El bien y el mal son términos relativos. Lo que ayuda es bueno; lo que obstaculiza, es malo. El hombre no puede evitar "tropezarse" con esos obstáculos, al tratar de conocerse a sí mismo. Si no triunfa en esta vida, puede intentarlo otra vez en forma reencarnada.

Salvación

El hombre se justifica por medio de la muerte de sacrificio de Cristo y Su resurrección, porque murió por todos nosotros. (Romanos 3:23; 1 Corintios 15:3).

El hombre se justifica mediante la devoción, la meditación, las buenas obras y el dominio de sí mismo.

CRISTIANOS   TESTIGOS DE JEHOVA

Dios

Dios es un Ser eterno, personal y espiritual en tres personas–La Trinidad: Padre, Hijo y Espíritu Santo (Mateo 3:13-17; 28:19; 2 Corintios 13:14).

Hay un ser solitario en toda la eternidad, Jehová Dios, el Creador y Preservador del Universo y todas las cosas. Niegan la doctrina de la Trinidad.

Inmortalidad

Las Escrituras enseñan que el hombre tiene un alma eterna (Génesis 1:26; 5:1; Job 32:8 Hechos 7:59; 1 Corintios 11:7).

El hombre no tiene un alma inmortal. Enseñan que el alma no está separada del cuerpo.

Jesucristo

Cristo es divino, parte de la Trinidad, Dios mismo (Juan 1:1; Colosenses 1:15-19; 2:9; 1 Juan 5:7,8).

Cristo *no* era Dios, sino la primera criatura de Dios. Niegan la divinidad de Cristo.

Expiación

La muerte de Cristo fue el pago completo por los pecados del hombre (Romanos 3:24,25; Colosenses 1:20; 1 Pedro 2:24; 2 Corintios 5:20).

La muerte de Cristo proporciona la oportunidad para que el hombre trabaje en pro de su salvación; la vida humana perfecta en la eternidad, en una tierra edénica.

La resurrección de Cristo

Cristo resucitó corporalmente de la tumba (Juan 2:21; 20:24-29; Lucas 24:43).

Cristo se levantó como "espíritu divino." Niegan la resurrección corporal de Cristo.

El regreso de Cristo

Cristo volverá a la tierra en forma física (1 Tesalonicenses 4:16,17; Mateo 24:30; Zacarías 12:10; Apocalipsis 1:7).

Cristo regresó a la tierra–en forma invisible–en 1914 y ahora reina en la tierra desde el cielo.

El infierno

Hay un castigo eterno por el pecado (Mateo 5:22; 8:11,12; 13:42,50; 22:13; Lucas 13:24-28; 2 Pedro 2:17; Judas 13; Apocalipsis 14:9-11).

No hay infierno ni castigo eterno. Los que no satisfacen las normas de Jehová serán aniquilados, lo que quiere decir que ya no serán ni conocerán.

CRISTIANOS

MORMONES

Dios

Dios es eterno y todopoderoso, el único Dios–y es Espíritu (Salmo 145:13; Juan 4:24; 1 Timoteo 1:17).

Dios es una criatura material que antes fue un hombre como los demás. Dicen que el hombre puede llegar a alcanzar la divinidad y que hay muchos dioses.

La Biblia

La Biblia, dada por el Espíritu de Dios, es completa en sí misma y no necesita adiciones. De hecho las adiciones están prohibidas (Deuteronomio 4:2; 12:32; Proverbios 30,5,6; Gálatas 1:8; Hebreos 1:1-2; Apocalipsis 22:18,19).

Tienen "nuevas escrituras" y los escritos de Joseph Smith son revelaciones inspiradas por Dios: adiciones a la Biblia hechas por Dios en el siglo XIX.

El pecado

El hombre no es piadoso, sino pecador y separado de Dios. El hombre sólo puede tener una relación con Dios por medio de la fe en Jesucristo. Aparte de Cristo, el hombre está perdido (Romanos 5:12-19; 6:23; Efesios 2:1,3; Juan 1:29; Gálatas 3:13).

El hombre se está convirtiendo progresivamente en un dios. Los mormones enseñan que el pecado de Adán en el Edén fue necesario para proporcionar padres para los hijos espirituales de Dios, que estaban listos y esperando la experiencia de la vida en la tierra.

La salvación

La salvación es un don gratuito de la gracia (amor inmerecido) de Dios para todos los que creen y aceptan Su plan (Efesios 2:8,9; Juan 12:26; 14:1-3, 6; 1 Juan 3:1,2).

La salvación se obtiene por obras y todos los hombres pasarán la eternidad en un cielo de varios niveles. El nivel lo determinarán las buenas obras de cada hombre.

CRISTIANOS   MUSULMANES

Dios

El Dios Unico se revela en las Escrituras como Padre, Hijo y Espíritu Santo. En la "esencia" unitaria de la divinidad hay tres Personas que son Dios por igual y eternamente (Mateo 3:13;17; 28:18; 2 Corintios 13:14).

No hay más Dios que Alá: el Dios.

Jesucristo

Jesús es el Cristo, el Hijo de Dios, uno con el Padre, redentor inmaculado del hombre pecador, por su muerte vicaria en la cruz y su resurrección de los muertos (Juan 1:13, 14; Hebreos 4:15; 1 Pedro 3:18; 1 Corintios 15:3).

Jesucristo fue sólo un hombre, un profeta como Adán, Noé, Abraham y Moisés, todos los cuales tienen menos importanica que Mahoma. Cristo no murió por los pecados del hombre; en realidad, fue Judas y no Jesús el que murió en la cruz.

El pecado

El pecado es una rebelión orgullosa e independiente contra Dios, en forma activa o pasiva (Romanos 1:18-23; 3:10,23).

El pecado es no hacer la voluntad de Alá, el no cumplir los deberes religiosos personales que se indican en los Cinco Pilares del Islam.

La salvación

Cristo–el Hijo de Dios–murió por nuestros pecados (en la cruz), según la palabra inspirada de Dios (1 Corintios 15:3,4).

El hombre se gana su propia salvación y paga por sus propios pecados.

CRISTIANOS   UNITARIOS

Dios

Dios se reveló en las Escrituras como Padre, Hijo y Espíritu Santo:

"Dios es uno." Niegan la doctrina de la Trinidad. También niegan que la Trinidad (Mateo 3:13-17; 28:19; 2 Corintios 13:14).

Dios sea una deidad personal y usan el término de "Dios" para referirse a los procesos vivos de la naturaleza y la conciencia activa de la humanidad.

La Biblia

La Biblia es de inspiración divina, la única autoridad y guía para la fe (2 Timoteo 3:15-17; 2 Pedro 1:19-21; 1 Tesalonicenses 2:13).

La Biblia es una colección de "mitos," "leyendas," y escritos filosóficos. Niegan la autoridad y la exactitud de las Escrituras.

Jesucristo

Cristo es divino, una parte de la Trinidad, Dios mismo. Cristo se declaró varias veces Dios (Juan 8:58; 8:12-30).

Jesús no fue más ni menos divino que cualquier otro hombre. Niegan la doctrina de la Trinidad y la divinidad de Cristo.

El pecado

El hombre es inherentemente pecador y sólo hay un modo en que pueda liberarse de su naturaleza pecadora: por fe, mediante la gracia (amor no merecido) de Dios (Efesios 2:8,9; 4:20-24).

El hombre es esencialmente bueno y se puede salvar mediante su perfeccionamiento: "redención de carácter."

Reimpreso de *So What's the Difference?* (Regal Books), de Fritz Ridenour, © Copyright 1967 by Gospel Light Publications, Glendale, CA 91209. Utilizado con autorización. Véase esta fuente valiosa para lectura adicional.

INDICE TEMATICO